JN408792

목련꽃 필 때

자작나무수필 동인지 2집

목련화 필 때

문학공원

자작나무수필 동인지 2집을 펴내며

지난해에 수필동인지 『아버지와 자작나무』를 창간했습니다. 이는 지난 10년간 시동인 문학공원 동인회지와 함께 게재하던 수필가들의 설움을 한 방에 날리는 쾌거였습니다. 스토리문학으로 등단한 수필가가 나 한국스토리문인협회에서 활동하고 있는 수필가들이 어림잡아 100여 명에 이릅니다. 또한 스토리문학을 통해 등단한 소설가나 한국스토리문인협회에서 활동하는 소설가들이 30여명 됩니다. 그래서 지난해에는 한국스토리문인협회 소설동인인 스토리소동을 창립하고 동인지 『잔혹이 마블링된』을 창간하여 매우 큰 사랑을 받은 바 있습니다.

시동인의 이름은 문학공원 동인으로, 소설동인의 이름은 스토리소동으로 명명했는데, 수필동인은 이름이 없이 첫 동인지 『아버지와 자작나무』를 창간한 바 있습니다. 이에 한국스토리문인협회 수필동인의 이름을 자작나무수필동인회라 칭하려 합니다. 따라서 수필동인의 동인회장도 선출하고, 정기적으로 모여 수필동인들의 합평회도 가질 생각입니다.

금년은 <스토리문학>이 창간된 지 만 10년이 되는 해입니다. <스토리문학>은 지난 2004년 6월에 월간지로 창간되어 8년을 끌어오다가 지난 2011년 겨울호부터 계간지로 전환되었습니다. 이에 지령 85호의 대단한 문학지가 되었습니다. 그간 스토리문학을 통하여 등단한 작가가 300여명이 넘습니다. 10년간 발표한 작가의 숫자만 수천 명에 이르며 발행지면의 숫자만 30,000페이지나 되고 발행된 권수로 따지면 10만여 권에 이릅니다. 그러니까 이제 문학을 하는 대한민국 사람이면 누구나 읽었다는 결론에 이릅니다. 이 대목에서 가슴이 뿌듯해짐을 느낍니다.

스토리문학사에서는 창간 10주년 기념으로 스토리문학 출신작가, 발표작가, 메인스토리에 초대된 원로작가, 한국스토리문인협회 1천여 카페회원, 회원이 추천하는 작가, 스토리문학관www.storye.net 활동작가

1만여 명 등 누구나 참여할 수 있는 메머드급 <스토리문학대사전>을 기획하고 있습니다. 이는 시, 시조, 동시, 단편소설, 동화, 콩트, 수필, 시나리오, 평론 등 모든 장르를 게재할 것입니다. 물론 단시간 내에 할 수 있는 일이 아니라 2~3년의 시간이 걸릴 수도 있다는 생각을 합니다. 50명의 간행위원회를 구성하고 저명한 간행위원장님을 추대하여 대한민국문학사에 길이 남을 책이 되도록 힘쓰겠습니다. 이는 저의 인생과 스토리문학의 사활이 걸린 중요한 문제이며 어렵겠지만 도전한다면 가능하리라 생각합니다. 페이지 분량은 2,000페이지 좌우가 될 것이며 권당 가격을 30만원가정으로 책정하여 두고두고 소장할 수 있는 책으로 만들려고 합니다. 이는 스토리문학 창간 5주년에 만들어진 대표작품선집 『애인』과는 양적 질적인 면에서 비교할 수 없는 최고급 양장본이 될 것입니다. 여러분들의 적극적인 참여와 홍보를 기대합니다.

이제 계간 스토리문학은 도약을 넘어서 순항의 시대에 접어들었습니다. 스토리문학의 평판은 인류문예지를 행해 가고 있습니다. 지난 2013년 8월에 <계간 스토리문학 1인 1계좌 월 1만원 자동이체후원회>가 결성된 이후에 재정도 한결 좋아졌습니다. 출판 비용이 모자라 스토리문학이 결간되는 일이 생기지 않도록 좀 더 적극적으로 참여해주시면 어느 문단과도 비교될 수 없는 일을 지속적으로 해내겠습니다.

수필은 허구가 아니라 우리의 삶입니다. 수필을 자주 쓰는 사람은 그만큼 진실한 사람으로 진실된 삶을 사실 수 있습니다. 저는 시를 쓰시는 분도, 소설, 평론을 쓰시는 분도 수필집 한두 권쯤은 내셔야 한다는 생각을 가지고 있습니다. 수필을 쓰는 과정 속에서 자신의 삶을 뒤돌아보고, 보다 발전된 삶을 지향하시기 바랍니다. 참여해주신 작가 여러분께 진심으로 우러나는 감사의 인사를 올립니다. 고맙습니다.

2014년 1월 25일

계간 스토리문학 발행인 **김 순 진** 올림

차 례

단행본 출판안내

계간 스토리문학을 발간하고 있는 도서출판 문학공원에서는 그간 소설집, 시집, 수필집, 수상록, 역사서, 종교서적, 시 · 군지, 족보, 동인지, 문학지 등 500여권의 단행본을 출판하여 교보문고, 영풍문고, 알라딘, 리브로, 반디엔루니스 등 국내 굴지의 서점에 납품하여 그 명성을 드높이고 있습니다. 이에 단행본으로 출판할 원고를 다음과 같이 모집하오니 관심 있는 분들의 문의바랍니다.

1. 시집

- 1도 인쇄에 그림이 없는 시집 400만원(160페이지 이내)
- 1도 인쇄에 그림이 들어간 시집 450만원(160페이지 이내)
- 2도 인쇄 시집 500만원(160페이지 이내)
- 칼라시집 500만원(양장본일 경우 600만원)
- 1도 인쇄에 양장본 시집 500만원

2. 소설집 수필집

- 1도 인쇄에 224페이지 이내 400만원
- 1도 인쇄에 304페이지 이내 500만원

3. 각 지방의 문학지 및 동인지

- 칼라 8~16페이지 포함 250페이지 내외 400만원

4. 특전

- 도서출판 문학공원에서 출판하시는 분은 스토리문학에 무료로 광고해드리며 미 등단작가에게는 등단을 적극 지원해드립니다.

5. 원고 보낼 곳

(우130-814) 서울 동대문구 신설동 난계로 26길 17 삼우빌딩 C동 302호

스토리문학사

전화 02-2234-1666, **팩스** 02-2236-1666

이메일 : ksj5562@naver.com 또는 4615562@hanmail.net

지 성 찬 池聖讚

아호는 설정雪庭, 연세대학교 상경대학 경영학과 졸업
1965, 1980년 <시조문학> 추천으로 등단.
현재 :동아문화센타 현대시창작, 현대시창작 연구반 강의, 계간 <스토리문학> 주간, <시조세계> 편집위원, 한국시조시인협회 감사 역임
시집으로『서울의 강』,『서울에 사는 귀뚜리야』,『가을엽서』,『하늘에서 보낸 편지』,『대화동 일기』, 『백마에서 온 편지』우리시대 우리시조 100인선 가곡, 성가곡, 합창곡, 칸타타 등 200여곡 작사

백마에서 온 편지 외 2편

지 성 찬

일산 백마에 오기 전에는 일산으로 이사하는 것이 사실 마음에 탐탁치 안았었다. 백마는 일산의 한 마을의 이름인데 백석동과 마두동의 첫자를 따서 만든 이름이다. 백석동은 일명 흰돌마을이라고도 하며 마두동은 마을의 지형이 말의 머리처럼 생겼다고 하여 지어진 이름이다. 오래 전부터 백마에는 많은 연인들이 놀러왔던 곳이다. 넓은 들이 펼쳐진 그런 곳이다.

하루하루 정을 붙이며 살다보니 일산만큼 좋은 곳이 없었다. 널찍한 생활공간과 도시와 농촌이 합성된 구도가 답답한 도시에 싫증을 느끼는 사람들에게는 더할 나위 없이 좋은 곳이다. 노년에 접어든 사람들에게는 더욱 좋은 곳이다. 공기도 맑고 번잡함이 없으니 이보다 더 좋을 수 없다. 봄이 오면 온갖 꽃들이 다투어 피는데 진달래 철쭉의 아름다움은 어느 곳에도 빠지지 않을 것이다. 마치 꽃동산이라고 해야 옳을 것이다.

봄, 여름이면 빈터에 상추, 아욱, 가지, 호박 등을 심으면 그 자라는 모습도 신기하게 느껴진다. 흙을 만지며 흙냄새를 맡으면 생활의 활력소가 되기도 한다. 씨앗을 뿌리며 자식농사를 생각하게 되고 가을에 수확을 보면서 인생의 결산을 떠올리기도 한다. 가끔은 채소를 뽑아가거나 호박을 따가는 사람들이 있을지라도 필요한 이웃에서 가져갔으니 잘된 일이라고 치부한다.

많은 쇼핑센터가 뜨거운 판촉경쟁을 하여 일산은 생필품의 가격이 비교적 저렴한 편이다. 품목에 따라서는 원가의 절반이하로 파는 물건도 자주 보게 된다. 그런 물건이 있다는 정보가 입수되면 구름처럼 사람들이 모이는 것은 인지상정이리라. 또한 별미 별식을 자랑하는 음식점이 도처에 있고 설만한 호수공원이 있어 주말이면 연인들, 가족들이 이 곳을 찾게 되고 겸하여 쇼핑센터에서 필요한 물건들을 구입한다. 그리하여 주말이면 인근 도시의 차량들로 붐비는 곳이 일산이다.

호수공원의 시원한 공간은 일산의 시민들에게는 중요한 휴식공간이다. 이렇게 좋은 공원은 전국에서도 찾아보기 어려울 것이다. 항시 맑은 물과 꽃이 피는 공원은 일산의 자랑거리요 휴식공간이다. 아이와 어른, 연인들의 산책은 하나의 영화장면과도 같다. 음악도 흘러나오고 새들의 비상을 첨가하면 한 폭의 아름다운 그림이다.

호수공원에서 필자가 좋아하는 김원각, 박시교, 김 현, 김영재 시인

등과 포천막걸리를 마시면서 한 여름의 오후를 보낸 적이 있다. 그저 바라보기만 해도 좋은 곳이다. 금강산도 식후경이라고 했지만, 아름다운 절경도 사랑하는 사람과 함께할 때, 그 절경이 아름답게 보이는 법이다. 아름다운 마음의 눈의 렌즈로 보는 풍경만이 아름답게 보일 뿐이다. 유유히 걷는 사람, 자전거를 타는 사람, 뛰어가는 사람, 그리고 옷차림도 가지각색이다.

자판기에서 한 잔의 커피를 뽑아 벤치에 앉아 호수를 바라보며 마시는 커피 맛은 일품이다. 나이든 어르신들이 연주하는 흘러간 노래들을 듣노라면 세월의 덧없음을 더욱 실감하게 된다. 이 노래를 듣는 젊은이들이 30년 후에 나와 똑 같은 생각을 하게 될 것이다. 항시 그래왔다. 젊은이들은 결코 늙지 않는다고 생각해 왔다. 하지만 늙는 것은 순식간에 벌어지는 사건이다. 아침을 먹고 우물우물 하다보면 점심때가 되고

점심을 먹고 책을 몇 페이지 읽다보면 해는 벌써 서산으로 기울어 있게 마련이다. 그렇게 해가 저물 듯이 인생은 저물게 마련이다. 결코 시들지 않는 꽃이 없듯이 인생은 시들게 마련이다. 하나의 꽃을 보면서 하나의 지혜를 얻을 수만 있다면…….

일산 백마에 와서 한 편의 시를 썼다.

백마에서 온 편지

백마에 오시려면 전철 타고 오시구려
무악재 쉬이 넘어 구파발서 기다리면
화정역花井驛 꽃길을 따라 꽃구름이 필 겁니다.

구름 속 백마白馬들이 바람처럼 내달리면
천리千里를 뛰어도 좋을 동화 속의 들이 있고
바람은 첫 손님에게 매달리며 안기리다.

춘삼월春三月 오실 때에 흰 샤쓰를 걸치시면
진달래 붉은 입술을 꼭꼭 찍어 드리리다
개나리 고운 금관金冠을 머리에 얹어 주고

오월이 가기 전에 꼭 한 번 오시구려
무릎 꿇고 들어 보면 푸르른 관현악 소리
그 것이 詩가 되나 봅니다, 푸른 글이 돋습니다.

꽃 하나 피는 것도 기적이요 섭리러니
수 많은 꽃이 앓는 계절의 절정에선
능선도 가만히 내려와 그 자리에 멈춥니다.

경황이 없으시면 日常 옷을 걸치시고
헐거운 풍경 속을 그렇게 걷다 보면
그 것이, 좀 모자라는 것이, 넉넉하게 보입니다.

비가 와도 괜찮아요, 촉촉히 젖어와도
그저 님을 그리듯이 세상사에 젖다 보면
두고 간 발자국마다 삶의 맛이 고입니다.

마음이 구름처럼 흘러가고 싶을 때면
白馬에서 말을 타는 그런 꿈도 꾸어 보고
꿈같은 얘기하면서 밤도 풀어 보시구려.

큰 강도 이쯤에선 발걸음이 더딥니다
바다가 멀지 않은 노을빛도 서러워서
한 번쯤 눈물을 닦고 흘러가고 있습니다.

세상사 시끄러운 그런 소리 없습니다
요즈음 사람들은 귀가 모두 고장나서
웬만큼 큰 소리 아니면 꿈쩍도 안 합니다.

세월은 물이지요 흘러서 간다지요
모두들 흘러가서 흐를 것이 없다지요
흐르는 그런 것 말고 영원永遠을 만나리다.

섣달도 그믐밤은 길이 뵈지 않습니다
별을 보고 걸어가면 넘어지지 않습니다
안개나 자욱한 밤엔 엎드려야 하구요.

밤하늘 겨울새가 불을 끄고 울다 가면
곱게 잠든 꽃가지에 그 울음이 떨어져서
아파서 꽃이 핍니다 먼저 꽃이 핍니다.

사람이 살아가는 법

이 세상에 존재하는 모든 개체는 저마다 이름을 갖고 있다. 저마다 개성이 있고 자기의 역할을 가지고 태어난다. 그 중에 인간은 모든 만물의 영장으로 하나님의 형상을 따라 창조되었다.

사람들은 함께 모여서 저마다 역할을 담당하며 서로서로 도와가면서 살아간다. 농사를 짓는 사람, 물고기를 잡는 사람, 그릇을 굽는 사람, 나무를 기르는 사람, 목축을 하는 사람, 각종 생활용품을 만드는 사람, 병을 고쳐주는 사람들이 자기 일을 통하여 서로서로 도와가면서 살게 되어있다.

혼자서 모든 것을 해결할 수 없는 것이 우리들의 삶이다. 삶의 본질은 무엇이며 사람이 사는 목적이 무엇인가에 대하여는 잊고 사는 것이 보통 사람들의 생활상이다. 그 가운데서 어떻게 사는 것이 값어치 있는 삶인가에 대한 해답이 이를 대신할 수 있을 것이다. 사람은 사람 가운데서 그 역할을 하게 되고 자기의 존재를 확인할 수 있다. 다시 말하면 사회집단을 떠나서는 자기의 존재를 확인할 수 없다는 말이고, 또한 그 역할을 할 수가 없다는 말이다.

자기가 거하는 사회가 건강하고 행복하다면 자기도 행복해질 수 있고, 그 사회가 병들고 불행하다면 자기도 그 영향을 받지 않을 수 없기 때문이다. 그 이유는 사회는 서로에게 영향을 주고받으며 살 수 밖에 없기 때문이다. 자기가 거하는 지역의 공기가 불결하면 거기에 거하는 모든 사람들이 그 불결한 공기로 호흡을 해야 하고, 불결한 음료수가 있다면 모두가 불결한 음료수를 사용할 수밖에 없을 것이다.

사람의 몸에서 하나의 장기가 병이 들면 그 병이 다른 장기로 이전되어 결국에는 목숨을 잃게 된다. 사회도 하나의 몸과 같아서 사회의 한 조직이 병이 들면 다른 조직으로 그 병이 전이 되게 마련이다. 따라서 한 사람, 한 사람의 역할이 그 만큼 중요하다 할 것이다.

행복한 사회가 이루어내는 결과는 삶에 대한 보람일 것이다. 그 보람은 기쁨인데 그 기쁨의 요체는 사랑이다. 사람은 사랑을 받을 때에 가장 행복하다. 그리고 사랑을 베푸는 자에게는 더 큰 기쁨을 향유하게 된다. 사랑을 받아서 슬프다는 얘기를 들어보지 못했고, 사랑을 받아서 불행했다는 얘기를 들은 적이 없다.

사랑은 삶의 본질이며 추구해야 할 목표이기도 하다. 다시 말하면 사람들은 사랑을 주고받으면서 살아가야 한다는 말이다. 사랑이 넘치는 사회가 이상적인 사회상이라고 하겠다. 이와 반대로 그 사회가 서로 미워하고 질투하는 사회라면 비극적인 사회일 것이다.

예를 들어, 나는 이 더러운 사회가 싫어서 무인도로 찾아가서 혼자 좋은 집을 짓고 좋은 옷을 입으며 좋은 음식을 먹으며 산다면 그 곳은 낙원이 아니라 지옥이 될 것이다.

가족을 사랑하고 친구를 사랑하고 선생님을 존경하고 어른을 공경하고 이웃을 사랑하며 살아가는 삶이 가장 훌륭한 삶이다. 위대한 발명을 하고, 학문적 업적을 많이 쌓고 부를 축적하고 높은 관직에 올라 출세를 하는 것이 훌륭한 삶이 아니다.

오늘날 모든 부문에서의 목표가 경제성장에 초점이 맞추어져 있다. 돈으로 모든 것을 해결하고자 하는 것이 문제이다. 경제성장은 생산과 판매로 이루어지는 것이 아니라, 모든 문화적, 학문적 토양과 바탕 위에서 이루어지는 것이다. 선진기술, 최신 기계설비를 갖추어서 생산하고 판매하면 경제성장이 되는 것이 아니다.

지금까지의 결과는 그러한 방법이 통용 되었으나 앞으로는 그러하지 않을 것이다. 이웃을 사랑하며 살아가는 삶이 훌륭한 삶이다. 그러한 삶을 살다간 사람은 가장 빛나는 아름다운 이름을 갖게 된다. 그 이름은 죽지 않고 영원히 살아있게 된다. 우리의 육신이 보통 6-70년을 살지만 아름다운 삶을 살다간 사람의 이름은 수천 년을 살아간다. 아름다운 이름을 만들며 사는 것이 사람이 살아가는 법이다.

할아버지에 대한 기억

지금 살아계시면 109세가 되셨을 할아버지(지태룡池泰龍)에 대한 기억은 항상 새롭기만 하다. 호방한 성격에 품위 있는 몸가짐이 지금도 눈에 생생하게 어린다. 어느 할아버지가 손자를 귀여워하지 않을까마는 나의 할아버지도 나를 매우 귀여워해주셨다. 일찍 손자를 보셨으니 더욱 그러하셨을 것이다.

초등학교에 입학을 하고 부터 나의 보호자는 할아버지셨다. 학교에서 소풍을 가면 혼자서 보내기를 꺼려하셨고 고학년에 올라가서 온양 온천으로 여행을 가게 되었는데 너무 먼 곳이라서 가지 못하게 하셨으니 어떤 위험스러운 일도 사전에 차단하려하셨다. 후일에 수학여행 길에서 많은 학생들이 도중에 사고를 당하여 희생되는 것을 보고서야 할아버지의 생각에 일리가 있었다는 생각을 하게 되었다. 학교에서는 항시 1등을 놓치는 법이 없었으니 더욱 귀엽고 사랑스러우셨을 것이다.

1953년경에 김용제 씨의 삼국지가 10권 중에서 1권씩 차례로 발간되고 있었다. 책을 좋아하시는 아버지가 발간될 때마다 구입해오셨는데 할아버지가 읽으신 후에 내가 읽었다. 3대가 동시에 읽은 경우는 그 당시로서는 드문 일이었을 것이다. 삼국지는 그 때의 인연으로 평생 몇 번을 읽었는데 읽을 때마다 새로움을 느낄 수 있는 명작이다. 꼭 한 번은 읽어야 할 귀중한 책이다. 할아버지와 한 방에 기거하면서 학교를 다녔는데 여러 가지 좋은 말씀을 해주셨다. 그 중에서도 친구와 부모에 관한 이야기를 많이 하셨다.

그 중에 친구에 관한 이야기 한 편을 소개하고자 한다.

"옛날에 어느 서생書生이 하루 일정으로 한 친구를 방문하게 되었는데 가는 도중에 다른 한 친구의 집이 있었다. 친구의 집을 들르지 않고 지나쳐 버리면 후에 그 친구가 섭섭해 할 것 같아서 그 친구 집을 먼저 들르기로 하였다. 마침 점심때가 되어서 점심을 차려주어서 대접을 받았는데 차린 것은 풋나물에 보리밥이었다.

하지만 그 차린 점심은 가난한 선비로서는 극진한 대접이었다. 점심을 모두 비우고 나서 만나고자 한 친구 집을 방문하였다. 만난 그 친구는 부자였던 터라 산해진미山海珍味로 술상을 차려 내왔다. 먹고는 싶었으나 부자인 친구의 집에서 먹은 것을 후에 먼저 대접한 친구가 알게 되면 섭섭해할 것을 우려하여 먹지를 않았다고 한다.

옛사람들이 친구에 대한 배려와 함께 친구를 얼마나 소중하게 여겼는가를 알려주는 한 대목이다. 성경에도 말씀하시기를 "친구를 위하여 목숨을 버리면 이보다 더 큰사랑이 없다"고 쓰여 있다.

추석날이면 언제나 증조할아버지 할머니 산소를 참배하는 것을 잊지 않으셨다. 손자에게 몸으로 가르치는 훈련이었다. 증조할아버지는 할아버지가 3살 때에 돌아가시고 증조할머니가 형제를 기르셨다. 청상으로 혼자서 형제를 기르셨으니 증조할머니도 많은 고생을 하셨음이 분명하다. 친척집을 방문하시는 경우에도 거리가 아무리 멀더라도 당일로 돌아오시는 것을 원칙으로 하셨다. 한 번도 친척집에서 하루 밤을 보내신 적이 없으셨다.

6.25동란 때 중앙대학교 교육학과에 재학 중이던 삼촌과 고모가 행방불명이 되었으니 할아버지의 심기가 매우 불편하셨을 것이다. 그럼에

도 불구하고 그 불편한 심기를 노출하신 적이 없으셨다. 한 번에 자식들을 잃었으니 지금 생각해 보면 의연하신 할아버지가 더욱 존경스러워진다.

집에서 가끔 막걸리를 사다가 드시는 경우가 있었다. 그럴 때면 한 잔씩 건네주시며 먹어보라고 하셨다. 술 먹는 법은 어른에게서 배워야 한다면서……. 지금 생각해보면 그때 할아버지가 술을 많이 드시고 화를 내셨던 적이 가끔 있었는데 아마도 그런 마음의 상처 때문이었을 것으로 추측이 된다.

어느덧 고등학교 3학년이 되어 대학입시를 2개월 정도를 남겨두고 책과의 전쟁을 밤낮을 가리지 않고 치루는 겨울이었다. 의과대학을 가려고 이과공부를 해왔는데 갑자기 문과로 바꾸게 되었으니 화급하기도 하였고 해야 할 공부도 만만치가 않았었다. 난방이 문제였던 그 시절에 새벽 4~5시에 매일 일어나셔서 아궁이에 불을 지피면서 손자의 합격을 기원하셨던 할아버지의 기억이 지금도 불길처럼 따듯하게 느껴온다.

전형일자가 임박하여 서울에 있는 대학에 입학원서를 접수하게 되었는데 손수 연세대학교 상경대학 경영학과에 원서를 접수시키고 접수증을 교부 받아오셨다 시험번호가 5번이었다. 합격한 후에 얼마나 좋아하셨던지. 할아버지가 입학원서를 접수시킨 경우도 그리 흔하지 않을 것이다.

언젠가 말씀하시기를 "참 고약하다"고 한 말씀을 하셨다. 그래서 무슨 뜻이냐고 물었더니 열대여섯 살 때 뛰어 놀던 때가 엊그제 같은데 벌써 70이 되셨다는 것이다. 세월의 덧없음을 말씀하고 계셨다. 사실 나는 어려서부터 우리 할아버지는 처음 태어날 때부터 수염이 하얗게 나 멋있는 할아버지로 알고 있었다. 뚜렷한 이목구비에 짙은 호랑이 눈썹, 멋지게 자란 수염으로 풍채가 좋으셨던 분이었다. 우리 가족 중에서 가장 용모가 뛰어난 분이셨다. 불행했던 일제하에서 당신의 소신을 펴지 못하신 것은 때를 잘못 만난 때문이었다.

여름날이 생신이셨던 할아버지는 여름날에 돌아가셨다. 장례식 날에 그 무슨 비가 그리도 많이 왔는지 모른다. 그 비에 온 가족이 그 장대 같은 비를 피할 수가 없었다. 그 무슨 못 다한 말씀이 남았던 것일까? 많이 오는 비에 우의와 우산은 소용이 없는 법이다. 좋은 때를 얻는 것은 좋은 부모를 만나는 것만큼이나 중요하다.

이제 손자인 내가 할아버지의 그 나이만큼 되어서 할아버지가 되었다. 그렇게 손자가 커서 벌써 할아버지가 된 것이다. 그렇게 세월은 가는 것이었다. 한 것도 없이 말이다. 이제야 할아버지의 마음을 조금은 알 것 같다. 할아버지를 생각하면 그 사랑이 생각이 나서 눈가에 이슬이 맺힌다.

후에 직장을 다니면서 금반지를 할아버지 손에 끼워드렸다. 손자의 작은 정성의 표시였다. 할아버지가 돌아가신 지 30여 년이 흘러갔고 지금 그 금반지의 행방은 알 수 없으나 할아버지의 사랑은 항시 내 가슴 속에 금빛처럼 빛나고 있다.

정 기 용

명지대 교육대학원국어국문학 수료, 한국문인협회 회원, 국사편찬위원회 위원사료조사, 한국수필가협회 이사, 한국스토리문인협회 이사, 지구문학작가회 이사, 수필춘추 운영위원, 한국국어교육학회 회원, 광나루문학회수필회장, 달섬문학회시회장, 옥조근정훈장 받음
저서 『조선왕조 500년 역사이야기 상.하』, 『허공에 맴도는 조선인의 그림자』, 『떨어지는 나뭇잎에도 무게는 있다』

창밖 풍경 외 2편

정 기 용

몸이 한가하거나 마음이 울적할 때 나는 창밖을 본다.

아파트 11층 베란다에서 밖을 관망하면 멀리 검단산이 시야에 들어오고, 가깝게는 용마산과 아차산도 보인다. 넓은 벌판에는 성냥갑을 쌓아 올려놓은 듯한 아파트가 보이는가 하면 단독 주택들이 옹기종기 마을을 이룬 곳도 있다.

아파트 아래로 중랑천이 흐르고 둑길에는 수많은 나무들이 줄을 잇고, 길게 뻗은 동부간선도로에 차량이 오가는 풍경은 한 폭의 그림을 방불케 한다.

아침이면 용마산 꼭대기에 둥근 해가 살포시 떠오른다. 햇살은 거실을 채우고 주방까지 내비치어 온 집안을 환히 밝혀줄 때면 내 마음조차 평온해진다.

따끈한 꿀차 한 잔을 마시며 거리풍경을 보노라면 동부간선도로 쪽으로 자연 눈길이 가고, 질주하는 차들을 유심히 보게 된다. 여러 색깔의 차들이 앞 다퉈 급히 달리곤 한다.

어떤 운전자는 앞서가는 차 대여섯 대를 따라잡고 내달린다. 보기만 해도 아찔하다. 아마 150킬로미터 정도의 속력은 되는 것 같다. 관광차나 대형차는 달리는 속도가 거북이처럼 느리지만 승용차는 마구 달린다. 오랜 운전 경험 때문인지는 모르겠으나 멀리서 바라보는 나의 눈에는 차의 속도가 관측되고, 운전수의 마음까지 읽혀지는 것 같다. 운전에는 방어가 기본이다. 운전수는 양 옆을 보면서 갑자기 발생하는 변수에 항시 대비해야 한다.

천천히 가는 사람은 초보 운전이거나 성격이 차분하여 여유 있게 운전하는 사람일 게다. 반면 빨리 달리는 사람은 급한 성격이거나 난폭 운전자라고 볼 수밖에 없다. 수백 대의 차가 꼬리를 물고 질주하는 낮과는 달리 아침저녁이면 지체되어 서행하거나 제 속도를 내지 못할 때가 많다.

나는 언젠가 승용차로 동부간선도로를 달리다가 고장 나서 갑자기 멈춘 적이 있다. 차에서 이상한 소리가 나더니 이내 서버려 몹시 당황했다.

새 차를 구입하여 5천km도 뛰지 않은 상태였다. 때마침 피아노 대리점을 하는 친구가 나를 보고 내 차 앞에 서더니 왜 서있느냐고 물었다.

원인을 모르겠다고 내가 대답하니 그 친구 역시 차량정비 전문가가 아니다보니 모르기는 마찬가지였다.

나는 친구의 차에 밧줄을 달아 끌고 전용차선을 벗어나 가까운 정비소에서 점검한 결과 엔진오일이 새버려 엔진이 타버렸다고 했다. 불량 엔진오일 사용과 정비를 잘못하여 250만원을 주고 엔진을 새로 간 적이 있었다.

차가 동부간선도로에 가끔 멈춰 주행을 못 하는 광경을 목격할 때면, 저 차도 혹시 나와 같은 사정이 아닐까 하고 생각된다.

차가 지체되어 가지 못하고 서 있을 때는 내 마음도 답답하다. 시원스럽게 달리는 차를 보면 마음이 상쾌해지고 스트레스가 확 풀리는 기분이다. 아마 내가 운전을 하며 답답한 시간을 겪었기에 그런 마음이 드는 것이 아닌가 싶다.

중랑천의 풍경은 사철마다 다르다.

봄에는 중랑천 둑길에 늘어 선 벚꽃길이 아름답다. 벚나무에 새싹이 나오는가 하면 하얀 꽃망울을 터뜨려 꽃이 필 때면 따뜻한 봄을 알려 만물이 생동하는 기운을 자아낸다. 그때가 되면 중랑천 둑길에 벚꽃축제가 열린다. 외지에서 온 나들이객들로 북새통을 이룬다.

여름이면 꽃잎은 떨어지고 초록 잎이 녹색의 향연을 펼친다. 천지가 싱그러운 풍경으로 마음까지 풍성해진다. 무더운 여름에는 나무숲이 시원한 그늘을 만들고, 유랑객들이 나무 밑에서 장기나 바둑을 두는 모습은 한 폭의 멋진 풍경화다.

가을이면 욱일중천의 기세로 위풍당당 짙은 녹색 잎도 한두 잎 단풍으로 붉게 물들고 노란색으로 변한다. 산과 들판은 황금벌판으로 풍요롭기가 이를 데 없다. 하지만 떨어져 휘날리는 낙엽을 보면서 세월의 무상함을 실감한다.

겨울이면 그렇게 싱그럽던 잎은 어느새 다 떨어지고, 앙상한 가지의 나목裸木만이 내 마음에 들어와 있다. 눈이라도 오는 날이면 온 천지는 백색으로 뒤덮여 나무 가지마다 눈꽃이 만발한다. 어쩌다 찬바람이 불면 나뭇가지가 흔들리고 흩어지는 눈발에서 통증 같은 외로움을 느끼기도 한다.

봄 · 여름 · 가을에는 벚꽃나무가 숲에 가려 운동하거나 둑길을 걷는 사람들은 잘 볼 수 없으나 겨울에는 다르다. 나목이 줄지어 선 터널에서 두꺼운 잠바에 모자 쓰고 장갑 낀 상태에서 운동하는 사람, 걷고 뛰며 자전거를 타는 사람들을 자주 볼 수 있다.

어느새 눈이 녹아 따스한 햇볕이 비칠 때는 앙상한 나무사이로 중랑천 물이 반짝이며 흘러간다. 햇빛에 흐르는 물이 반사되어 반짝반짝 빛나는 모양은 아지랑이가 대지 위에서 피어오르는 느낌을 갖게 한다. 말없이 흘러가는 물이지만, 중랑천 모습에서 한 해가 저물고 다음해 봄을 기다리는 계절의 변화를 느낀다.

나는 창밖을 보며 내가 걸어온 삶을 반추反芻하고, 시와 수필에 대한 주제와 소재도 찾으며 창작 의욕을 불태운다. 나의 여생에서 이 일만이 내 삶에 대한 추억이요, 현재이며 미래를 꿈꾸는 세상이 아닌가 한다.

사색에 잠겨 창문 밖 풍경을 한참 보노라면 꿀차 한 잔은 어느새 텅 비어 있다.

아침 문화

해가 뜨는 아침을 맞으며 하루의 안녕을 기원한다.

여명黎明이 밝아오는 새벽은 어둠이 사라지고 오늘을 시작하는 첫 출발의 의미를 부여하기도 한다. 이 세상에서 아침 일찍 일어나는 민족은 한국 사람을 당해낼 나라는 없을 줄 안다.

활동이 밤에 집중되어, 밤이 늦고 아침이 따라서 늦은 문화를 '디오니소스(Dionysos)문화'라 하고, 활동이 이른 밤에 끝나고 아침이 이른 문화를 '아폴로(Apollo)문화'라 한다. 우리 민족은 아폴로 문화의 챔피언 격이다.

몇 년 전 로스앤젤레스 한국 영사관 앞에서 수십 명의 미국인이 플래카드를 들고 데모하는 기사를 읽은 적이 있다. 그들이 외치는 "구호는 코리안 고 홈!"이었다. 이 지역의 야채상과 청과 상인들이 한국인의 상권 잠식에 대한 생계生計투쟁이었다. 미국 야채 상인들은 전날 농장에 가서 야채를 떼어다가 아침 일곱시에 가게 문을 여는데, 한국 야채 상인들은 새벽 다섯시에 일어나서 농장으로 달려가 신선한 야채를 가져다가 여섯시에 문을 열었다.

손님들이 한국인의 가게로만 몰리고 한국인의 조기早起 기상起床을 당해낼 수가 없자 "코리안 고 홈!"을 외치며 실력 행사로 나온 것이다.

유럽 상인들의 당일 활동을 보면 스페인은 여덟시, 프랑스는 열시에 점포 문을 연다.

우리 민족은 아침을 중요시하고 조선시대부터 조기 문화早起文化가 정착됐다. 그래서 예부터 생일잔치에 손님을 접대할 때도 아침에 했지, 저녁에는 하지 않았다. 동양은 조찬朝餐을 선호하고 서양은 만찬晩餐을 즐긴다.

우리 조상은 정사政事 보는 곳을 조정朝廷이라 하고, 지방 행정 보는 곳을 해 돋는 뜻인 동헌東軒이라 했음은 바로 정치 행정을 이른 아침 맑은 정신으로 보았다는 데서 비롯된 조기 문화의 잔영殘影이다.

오죽했으면 나라 이름까지 아침 조朝가 들어가는 조선이라 했겠는가!

아침을 보다 이르게 가속시키는 정신이 꽤 발달해왔다. 이를테면 옛날 어머니들이 간밤에 달이 서천에 사라지지 않는 미명未明에 일어나 서천의 달이 비친 샘물을 길어서 가족의 안태安泰를 비는 정화수로 삼았다.

샘에 비친 달을 긷는다 하여 '용란龍卵을 긷는다'고 했는데 용란수가 아니고는 기원祈願의 효과가 나지 않는 것으로 알았다. 어둠이 가기 전에 일어나지 않으면 용란을 길을 수 없음은 두말할 나위가 없다.

내가 어렸던 1945년 7살쯤 때다. 시골에서 할머니가 새벽에 일어나 두레박으로 물을 길어 사발에 담아 상 위에 올려놓고, 두 손 모아 비는 모습을 가끔 보았다. 자식들 건강과 삼시三時 세 때 굶지 않고 가난에서 벗어나 살게 해달라고 비는 게 아닌가 싶었다.

조선 여인들은 일본 여인에 비해 82%, 영국 여자에 212%, 미국 여인에380%나 일을 더했다는 통계가 있다. 다른 나라 여자들보다 일찍 일어나 몇 백배 일을 한 셈이다.

나는 아침을 재미있게 즐기며 긍정적인 생각으로 그 날을 계획한다. 신문도 아침 조朝자가 들어간 조선일보를 40년간 본다. 그리고 새벽 5

시에 일어나 공원에 나가 운동으로 하루 일과를 시작한다.

몇 년 전 《조선왕조 500년 역사 이야기》를 집필할 때 조선인들의 부지런한 삶과 생활상을 그려보면서 글을 썼다.

옛날 사대부 마님의 화로는 반드시 금속제인 놋화로여야 하는 불문율不文律이 있었다. 인시寅時에 담뱃대로 놋화로를 쳐 그 소음으로 며느리나 시녀들의 새벽잠을 깨우게 하여 이른 아침을 알렸다.

한때는 아폴로 문화가 쇠퇴, 아침이 늦어지고 아침식사를 소홀히 했으나 지금은 다시 부활하고 있다. 해가 뜨기 전에 일어나보면 동부간선도로에 수많은 차들이 질주하고, 많은 사람들이 공원과 둑길에서 운동하는 모습을 본다.

승용차가 대중화되면서 혹심한 러시아워(rush·hour)와 주차난 때문에 일찍 출근하는 것이 편리하기 때문이다. 따라서 우리 민족의 보이지 않는 관습 때문에 아침 모임이나 운동이 성해지지 않나 하는 생각도 든다.

우리나라는 아침을 찬미하기에 방송국에서도 이에 대한 프로를 앞 다퉈 진행한다.

KBS 8시 25분 '아침마당'이나 MBC 8시 30분 '오늘아침', 그리고 SBS 9시 10분 '좋은 아침'은 생활과 관련된 시사나 교양 프로그램 또는 건강 이야기로 시청자를 유혹한다. 그래서 다른 프로보다 시청률이 가장 많다고 한다.

나는 KBS '아침마당'의 목요특강을 주로 보며 지식인들의 경험과 조언, 삶에 대한 지혜를 즐겁게 시청한다. 이렇게 뿌리내려온 관습이 한국 사람들에게 아침을 즐기면서 생활하지 않나 싶다.

하루가 시작되는 아침은 행복한 삶을 영위하고, 그 날을 건강하게 보내기 위한 첫출발이 아닌가 싶다. 나는 이제 나의 여생에도 아침 시간을 적극 활용하며, 아침 문화에 동참하여 나날의 삶을 보람되게 지낼 희망에 부푼다.

달을 보는 마음

둥근 달빛이 나의 온몸을 비친다.

베란다 11층에서 창밖으로 보이는 보름달을 보며 소원을 빌어본다.

반달이나 상 · 하현달은 꽉 차지않아 그런지 을씨년스러워 별로 좋아 보이지 않는다. 매년 정월보름이면 휘영청 둥근 달을 보며 일 년의 계획을 점쳐보기도 하고 무언의 대화를 나눈다.

달은 옛적부터 우리 정서 속에 젖어 있는 고향의 풍물처럼 다정다감한 존재다.

보름달 중에도 음력 정월 대보름과 8월 추석 보름달은 유난히 커서 더욱 정겹게 느껴진다.

우리나라 고유의 음력 정월 대보름은 오기일烏忌日 또는 한자어로 상원上元이라고도 한다. 이 날은 설처럼 중요한 명절로 여겨왔기에 우리 조상들은 오곡밥을 먹고 다채로운 행사도 가졌다. 달맞이 행사로 초저녁 횃불을 들고 높은 곳에 올라가 둥근 달을 바라보며 풍년을 소망하고 행운을 빌었다.

농경사회에서 생활한 우리 조상들은 달집을 만들어 달이 떠오를 때 태우면 풍년이 오는 것으로 알았기에 달집태우기 행사도 가졌다. 그 밖에 쥐불놀이 · 더위팔기 · 부럼 깨물기 · 지신밟기 등등 다채로운 행사를 하며 일 년 내내 평화와 소원을 빌었다.

우리나라에서는 8월 추석을 '한가위' 라 부르고 중국에서는 '중추절',

일본에서는 '십오야'라고 하며 아시아권 세 나라가 다 같이 명절로 친다.

보름 중의 보름인 추석 대보름은 달마중을 하며 달밤에 행사가 집중되어 있기에 달의 명절이라고 해도 과언이 아니다.

일 년 농사에 추수한 곡식으로 음식을 장만하여 조상께 감사드린다. 풍요와 생산을 북돋우는 달의 과학이 이렇게 발달된 나라도 없을 것이다.

둥근 달을 보며 생각하고 느끼는 마음은 나라마다 다르다고 한다. 유럽 사람들은 달 손에 유형당한 사나이의 얼굴을 보며, 아프리카 사람들은 질주하다 쫓겨난 여인의 낯짝을 본다고 한다. 또, 아랍 사람들은 낙타를, 인도 사람들은 토기를, 중국 사람들은 두꺼비를 본다는 견해다. 우리나라 사람들은 '계수나무 꺾어다가 초가삼간 지어놓고 양친부모 모셔다가 천년만년 살고 싶은 게' 통념通念이다.

달은 사람의 마음을 정적으로 달래며 감성에 젖게 하는 마력이 있기에 달에 대한 동요도 많다. 어린 시절 불렀던 동요 '달 · 둥근달 · 달맞이 · 달 따러가자 · 반달' 등의 노래가 유년 시절의 추억을 불러일으킨다.

'아가야 나오너라 달맞이 가자, 앵두 따다 실에 꿰여 목에다 걸고…….' 유년시절 불렀던 '달맞이'노래가 아직도 내 귓전에 생생하게 들리는 듯 초동시절 그리움에 잠긴다.

호롱불 외엔 불빛이 없던 시절이어서 그런지 옛 조상들은 달과 유달리 친했고, 달에 대한 느낌이 다양하다보니 전설도 많다.

시집갈 날받이를 하면 예비 신부들은 달이 차는 밤에 달 기운, 즉 월정月精을 호흡으로 흡입하는 복기服氣 습속이 있었다. 해는 양기, 달은 음기의 원천이다.

달 기운을 많이 흡입하면 생식력이 강해진다고 알았기 때문에 둥근 달을 바라보며 달 기운을 많이 마셨다. 수년 간 월정月精을 농축시킨 구슬달밤에 이슬을 받아 놓은 달 구슬月玉을 여자가 몸에 지니면 사나이를 끄는 매력과 생식력이 왕성해지는 것으로 알았다. 그래서 상류사회에서는 은밀히 밀매되었는데 노예 12명과 맞바꿀 정도였단다.

인도와 중앙아시아에서는 달에서 떨어진 무운스톤운석-隕石을 몸에 지니면 미래를 내다 볼 수 있고 점쟁이가 될 수 있다하여 지금도 웬만한 집 한 채 값으로 거래 된다고 한다.

우리 세시민속에서도 보름달과 여인과의 밀접한 관계를 당연시하여 매월 보름날은 명절 아닌 날이 없고 여인들의 나들이가 보장되지 않는 밤이 없었다.

보름날 달에 대한 행사도 많다. 정월 대보름에는 '다리 밟기'라 하여 부녀자들이 달을 보며 소원을 빌었고, 2월 연등然燈날에도 밤나들이를 하였다.

3월은 답청踏靑이라 보리밟기, 6월은 유두流頭라 머리 감기, 7월 백중伯中이라 조상의 명복을 비는 상사上寺라 하여 밤나들이가 보장되었다. 보름달은 이렇게 조상에게 큰 의미를 부여하였고 민속풍으로 전해온다.

둥근 달을 보는 마음은 나이와 때, 장소에 따라 다르다. 내가 어렸을 때 할머니는 장독대 앞에서 정수 떠놓고 달을 쳐다보며 두 손 비벼 소원을 빌었다.

나는 물끄러미 쳐다보다가 할머니가 일어나서야 무슨 소원을 빌었느냐고 물었다. 할머니는 금년 농사 잘 되게 해달라고 빌었다 한다. 하기야 그때는 일제 압박에서 벗어나 광복을 맞은 지 얼마 되지 않아 보리밥 먹기도 힘들었으니 쌀밥을 먹어 보는 게 소원이었다. 농사가 잘못되면 굶는 게 보통이고 죽으로 연명했던 시절이었다. 농사 잘 되어 자식들 굶지않고 사는 게 오로지 희망이었다. 오죽하면 아침 인사가 어른께는 '진지 잡수셨습니까?' 아이에게는 '밥 먹었니?' 였겠는가.

나도 1950년 6·25 동란으로 피난 가서 죽으로 연명하며 밥을 얻으러 이 집 저 집 구걸하던 때가 있었다.

나는 객지에서 젊음을 보냈다.

추석날 둥근 달을 보면서 지난날을 생각하며 슬픔에 젖기도 하고, 내일의 희망을 갖는 기쁨의 기회도 가진다. 선선한 바람결에 편안한 마음으로 올려다보는 보름달은 그렇게도 좋을 수가 없다. 지상의 풍진 속에 휩싸여 사노라면 하늘을 쳐다볼 경황이 없어 달을 잊고 지내지만, 정월과 추석 대보름에는 언제나 나의 소망을 달과 함께 대화하며 마음을 추스른다.

학창 시절에는 좋은 성적을 갖게, 외지에서 근무할 때는 좋은 곳으로 이동하게, 지금에는 건강하게 살다가 죽음을 맞게 해달라고 빈다.

달을 쳐다보며 그때마다 달에 대한 소원은 달랐다. 모든 소원이 마음먹은 대로 된다면 얼마나 좋을까!

세상을 밝게 살며 넓은 아량으로 나눔을 실천하고, 서로를 감싸는 정으로 사는 것이 바로 달이 주는 감성이 아닌가 생각해본다.

소 상 호

월간 <문학세계> 등단, 詩와 隨想文學 회장, 한국문인협회 회원, 한국스토리문인협회 이사, 영등포 문인회 부지부장, 세계문인협회 회원, 히람종합건설주식회사 대표이사. 스포츠서울 문학부문 대상, 한국문화예술대상, 한국신문예협회 금상 수상,
시집 『초록빛 바람꽃』. 『시인의 향기』, 『달빛에 오르다』, 『파랑물고기』
수필집 『산에 스치는 바람』

북한산으로 외 2편

소 상 호

오늘 만난 토요 산행 인들은 사또, 푸른 하늘, 뫼야, 광수생각, 요땅, 부평초, 자운영, 산이 좋아, 함박웃음, 등대, 하늘, 얍전이, 구름이다.

산이 부르고 산이 좋아서 만남을 만드는 귀한 인연들이다. 지난 소식을 머릿속에 넣고 상큼한 아침을 만들어오는 어여쁜 인연들이다. 하루를 준비해 배낭에 깊숙이 간직하여 때에 따라 발산하여 하루를 만드는 귀인들이다.

너무 반가워 가슴이 찌르르 하여 밝은 미소를 얼굴에 그린다. 안전과 건강한 산행을 다짐하며 건강을 캐러가는 산행 인들의 마음은 가볍다.

찬양을 하는 찬양대처럼 서로를 찬양하는 눈빛, 따사한 정, 다정한 대화 나누며 입산하는 모습들은 승리자의 깃발을 꽂고 가는 점령자들의 발걸음이다. 겨울이면서 따뜻한 봄볕을 당기어 환하게 웃는 해님을 보며 가만히 앉아 숨을 돌리고 움직이지 않는 겨울바람의 훈훈한 정을 느낀다.

겉옷을 벗고 속옷만 입은 나목들과 좋은 가문에 태어나 초록빛 코트를 입은 나무들과 만난다. 나무들이 건포 목욕한 뒤 개운함을 가지고 환영의 팡파르를 울린다. 겨울 산에서 느끼는 상쾌함이 코를 통하여 가슴으로 밀려온다. 나들이 반기어 쉬어가라 하는 여유 있는 산길을 웃으며 정돈하는 마음으로 도전한다.

산의 높이가 느껴지면 질수록 속 땀은 나고 호흡이 거칠고 혈액 순환이 빨라 얼굴색이 좋아진다. 점점 산이 가깝다 느끼니 산의 품속에 안기어 산의 아이가 되어 산의 맑은 공기를 물고 빠는 어리광을 부린다. 양지는 하얀 눈이 보이지 않지만 음지는 하얀 눈이 떠나지 않아 백색 페인트를 칠한 것처럼 군데군데 하얗다. 하얀 눈을 보니 눈에 힘이 생기고 마음이 깨끗해진다.

대남문에서 점심하고 대성 문을 지나 정릉 계곡으로 하산을 한다. 산에 안기어 산의 품속에 놀다 내려가는 발걸음은 가볍다. 점령하러갔던 발걸음이 오히려 감흥을 입어 하나가 되어 산의 감사함으로 내려온다. 산을 믿고 산을 사랑하는 산의 자녀가 되어 하산하면서 계속 뒤를 돌아본다.

어느 덧 서로 정으로 절어있기 때문이다. 그래서 인생의 끝이 산이며 흙인 것을 알겠다. 나를 낳아준 어머니의 품인 것을, 내가 가야할 마지막 품속인 것을 느끼며, 한 발 한 발 때 묻은 도시 속으로 들어간다. 깨끗한 곳에서 탁한 곳으로 운명처럼 걸어간다.

효는 기다리지 않는다

오월은 신록의 달이다. 소나무의 바늘잎도 연한 살결같이 부드러워지는 달이다. 우듬지가 있는 나무들은 너무나 자신의 목숨을 자랑하는 달이다 오월의 고향은 너무나 포근한 초록색 잔치가 벌어진다.

나는 어머님이 돌아가시기 전에 고향 집으로 내려간 적이 있다. 오월이 되면 생각 속에 지워지지 않는 내용이 있다. 어머님께서 84세에 돌아가시기 전 고향을 찾아간 적이 있다. 고향은 백운산 줄기를 타고 내려온 매봉과 각산봉 아래 자리 잡은 200호 정도로 큰 농촌 마을이다. 우리 집은 샛똠, 갤똠, 정지똠, 숲넘, 장자골 중에 한 가운데 자리한 정지똠에 정자나무 바로 아래에 있는 집이다. 위치로는 정 중앙이다.

고향집에 하루 머무는 동안, 어머님을 승용차에 모시고 고향 저수지 댐을 구경하며, 백운산 줄기 따라 다듬어진 골짜기 깊숙이 드라이브를 하면서 '왜 자주 이러한 자리를 마련해 드리지 못했나?' 생각하니 너무나 아쉽다. 해외여행은커녕 국내 여행도 변변히 시켜드리지 못한 자식의 마음은 너무 가슴이 아프고 큰 구멍이 뚫린 것 같다.

불효자식이 따로 없이, 여기 있다는 생각하며 지나온 날을 후회하며 그날 밤 지갑에 있는 10만원을 용돈 쓰시라고 드렸다. 그런데 다음 날 하직 인사를 드리고 좀 떨어진 큰 형 집에 들려 작별 인사를 하고 있는

데 어머님께서 '상호야! 부르면서 용돈 좀 주고 가지.'하며 종종 걸음으로 오신다. '어젯밤에 드렸다'고 하여도 막무가내로 달라고 하신다. 호주머니를 뒤져봐도 드릴만 한 용돈의 크기가 없다. 여동생 보고 '어머니 방에 찾아보라'하고 승용차로 귀경하였다.

돌아가신 뒤에도 항상 그 생각이 지워지지 않는다. 용돈을 주지 않고 가는 아들 보는 서운한 표정이 항상 머리에 남아있다. '왜 그때 다시 한번 더 드리지 못했을까?'하는 어리석은 마음이 항상 나를 괴롭힌다.

"효는 기다려주지 않는다."고 하는 옛 성현의 말이 푸른 오월에 이다지도 뚜렷한지 가슴이 아리다.

벽초지를 찾아서

방학을 맞은 지 두 번째 주 토요일이다. 아내와 함께 이번엔 수목원으로 방향을 돌려서 파주시에 있는 벽초지로 향한다. 자유로를 지나 일산 진입로 지나 파주로 나가는 진입로에 접어들어 한참을 가니 벽초지 수목원이 나온다. 한 시간 반이 걸린 것 같다. 아내는 너무 멀다고 투덜댄다.

가는 길에 능소화가 가로 등에 다리를 걸치며 멋을 자랑하고 있다. 원추리는 주황색 얼굴을 내밀고 시집갈 준비하는 새색시 모양으로 다듬어 방긋거리며 웃는다. 꿩의 다리가 구석구석 자리를 차지하고 동자꽃이 노랗게 주둥이를 삐죽거린다. 땅냄새에 정이 든 딱지풀, 돌양지풀이 고개 들고 햇볕을 쬐며 가는 이에게 상큼한 미소를 보낸다. 길가에 자리를 잡은 온갖 잡풀들이 시원한 여름 바람에 춤을 추고 있다.

이런저런 구경을 길 따라 달려 드디어 목적지 벽초지수목원에 도착했다. 입장료를 내고 벽초지수목원 안으로 들어서니 여름 꽃들이 환영하며 '왜! 이제야 오셨느냐?'고 야단을 친다. 역시 바알간 꽃이 눈에 들어오고 간간히 더위에 지친 다른 야생화가 눈에 들어온다. 꽃구경, 나무구경, 조각물구경, 야생화구경을 하다 보니 너무 더워 차 한 잔 마시며 땀을 식히려고 찻집으로 들어선다. 시원한 아이스커피 한 잔씩 마시며 즐거운 대화 시간을 갖는다.

아내와 나는 가끔 토론을 한다. 오늘의 주제는 진리에 대한 것이다. 도대체 진리란 무엇인가? 크리슈나무르티라는 인도의 명상가의 글이 떠오른다. 이 글에 대하여 주로 대화를 한다.

"진리는 결코 살아 움직이기 때문에 결코 쉬지 않는다."라는 명제다. 진리가 멈추면 그것은 진리가 아니고 이미 다른 형태로 되어 굳어버린 고형물이나 썩어져 냄새 나는 웅덩이가 되는 것이 진리다. 진리는 바로 신이요 생명이며 삶이라 한다. 탱탱한 탄력이 있어야 한다며 최소한 몇 발자국이라도 걸어야 하며 얼마라도 기어 다녀야 한다.

글이나 말로 생명력이 없이 돌아다니는 것은 진리가 아니다. 이는 변화를 가져오고 발전을 수반하고 그리고 생명을 잉태하고, 탄생하며 성숙을 가져오는 것을 의미하는 것이다 잎이나 씨앗이 싹으로 부터 봄, 여름 내내 자라 가을에 소멸하고 다시 썩어 재생산의 밑거름이 되듯이 끊임없이 움직이고 변화를 가져와야 한다는 것이다.

진리의 흐름은 가장 크고 깊고 강한 희로애락의 함성을 좋아하고 그 옆에 항상 대기하고 있는 것이다. 느낌의 골짜기에 다가 가는 것을 무척 좋아하는 것이라고 볼 때 필요로 하는 곳은 언제나 준비 되어 기다리는 최고의 열정가요 혁명가라는 것이다. 따라서 주어진 진리나 가진 진리가 멈추거나 고이거나 머무르면 이미 그 곳은 진리의 생명이 빠져나가 빈 껍질만 남아 그 껍질을 쥐고서 '나는 진리를 가지고 있다'라고 외치는 어리석은 경우가 된다는 것이다.

이런저런 말로시간을 보내고 보니 조금은 밖으로 나가고 싶어 일어난다.「연못과 주목의 길」주위를 둘러보며 연못 길로 다가간다. 팔각정을 뒤로 하고 연못으로 돌계단을 타고 아래로 간다. 연못이 작은 호수처럼 크며 그 안을 연꽃으로 꽉 채우고 있다. 어린 연, 큰 연으로 나누어 큰 연은 다시 홍연과 백연으로 나누어져 있다.

세분된 자리를 알맞게 차지하고 이웃한 가시연과 노오란 꽃을 주고 받는다. 그러다 수련의 질투로 다시 새로운 분위기를 자아낸다. 연못 안으로 돌아다니게 하는 나뭇길을 만들어 수면과 높이를 같이해 너무나 자연스러운 길이 되어 물 위를 걷는 착각을 느끼게 까지 한다. 그 연잎 사이로 굵은 잉어들의 둔탁한 몸놀림이 더운 여름의 한가한 모습을 대신하며, 어린애들의 함성으로 물 안으로 깊이 사라지게 한다. 다른 놈들이 또 다시 기어 나와 춤을 춘다. 연못 밖으로 나와 보니 주위 길이 너무나 기이하여 잠시 바라보니 주목을 양쪽으로 비스듬히 심어 삼각형 모양으로 공간을 만들었다. 바닥은 돌로 깔아 운치를 더한 숲 속 길을 만들었다. 주인의 배려와 멋을 보는 듯하다. 그 길을 걷고서 더위를 잠깐 식히러 다시 찻집으로 들어가 시원한 차 한 잔 씩 마신다.

오후 5시가 되어 오던 길이 아닌 다른 길로 돌아 집으로 향하기 위해 출발한다. 장흥 쪽으로 달려가는데 '아내는 이런데 땅을 사서 집을 짓고 살며 좋겠다.'고 말한다. 눈 여겨 보고서, 장흥 길과 일영 길을 따라 집으로 온다.

오늘도 아내는 말이 없다. 좋은 것인지 나쁜 것인지 도통 시큰둥하다. '흙을 만지며 여생을 보내고 싶다'는 것을 말하더니 또 조용히 말이 없다.

내 마음은 바쁘다. 빨리 풍요로운 축복을 주시며 좋으련만 이렇게 애만 태우시는 하나님께 "너무 하십니다. 받을 그릇도 만들고 분위기도 띄우고 있는데 너무 하십니다." 원망을 해본다.

김 남 식

필명; 솔새 아호; 동곡東谷 충북청주 출생
계간 <스토리문학> 詩부분등단. 한국스토리문인협회 회원
시사랑, 문학공원 동인
시집 『달빛 틈새에 별 하나 얹히고』
시동인지『제로의 두께』, 수필동인『아버지와 자작나무』, 소설동인지 『잔혹이 마블링된』 外 다수
이메일 ; namsikc@hanmail.net

아들 며느리도 소용없다 외 2편

김 남 식

재종 형수가 뇌신경 마비로 경산 노인병원에 오랫동안 계신다는 이야기를 듣고는 차일피일 미루다가 모처럼 시간을 내서 며칠 전 대구로 내려갔다. 대구에는 여러 번 와봤지만 아직도 지리를 잘 모르겠다. 역전에 도착하면 마중 좀 나오라고 열차에서 조카에게 전화를 했더니 가게일 때문에 나올 수가 없다고 하니 투덜거리며 수성구 상동 시장까지 택시를 타고 찾아갔다. 형님 내외는 상동 시장에서 채소 가게를 수십 년 하면서 다섯 자식을 자수성가 시켜놓고 이제야 살만하니까 형수가 아프다고 한 걱정을 하셨다. 나이 사십이 넘은 조카는 아버지 가업을 받아 시

장에서 두부공장 일을 하고 있었다. 형님 댁에 도착을 하자마자 나는 화가 나서 한마디를 했다.

"야~ 네가 못 나오면 네 마누라한테 마중을 좀 보내야지."

그러자 조카는 죄송하다는 말로 인사를 대신 한다. 얼마 후 경산병원을 가기 위해서 질부가 자동차를 가게로 갖고 나왔다. 아들은 회사를 다니다가 제 힘에 못 이기고는 얼마 전에 사표를 내고 이제는 아버지 가게로 매일 출근을 하다고 형님이 이야기를 한다. 조카들은 아파트에 살고 형님 내외는 가게가 있는 시장통 일반주택에서 살고 있었다. 그런데 이 노인 마누라가 아픈 뒤에는 혼자서 식사를 끓여 먹는다고 한다. 물론 며느리가 찬거리를 좀 봐 주겠지만 눈치를 보니까 고충이 많은 것 같았다. 더 나쁜 것은 바로 아들 조카였다. 아버지 집에서 점심을 안 먹고 쪼르르 자기 집으로 거서 먹는다고 한다. 형님이야기를 듣고 보니 매 번은 아니겠지만 거의 그렇다는 말 같이 들려왔다.

물론 매일 그러하지는 않겠지만 아버지는 아버지대로 아들은 아들대로 각자가 편하게 식사를 한다고 하니 부자간의 정이 이럴 수가 있나 걱정을 했다. 형수가 있었다면 그렇지는 않았겠지 생각하며 질부가 운전하는 차를 타고 경산으로 내려갔다. 무언가 느낌을 알고 병원 갔을 때는 이미 뇌가 절반 이상이 고장이었다고 한다. 가게 일을 하는데 자꾸만 계산을 착오로 잔돈을 이상하게 내 주기고 하고. 때로는 헛소리. 하늘을 멍하니 바라본다든가 처음엔 대수롭지 않은 이상한 행동이라 생각 했다고 한다. 노인병원에 들어서니 형수는 말도 못하고 누가 왔는지도 모르는 혼수상태로 눈만 멀거니 뜨다가 아래로 그냥 감아내는 뇌신경 마비 환자이다.

"여보 나왔어"

형수는 눈만 멀거니 뜨다가 다시 아래로 저절로 감긴다. 남편이라는 형님은 아내를 바람 쏘이겠다고 헬 차에 태운다. 그냥 보기에 너무 안쓰럽다. 형수를 사랑하기에 처음 일 년은 병원에 넣기가 싫어서 혼자 집에서 간병을 하다가 힘이 너무 들어서 여기로 모셨다고 한다. 지금 상태는 언제 퇴원 할지도 모른다고 한다. 아니 종말을 볼지도 모른다고 눈시울을 붉힌다. 운전을 할 줄 모르는 칠순 형은 누구에게도 말하지도 않고 대구에서 시내버스를 두 번이나 갈아타고 혼자서 이곳에 온다고 한다.

아들은 두부공장 가게 일을 하고 있으니 며느리에게 일일이 자동차로 함께 가자고 어려워서 말도 잘 못 한다고 한다. 왜 운전을 진작 배우지 않았을까 후회도 했단다. 쓸쓸히 누워있는 아내를 위해서 형님은 또 한 마디를 한다.

"밥 먹었어……. 나야 눈 좀 떠봐……."

이 소리에 내 눈물도 조용히 흐르고 있었다. 깡마른 아내 얼굴을 보고는 형님은 자기의 윗저고리 소맷자락으로 아내의 눈물을 닦고 자신도 닦는다. 식사는 호수로 하고 소변도 호수로 하고 있었다. 아내의 손을 만지고 얼굴을 쓰다듬고 볼을 부비거나 손을 만지며 애정을 표현하는 모습을 보니 마음이 아팠다.

형님은 "고생을 시켜서 미안해"라는 말도 간간이 하며 아내에게 연신 스킨십을 하고 있었다. 1960년대 누구나 어려웠던 그 시절이 있었다. 형님은 막노동 공사판 일을 하며 객지로 떠돌이로 생활 하다가 여기까지 와서 정착을 했다고 한다. 경산 도립 노인병원은 뒤를 돌아봐도 앞을 보아도 노인 병원으로 말 그대로 머리가 백발이 된 노인들뿐이었다. 마침 점심시간이라서 턱받이를 차고 간병인에게 식사를 받아먹는 노인들을 바라보았다. 밥을 흘리고 투정하고 소리 지르고 모두가 어린 아이들처럼 정신이 없었다. 쓸쓸한 노년을 이곳에서 보내는 많은 노인들은 무슨 생각을 하고 있을까? 살아 온 지난 삶을 뒤 돌아 보았을 때 정말 행복했다고 할 수 있을까? 4시간을 병원에 있으면서 간병인들에게서 애절한 여러 사연을 들을 수가 있었다. 여러 가지 이야기를 듣고 보니 내 미래도 은근히 걱정이고 무엇보다도 건강이 우선이지만 또한 경제력도 있어야겠다는 생각이었다. 병원에 노인을 갖다놓을 정도면 다들 살 만한데 왜 그럴까 하고 잠시 창밖을 보는데 보이는 건물 하나가 눈에 들어온다.

"노인네야. 죽기만 해라. 갖다 묻을 게." 하는 바로 장례식장 건물이 입원 동 바로 앞에 있는데 그것이 그냥 보기가 싫었다. 다른 일반 병원에서 와는 달리 장례식장을 바라보니 씁쓸한 느낌에 가슴이 메여왔다. 내가 봐서는 모두가 내일이면 하늘로 갈 것 같은 노인들로 병원엔 가득했다. 그런데 우리 질부가 더 나를 슬프게 기분 나쁘게 만들었다. 병원에 시아버지와 당숙 아재를 내려놓더니 아들이 학교 갔다 오면 점심 줘야 한다고 하며 집에 다녀오겠다며 30분만 기다리라고 쪼르르 대구로 다시 나가는 것이었다.

그런데 30분이 세 시간을 훌쩍 넘어서 오후 3시쯤에 병원에 왔으니 참으로 기가 막혀서 말을 못 하겠다. 서울서 아침 일찍 대구로 내려오느라고 식사도 제대로 못 하였다. 배가 고파서 짜증은 났지만 아무 말도 못하고 질부가 오기만을 기다렸다. 결국 늦은 오후에 질부 차로 타고 다시 대구로 나왔다.

대구로 나오는 길 차안에서 자기 친구하고 전화하는 모습이 또 다시 나를 거슬렸다. 시아버지 뻘이 둘이나 타고 있는데도 아랑곳 하지 않고 대구까지 나오는 시간 내내 수다를 하는데 도저히 이해를 못하겠고 눈살 찌프리며 한대 쥐어 박고 싶었다. 더 기막힌 것은 전화를 다 하고 나더니 시어머니 걱정을 하는 게 아니고 묻지도 않은 자신에 친구 이야기로 이런저런 불필요한 말을 걸어오고 있었다. 좋은 것이 좋다고 그냥 억지로 말대꾸 해주긴 했어도 기분은 좋지 않았다. 대구에 도착하자 웬걸 자기 집 아파트로 가는 것이 아니고 차는 시장통 시아버지 집으로 가고 있었다. 어찌하나 가만히 지켜보고 있었다. 그런데 나를 맞이한 점심은 시장통 식당에서 배달된 7000원 짜리 음식이었다. 조카들 집 구경을 시켜주면서 된장국이라도 손수 해주는 걸 먹고 싶었는데 실망했다.

조카와 질부에게 한마디 야단하고 싶었지만 꾹 참았다. 아들이 마누라에게 쥐여사는지 아무리 생각하여도 기분은 안 좋았다. 얼마 전 텔레비전에서 며느리와 아들이 어머니 구박 한다는 게 사실 같기도 하고. 아마 다는 아니라고 부정을 하면서도 요즈음 세대는 거의라고 솔직히 말하고 싶었다. 잔정이 없는 아들과 멋없는 아들 그리고 마누라 눈치 보는 아들이 요즈음에 세태라고 하는 게 맞을 것 같다. 어떤 사람들은 아예 처갓집에 들어가 살면서 시댁은 멀리서 구경하는 사람이라고 한다. 우리 집도 마찬가지지만 아들은 대게 어떤 말이든 묻지 않으면 대답하지 않은 게 보통이다. 그래서 왜 자식을 키워야하는지를 곰곰이 생각하게 하는 대목이다.

육촌형은 거의 혼자서 식사를 한다고 한다. 딸들은 시집가고 하나 밖에 없는 아들에게 식품도매상 큰 가게를 내주고 지금은 뒷전이라고 한다. 며느리를 피붙이가 아니기에 욕하지는 않는다. 나는 아들이 나쁘다고 생각했다. 며느리는 그래도 시아바지에게 잘 하고 있다고 생각 하겠지만 내가 보기엔 그러지 않았다. 옛말에 시아버진 어딜 가나 골치 덩어리라고 한다. 남자는 늙어서 마누라가 없으면 가족들에게 천덕꾸러기라고 했던 생각이 났다. 그래서 옛날 할머니들은 영감을 먼저 보내고 내가 죽어야지 늘 그랬다고 하는데 그래서 부부는 여자 나이가 남자보다 적은 이유가 혹여 그래서인지도 모른다. 점심상 머리에서 나는 정말 듣기 싫은데 질부는 시아버지에게 잘하고 있다고 묻지도 않은데 자랑하고 있기에 그 모습이 얼마나 미웠던지 내가 조크를 주자 분위기가 갑자기 썰렁한 느낌이었다. 그러자 나는 서울 올라가겠다고 하며 자리에서 일어났다.

집 앞에서 그냥 헤어지자고 했지만 형님이 동대구역까지 같이 따라오는 것이었다. 서울 가는 KTX 기차를 예매하고 잠시 이별의 순간의 이었다. 작별을 해야 하는데 내 발길이 좀처럼 떨어지지를 않는다.

"동상~ 차비 못 줘서 미안해"

이 양반 얼굴에 이미 눈물이 피잉 돌고 있었다. 아마 지신의 신세가 처량했던 것 같았다.

"……형님 무슨 일 있으면 다시 연락하세요."

나이 먹는 다는 게 바로 이런 것인가? 쓸쓸함. 외로움. 고독. 소외감이 바로 내 이야기처럼 밀려온다. 나이 들어서 무슨 재미로 살아야 할까? 나는 문득 생각 없이 자리에서 벌떡 일어나 매표소로 가서 표를 반환하고 말았다.

"형님 막걸리 한 잔 하러갑시다."

"자네 서울 올라가야 하잖아?"

"오늘 안 갈래요."

우리는 동대구역을 다시 뒤돌아 나왔다. 그리고 택시를 타고 상동시장 입구에서 내려서 술 한 잔 할 수 있는 적당한 곳을 찾았다. 내가 좋아하는 막걸리 집으로 들어가서 동태찌개 하나 시켜놓고 나는 형님 가슴에 담은 푸념을 들어주어야 했다. 지금까지 아내와 변변히 여행 한 번 다녀오지도 못하였고 맛있는 것 먹지도 못 했으며 고생 끝에 형수가 저러니 너무 속상하다고 눈물을 흘리고 있었다.

아무것도 모르는 식물인간 형수를 어찌하면 좋으냐고 하며 마누라처럼 본인이 저 정도가 되면 약을 먹고 죽겠다는 서운한 말도 내게 서슴지를 않는다. 간병 치료비가 웬만한 사람에 한 달 봉급이라고 한다. 서로가 아프면 아들도 며느리도 소용없으며 배우자가 최고라는 것을 알게 해주었다. 형님과 이야기를 주거니 받거니 하다 보니 어느새 어둠이 내리고 있었다. 둘이서 비틀거리며 집에 오니 아들 내외가 걱정스럽게 기다리고 있었다. 이 양반 핸드폰이 없으니 아버지 행방을 모를 수밖에 없었다. 술기운에 나는 한마디 야단을 치고 싶었다.

"소주는 안 먹을 거고 맥주 좀 사 와라."

조카들 내외가 내 눈치를 본다. 질부가 나가더니 맥주와 술안주 할 과일을 사갖고 들어왔다. 술이 잔뜩 취한 형님은 그냥 쓰러져 옆에서 자고 있었다. 조카 내외와 셋이서 한 잔 , 두 잔 그리고 석 잔에 술이 목으로 넘어간다. 이런저런 일상적인 대화를 시작을 하면서

"니들이 그러면 못써."라고 잔소리를 쏟아 부었다.

자식이 그러면 안 된다며 횡설수설하는 내 이야기를 알아듣는지 못 알아듣는지 사뭇 죄송하다고 하며 빈 잔에 술은 잘도 따르고 있었다. 나이 사십이 넘었으면 무언가 효도라는 걸 알지 않겠냐고 야단도 쳐보고 내가 재당 조카들에게 잔소리 하는 게 옳은 일인지 생각하며 다시 달래기도 하고 내 앞에서 혼나야 했다. 나중에 후회 하지 말고 부모님 잘 모셔라. 며느리 노릇도 잘 하고. 딸이 며느리 되고 며느리가 결국은 딸이 되는 것인데 부모에게 자주 관심 좀 가져야한다고 조카 내외에게 실컷 미움 받을 욕만 밤이 이슥하도록 하였다. 이 양반은 한쪽에서 코를 골며 그간 피곤했던지 쿨쿨 자고 있었다.

내가 그들에게 야단할 자격도 없으면서 술김에 나도 모르게 그런 것 같았다. 그 다음은 나도 술이 취해 쓰러져 자고 말았다. 밤이 이슥하자

형님과 나는 가게 집에서 자고 아들 내외는 자기들 아파트로 돌아갔다. 아침에 일어나니 조카가 해장국 먹으러가자고 한다.

"조카! 어제 내가 술이 많이 취했지. 미안하네."

"죄송합니다."

왜 너한테 잔소리를 했는지는 나중에 반듯이 알게 되며 부모에게 효도하지 못 한 것에 대하여 꼭 후회를 한다며 아버지에게 잘하라고 조카의 등을 두들겨주었다. 조카들도 조금은 내 말을 알아듣는 것 같은데 하루아침에 선한 마음으로 변하지는 않을 것 같았다. 우리들에 노후는 누구나 저래서는 안 되어야 한다고 생각한다. 아침 해가 머리위에 올라와 있을 때 대구 형님 댁을 나섰다. 아들도 며느리도 소용이 없으며 서로 의지하며 사랑하는 배우자가 최고라 생각했다. 예정에 없던 1박 2일로 대구를 떠나 기분 좋은 마음으로 서울로 돌아왔다. 내가 이 세상에 사람으로 태어나서 누군가에게 힘이 되는 인연은 건강하고 누군가에게 의미가 되는 인연은 아름답습니다. 가정사 모두에게 서로가 잘하고 사랑의 힘으로 의지하며 살아가도록 해야겠다.

친구의 의미

우정은 "친구들을 딛고 내가 높아지는 게 아니라 친구가 나 자신을 딛게 하여 친구를 높이게 하는 것이라." 한다. 인생에서는 반려자를 만나는 것보다도 더 중요한 것은 친구 관계이다.

친구란 과연 어떤 사람일가? 전화를 걸면 으응~ 하며 내가 누군지를 잘 기억해 주는 친구, 그래서 내 이름을 자주 불러주는 친구를 우리는 막역한 친구라고 한다. 친구란 과연 무엇일까? 친구하면 우선 시골에서 같이 자란 초등학교 때 죽마고우 친구를 떠올린다. 다음은 중, 고등 대학에서 만나는 학교 친구, 그리고 사회에 나와서 만나는 사회친구 이렇게 세 가지로 분류할 수 있다. 그러나 어떤 친구가 더 좋은 친구라고는 이야기할 수는 없다. 다음 이야기 예를 들어 보자.

첫 번째 친구 이야기 - 길을 가다가 친구를 우연히 만났다고 하자 '어~ 너 오랜만이나.'하며 악수를 정답게 하지만 차 한 잔 하자고 청을 하면 바쁘다는 핑계로 '다음에 연락할게.'하며 그냥 외면하고 돌아서 가는 친구가 있다. 물론 이 친구는 그 후 연락하지를 않는다. 나는 친구라고 생각했는데 그냥 동무일 뿐, 그 이상은 아닌 것 같다. 두 번째 친구 이야기 - 이번에도 길을 가다가 또 다른 친구를 만났다고 하자. '야! 오랜만이다 이렇게 서 있을 것이 아니고 한잔하자.'며 먹자골목으로 끌고 들어간다. 그리고 '힘들지~ 자네 애기는 들었어.'하며 술 한 잔 마시며 위로하는 친구도 있을 것이다. 그리고 세 번째 친구 - 어릴 때 시골에서 함께 자란 죽마고우로 다른 사람들이 부러워할 정도로 아주 막역한 친구였지만 오랜 세월이 지난 지금은 다르다. 친구는 승승장구하여 능력 있는 사람이 되어 있었고 보통 사람으로 살아가고 나와는 비교가 안 된다. 두 사람이 어쩌다가 통화되면 자신에 능력을 차일피일 하면서 어려운 부탁을 할까봐서 만나는 것조차 싫어하는 눈치로 전화를 받는다. 그러나 어쩌다 함께할 자리가 생기면 자기 자랑만 늘어놓는다. 대게 이러한 친구는 불편한 관계로 신분의 차이에서 그리고 가난과 부자의 차이로 과거의 학생 신분이 현재로 역전 되면서 친구가 변질 되어 가고 있는 것이다. 학교 다닐 때의 친구란 서로가 똑같은 환경이기 때문에 놀러 다니고 함께하고 사귀는데 문제가 별로 없다. 이것은 형제사이도 마찬가지이다. 어릴 때는 형제 사이가 그런대로 좋지만 자라서 각자의 가정을 갖게 되면 어딘가 모르게 차츰 벌어지는 관계로 변하고 있다

탈무드에서 3명의 친구 이야기가 나온다. 예루살렘에 사는 한 나인이 임금님의 부름을 받는다. 그는 혹시 자신이 기억하지 못하는 죄가 있어서 벌을 받게 될까봐 혼자 가기가 무척 두려웠다. 그에게는 평소에 친하게 지내는 3명의 친구가 있었다. 생각 끝에 그는 친구를 찾아가 함께 가자고 한다. 첫째 친구는 매우 가깝게 지내고 있어서 소중한 친구라 생각했기에 그를 먼저 찾아갔다. 이야기들은 친구는 싫은 내색으로 무조건 못 간다고 한다. 가장 소중하게 생각했던 친구에게 거절당하자 실망한 빛이었다. 그러나 다시 용기를 내서 이번에는 두 번째 친구를 찾아가 부탁 한다. 두 번째 친구 역시 가깝게 지내고는 있었지만 첫 번째 친구처럼 그렇게 소중히 생각하고 있지는 않았다. 그는 궁궐 문까지는 함께 갈 수는 있지만 그 이상은 갈 수 없다고 해서 또다시 그를 실망시킨다. 이번에는 마지막으로 세 번째 친구를 찾아갔다. 그는 친구라는

생각은 갖고 있었지만 별로 관심도 없었는데 이야기를 듣더니 함께 가주겠다고 말할 뿐더러 임금님께 친구 변호까지 해주겠다고 하니 고마웠다.

이 세 명 중에서 참다운 친구는 과연 누구일까? 판단은 여러분이 하세요. 좋은 친구를 뜻하는 사자성어가 여러 개 있다. 금란지계金蘭之契 두 사람이 마음이 같으면 향기가 난초와 같다는 다정한 친구문경지교刎頸之交 목이 달아나는 한이 있어도 마음이 변치 않을 만큼 친한 교제交際 곧, 생사生死를 함께 하는 친한 사이다. 문경지우刎頸之友 문경刎頸은 목을 벤다는 뜻으로 친구를 위해서 목숨을 바치는 것을 두려워하지 않은 친구를 말하는데 아마도 문경지우하면 흔히 우리는 5공 청문회에서 보았던 전두환 전 대통령과 장세동을 말한다. 그리고 언제인가 우리가 도덕책에서 배웠던 이야기가 생각이 난다. 지나가는 임금님 행차에 머리를 숙이지 않았다고 붙잡혔던 사나이는 급한 일이 있어서 친구를 대신 볼모로 잡히게 한다. 며칠이 지나도 친구가 나타나지 않자 임금은 볼모로 잡힌 친구에게 억울하지 않으냐며 사형 집행 할 것을 지시한다. 그는 분명히 무슨 일이 생긴 것 같다며 친구는 반듯이 돌아온다고 했다. 그리고 친구를 위해서 대신 죽어도 불평이 없다고 임금에게 말한다. 그러나 사형을 집행하려는 찰나에 친구가 돌아왔다. 천재지변으로 돌아오는데 많은 시간이 걸렸다고 하며 친구를 풀어 주라고 한다. 이 모습을 지켜보던 임금님은 그들의 우정에 감동하여 모두 풀어준다. 이는 바로 문경지우刎頸之友와 문경지교刎頸之交를 겸비한 좋은 친구이다. 사람이 태어나서 내 어머니하고 바꿀 수 있는 좋은 친구 세 명만 있으면 성공한 사람이라 한다. 지금껏 살아오면서 좋은 친구 몇이나 두고 있습니까? 그리고 자신이 죽어서 100명의 조문객이 찾아온다면 존경받는 사회의 일원으로써 재미있는 세상을 살다 갔다고 말한다. 친구도 어릴 때 같이 자란 친구를 최고라고 한다. 그러나 그렇지 않을 경우가 더 많다.

삶의 인파 속에서 거친 세상을 살아가면서 수많은 사람과 만남을 하면서 우리는 죽마고우보다도 더 좋은 친구를 만나기도 한다. 급속한 경제팽창과 문화생활의 발전으로 사람들의 생각도 인식도 참 너무도 많이 달라지고 있다. 그래서인지 지금은 꼭 피를 나누어야 형제이고 이웃에 살아야 이웃사촌이 아닌 것 같다. 그리고 꼭 나이가 비슷해야만 친구도 아니다. 뜻이 같고 생각이 같아 말이 통하면 나이에 관계없이 누구나 호형호제하는 바로 그것이 친구이다. 동무는 어릴 때의 순진한 모습 그대로를 동무라고 생각한다. 동무가 자라서 진짜 서로에게 의지가 되는 동무로 변할 때만이 금란지계의 친구이다. 오래된 친구보다는 한 번을 만나도 마음이 편한 친구를 최고의 친구라고 생각할 때 언제 어디서나 내 이름을 자주 불러주는 친구를 정精이 메마른 이 시대 최고의 친구라고 생각한다.

그래서 참 좋은 친구는 죽마고우도 아니며 가장 힘들고 어려울 때 생사고락을 같이한 조강지처 같은 생존지우이며 중년의 나이에 마음을 같이 나눌 수 있는 삶에 기폭제가 되는 장미향 같은 친구들과 남은 여생을 함께하는 것도 노후에 외롭지 않을까 생각한다.

연상의 여인과 누이

대중가요 중에서 남자들이 잘 부르는 노래 중에서 연상의 여인과 누이라는 노래가 있다. 노래방에 가면 누구나 부르는 단골 메뉴의 노래이다. 부르기 쉽고 흥겨운 멜로디가 술 한 잔 들어가면 더욱 신나게 몸을 흔들어대며 노래한다.

"언제나 내겐 오랜 친구 같은 사랑스런 누이가 있어요."

"이제는 잊어야 할 당신의 얼굴에서 수줍던 지난날의 내 모습을 봅니다."

이마에 넥타이를 질끈 동여매고 낯선 여자이든 아는 여자이든 그냥 끓어앉고 흥에 겨워서 세상을 다 얻은 듯한 착각으로 남자들이 이 노래를 잘 부른다. '연상의 여인'은 나이 차이가 아주 많은 나이는 아니고 나 보다 나이가 조금 많은 여자를 칭하는 말이다. 어머니처럼 누나처럼 여자에게 어리광을 부리며 모성애 같은 사랑을 받고 싶어 하는 남자들의 절규가 있는 노래이다.

'누이'는 자기보다 나이가 적은 동기간이나 연하의 다른 여자를 말한다. 옛날에는 대개 어려서부터 한마을에서 친동생처럼 아껴주고 챙겨주다가 애틋한 연인 관계로 발전되는 게 통상적인 남녀의 관계이다. 남자들은 어떤 경로에서부터 여자를 만나던 간에 거의 누이로부터 사랑이 시작이 된다고 생각 한다. 그래서 결혼을 하여도 얼마간은 남편을 오빠라고 부르는 부부들이 요즈음에는 참 많다. 그런데 여기서 누이는 가사를 음미해보면 여자로부터 사랑을 느끼게 할 수 있는 것을 보면 친동기간이 아닌 것은 분명하다. 사회의 통념을 넘어서 여자와의 사랑의 사연을 대중가요로 접목 시켜서 히트한 것을 보면 대다수 남자들은 속내를 내 보이지는 않으면서도 누이던 연상의 여인이던 목석이 아니라면 마음 한 구속엔 사랑할 수 있다는 마음이 자리 잡고 있음을 유추해 볼 수가 있다. 두 노래에서 풍기는 맛은 분명히 사랑을 느끼게 하는 그들만의 노래임은 틀림이 없다. 또한 그렇게 이루어진 사랑들은 오래도록 간직하며 잊지 못하는 게 남자들의 순정이기에 대중적 노래로 숙성 시킨 게 아니가 사료가 된다.

두 제목의 가요는 노래방에 가면 누구나 꼭 한 곡씩은 부르고 따라 부르기 좋은 곡이며 노래의 템포가 경쾌하여 술이 적당히 취해서 흥겨울 때는 분위기를 한 단계 격상시키는 노래라는 것은 틀림없다. 만약에 그 노래의 주인공이 바로 곁에서 함께 해주는 자리라면 무언가 못내 아쉬워하고 행복한 분위기에 휩싸이며 춤이라도 함께 하지 않을까 생각한다.

여기서 좀 더 깊이 생각해 보면 '연상의 여인'은 왠지 불륜의 표상으로 중년의 나이에 좀 끈적대 보이고 부정적인 생각이 드는 노래 제목인 반면에 '누이'라고 하면 어려서부터 시골 마을 앞뒷집에 살면서 신랑각시 소꿉놀이도 하며 자라다가 초등학교에 입학해서 부터 공부도 가르쳐 주고 보살펴 주다가 사춘기 시절에 이르는, 즉 어려서 부터 화단에 꽃처럼 잘 가꾸어 온 아름답고 순수한 사랑을 추억으로 회상하며 사랑해서는 안 될 누이처럼 부르는 노래로 느껴진다.

그래서 '누이'라는 노래가 훨씬 친근하게 들려온다. 연상의 여인은 가사에서도 젊음과 영혼을 다하여 사랑한 사람이라고 쓰고 있지 않았는가 말이다. 그러나 누이는 친구 같은 누이에게 늘 감사하며 알콩달콩한 추억 속으로 기억하고 있는 노래이다. 이 노래 속의 주인공 누이는 어쩌면 그 사람에게는 첫사랑 일 수도 있다.

사춘기 고등학교 시절에 친구보다도 친구의 여동생이 더 보고 싶어서 찾아간 추억어린 시절이 누구에게나 있다. 그리고 여자들도 마찬가지이다. 친구를 만나러 가는 게 아니고 친구의 오빠에게 더 관심이 있어서 설레어 찾아 가지만 차마 부르지도 못하고 문틈으로 빠끔히 바라보았던 그 옛날 아름다운 추억들이다. 결국 사랑도 고백하지 못한 채 다른 사람에게 친구 오빠를 잃어버리는 아련한 추억도 여자들에게도 있을 것이다. 우리는 그 무렵 두 사람의 관계를 엑스오빠, 엑스동생 즉 엑스 X 방정식이라 불렀다.

흥겨워 누구나 부르는 노래 '누이' 문득문득 그 추억들이 주마등처럼 스쳐 가면 담배 연기 속으로 아련히 떠오르는 그리운 얼굴들이다. 추억 속에 있는 지금 그 사람은 어디쯤 가고 있을까? 무지 그립다. 정말 보고 싶다. 말과 글의 표현은 다 마음속에 있음을 누구든 다 안다. 사랑이라는 단어가 어찌 남녀 간의 불같은 사랑만 표현을 하였을까마는 그 노래 속의 사랑은 사랑을 느끼는 그들 마음속에만 있음을 우리는 알아야 한다. 오랜 세월이 흘렀지만 우연을 가장해서 한번쯤은 보고 싶은 사람 아름다운 추억이 있었는지 묻고 싶다. 나이가 들어도 사랑스런 누이와 연상의 여인이 그리워지는 건 세월의 나이 탓이 아닐까? 이제는 그래서 불륜보다는 솔직히 로맨스를 더 바라고 있는지 모른다. 우리 인생의 황혼을 좀 더 아름답고 품위 있게 만들기 위해서 말이다. 가을이 막 시작하는 어느 날에

누이 - 설운도

언제나 내겐 오랜 친구 같은 사랑스런 누이가 있어요. 보면 볼수록 매력이 넘치는 내가 제일 좋아하는 누이 마음이 외로워 하소연 할 때도 사랑으로 내게 다가와 예쁜 미소로 예쁜 마음으로 내 마음을 감싸주던 누이 나의 가슴에 그대 향한 마음은 언제나 사랑하고 있어요.

연상의 여인- 윤민호

이제는 잊어야 할 당신의 얼굴에서 수줍던 지난날의 내 모습을 봅니다. 내 젊음을 엮어서 내 영혼을 엮어서 사랑했던 여인 연상의 여인 못다한 사랑이 못 다한 내 노래가 그리운 마음에서 당신 곁을 스치네.

박 현 식 朴鉉植

강원도 원주 출생
계간 <스토리문학> 수필부문 등단
한국스토리문인협회 대외협력위원장
토지문학회 회장
저서 : 『꿈』, 『당신은 성공할 수 있다』, 『행복동행』 외 다수

엄마의 특명 외 2편

박 현 식

잡았던 내 손을 풀었다. 어린아이가 거우 걸어갈 수 있는 개미허리 같은 길 양편으로 온갖 잡풀과 잡목들이 아무렇게나 밉살스럽게 뒤엉켜 있다. 한밤중 달빛을 의지하여 걷는 산길은 가도 가도 끝이 안 보인다. 무성한 잎들이 흔들리기라도 한다면 오싹한 기운이 다리를 타고 내려와 아저씨랑 점점 멀어진다. 장승같은 커다란 나무들은 금방이라도 검은 도포를 입은 저승사자로 변해 내게 달려들을 것 같다. 아저씨가 미웠다.

집에서 오전 기차를 타고 양동역에 왔건만 아저씨는 계정리로 가는 버스를 타지 않고 흙벽이 반쯤 무너져 내린 대포 집으로 들어갔다. 그곳에서 친구들을 만나 점심도 안 먹고 막걸리를 진탕 마시며 뭐가 그리 좋은지 큰 소리로 웃어댄다. 다 찌그러지고 희끗희끗하게 색이바란 주전자가 몇 번이고 왔다갔다 반복하더니 벌써 해는 산기슭에 깔린 노을마저 거두어갔다. 어둠속에 여기저기 불빛이 하나 둘 켜지고 보란 듯이 번쩍 거린다. 그래도 아저씨는 도무지 일어날 줄 모른다.

버스도 끊어지고 괜히 아저씨를 쫓아왔다는 후회가 밀려온다. 다행히 달빛은 훤해 뾰족하게 산돌이 박힌 땅은 피해서 갈 수 있었다. 얼마를 갔을까 산길 아래로 큰 길이 달빛 아래 시원스럽게 쭉쭉 뻗어있다. 반가움에 아저씨보다 더 빨리 잰 걸음으로 산길을 내려왔다. 먼 친척인 아저씨는 첫 부인과 사별하고 여러 부인을 얻었지만 얼마 못 살고 헤어졌다고 한다. 그중 한 여자는 소 팔은 돈을 갖고 도망가 아저씨네 살림에 큰 타격을 주었다. 큰 키에 오래된 놋그릇 같이 누리 구리한 아저씨 얼굴은 무표정하고 웃는 법이 없지만 자세히 보면 잘 생긴 얼굴이다.

우리 집에 오면 엄마가 차려준 밥은 늘 절반을 못 드신다. 그럴 때마다. 아버지는 다락에서 엄마 몰래 소주를 꺼내신다. 밥보다 술을 잘 드시는 아저씨가 신기했다. 아저씨는 아버지를 할아버지라고 불렀다. 촌수가 그렇게 되니까 어쩌 못한다고 하지만 난 그것이 우습고 재미있었다. 아버지는 아저씨가 가시고 나면 엄마를 졸랐다. 나도 잘 아는 명순 아줌마를 중신을 서라는 것이다. 엄마는 버럭 화를 내셨다. “어디 남자가 없어서 성근이냐.” 말도 못 부치게 쌀쌀하게 잘랐다. 아버지는 그래도 엄마를 계속 조르신다. 나도 명순 아줌마를 잘 안다. 엄마와는 한 동네에서 자란 오랜 친구다. 지금은 서울에서 동생네 의류공장에서 기술자로 일하고 계신다. 첫 결혼에 실패하고 늦게 얻은 여섯 살 딸과 같이 궁핍하지 않게 살고 있다. 아줌마 별명은 변호사다. 언변이 좋아 누구와 말해도 밀리는 법이 없다고 한다.

아줌마는 잊을 만하면 우리 집에 오셨다. 소라 색 양장에 흰 하이힐,

아이보리 핸드백, 연한 핑크 꽃이 그려진 양산을 받치고 한 손에는 어김없이 쇼핑백을 들고 내 이름을 부르며 대문을 열며 들어오셨다. 쇼핑백 안에는 비스킷, 미제치즈, 폰즈크림, 아이들 옷, 아버지 남방까지, 아줌마는 세련되고 경우가 바른 서울 사람이다. 교양있는 아줌마에 비하면 아저씨는 수박밭에 개똥참외다. 엄마가 화를 내는 것은 당연하다. 내가 생각해도 도무지 어울리는 구석을 찾을 수 없다. 엄마 말씀처럼 허우대 말고는 변변하게 내세울게 없는 것 같다.

아버지는 여러 달을 엄마와 옥신각신하셨다. 결국 엄마는 명순 아줌마에게 조심스럽게 말을 꺼내셨다. 엄마로서는 까닥 잘 못하다간 친구를 잃을 수 있는 중대한 순간이다. 엄마가 어떻게 말했는지 모르지만 OK 답을 얻었다. 그동안 술 빵처럼 잔뜩 부풀어 오른 아저씨는 양동에서 사흘이 멀다고 우리 집에 오셨다. 늘 빈손으로 오셨던 아저씨 손에는 과자며, 사이다가 들려있었다. 엄마는 뭘 이런 걸 사들고 오냐고 말리셨다. 사실 엄마로서는 무척 부담스러웠다. 선보는 날짜가 임박해지자 아저씨는 아버지가 단골로 다니는 용기아버지가 하시는 덕강 이발소에서 덥수룩한 머리와 수염을 자르셨다.

이참에 유행하는 비싼 실크 남방까지 사셨다. 아저씨도 꾸미고 나니 어디 내놔도 빠지지 않는 모습으로 확 변했다. 엄마도 이번에는 조금 안심이 되시는지 웃으셨다. 아버지는 흥분된 목소리로 신성일도 울고 갈 인물이라고 말씀하셔 난 그 말에 더 한 번 아저씨를 찬찬히 보았다. "어른들은 거짓말도 잘 하는 것 같다." 엄마는 양동으로 돌아가는 아저씨 손에 언제 사셨는지 남성용 화장품 세트를 선물로 주셨다. 모래 올 때 꼭 바르고 오라고 신신당부를 하셨다. 드디어 기다리던 그날이 왔다. 미리 아버지는 중국집으로 점심을 예약을 하셨다. 집 근처 관광지 너럭바위에서 첫 만남이 이루어졌다. 다방으로 정하지 않는 이유는 남의눈에 띠어 괜한 구설수에 오를까 걱정도 되고, 어색하지 않게 두 사람이 시간을 보내라는 아버지의 뜻이다. 아저씨는 첫 열차를 타고 이슬이 마르기전에 우리 집에 오셨다. 푸른빛깔이 은은하게 감도는 실크남방에 검은색 양복바지 검은색구두 머리부터 발끝가지 한껏 멋을 부렸다. 농사꾼흔적을 감추려고 노력한 모습이 곳곳에 흠뻑 배어있었다. 얼굴은 크림을 얼마나 많이 발랐는지 번들번들 거리고 검게 그을린 팔목에 구식 시계가 번쩍번쩍 빛났다. 우리 가족과 같이 아침 식사를 마치자 미처 털지 못하고 신고 온 구두에 묻은 흙을 털고 구두에 자기 얼굴이 보이도록 침을 튀겨가며 광을 냈다.

명순 아줌마는 제 시간에 맞춰 오신다고 한다. 남자보다 약간 늦게 오는 것이 여자들의 자존심이라고 한다. "미리 가서 기다리는 것이 예의라고 배웠는데, 이상하다. 어른들은 힘들게 사는 것 같다." 한 시간 전에 우리 가족과 아저씨는 너럭바위에 도착했다. 명순 아줌마 얼굴도 모르면서 아저씨 눈은 계속 큰 길만 뚫어지라 바라보았다. 공휴일이라 사람들이 간간이 들어온다. 아버지는 명순 아줌마가 물어볼 예상 문제를 뽑아왔다. 정답을 아저씨에게 알려주시느라 분주하셨다. 그러나 아저씨는 대면대면 듣고 있다. 사실 아저씨가 답을 외우기란 불가능하다. 아저씨는 엉뚱하게 작년 겨울에 있었던 사냥 이야기를 하신다. 덫을 놔 잡은 멧돼지가 족히 열 마리가 되고 노루 토끼는 세지도 않았다고 자랑하신다. 서울사람에게 팔아서 조금 남은 빚을 청산해 지금은 남에 돈은 없다고 이제 버는 일만 남았다고, 모처럼 환하게 웃으신다.

저 만치에서 명순 아줌마가 걸어온다. 난 명순 아줌마에게 뛰어갔다. 서울 사람답게 아줌마는 프릴이 달린 예쁜 연두색 원피스를 입고 오셨다. 어른들끼리 몇 마디 덕담을 나누고 돌처럼 굳어 있는 아저씨만 남기고 아버지 엄마는 자리를 비켜주셨다. 엄마와 난 자꾸만 뒤를 돌아보았다. 한참을 지나서 명순 아줌마가 우리를 불렀다. 우리 모두는 아버지가 예약한 중국집으로 가 제일 좋은 중국요리라고 하는 팔보채를 먹었다. 아까와는 달리 아저씨 얼굴이 부드러웠다. 더 먹으라고 연실 내게 말을 건네신다. 명순 아줌마는 천성이 밝은 사람이라 아저씨를 의식하지 않고 하고 싶은 말을 마음껏 하시며 깔깔 거리며 웃으셨다. 나중에 들은 이야기이지만 너럭바위에서 아저씨는 아무 말도 못 했다고 한다. 아저씨가 한 유일한 말은 "박 성근이 올 시다"가 전부였다. 명순 아줌마는 아저씨의 순박한 마음에 끌려 얼마 뒤 서울생활을 청산하고 양동 계정리로 내려 오셨다.

난 지금 명순 아줌마, 여섯 살 예쁜 재희, 아저씨 막내아들 영호를 만나러 간다. 내 주 목적은 엄마에 특명을 완수 하는 것이다. 아저씨 가족들이 행복하게 잘 살고 있는지 그러나 난 엄마에 특명을 이미 완수했다. 대포 집에서 아저씨는 내내 친구들에게 명순 아줌마 자랑에 해지는 줄도 몰랐으니까! 난 아무 부담 없이 영호형이랑 재희랑 눈만 뜨면 냇가로 가 물장구를 치고 놀았다. 동네 아이들이 하나 둘 모이면 개암열매를 따러 깊은 산속까지 올라가곤 했다. 얼마나 신나게 놀았는지 집에 오니 개학한지 이틀이나 지났다. 그렇게 그해 여름이 갔다.

이제는 돌아갈 수 없는 아득히 먼 곳, 눈을 감으면 아름다운 수채화가 스크린위에 펼쳐지고, 한 소년이 그림 속에서 그리운 얼굴들을 만난다. 벌써 초가을 냄새가 물씬 난다. 차는 나도 모르게 용소가 있는 다뜬리까지 왔다. 서울 새 엄마는 안 때려서 좋다고 환하게 웃던 형, 물장구 치다 떠내려가는 내 슬리퍼를 잡으러 깊은 물에 뛰어든 형, 수풀을 헤치며 개암열매를 따주던 형, 덜 익은 수박을 따 어른들 몰래 돼지에게 주기도하고 꼴망태기를 가지고 영호형을 졸졸 쫓아다녔다. 한쪽 가슴이 칠월 밤 가시에 찔린 것처럼 애리애리 아프다. 이제는 아저씨도 형도 볼 수는 없지만 명순 아줌마가 그때처럼 환하게 웃으며 나를 다시 수십 년 전 그 시절로 돌아가게 할 것이다. 살랑거리며 떠내려가던 그 아름다운 유년으로.

인생 2막

상자를 열자 황토가 잔뜩 묻은 무가 들어있다. 밭에서 바로 캐 보낸 모양이다. 황토 냄새가 푸근하게 느껴지는 것을 보니 나도 나이가 들어가는 가보다. 그중 작고 오동통한 것을 골라 씻어 툭 반을 잘라 한 입을 베어 물었다. 배를 먹는 것처럼 달달한 수분이 입안에 가득 퍼진다. 시원하다. 여느 흙에서 자란 무랑은 뭔가가 다른 특별한 맛이 숨어있다.

황토의 좋은 성분보다는 보내준 친구의 따듯한 마음이 온 몸으로 느껴온다. 며칠 전 무 농사를 지었다고 하더니 이렇게 내게까지 보낼 줄 정말 몰랐다. 처음 농사지은 걸로는 대풍이다. 이사람 저사람 생각나는 사람도 많을 터인데 나까지 챙긴 그 마음이 고맙다. 늘 입버릇처럼 '도시를 떠나 농사나 짓고 살고 싶다.'고 노래를 하더니 친구는 과감하게 실행에 옮겼다. 대부분의 사람들이 전원생활을 꿈꾼다. 도시의 삭막한 생활에 염증을 느끼고 삶의 회의가 몰려오면 우리의 도피처는 당연 전원이다. 나도 그 중 한 사람이다.

도시와 그리 멀지 않은 곳에 허름한 시골집을 사서 구조 변경을 하고 싶다. 마루와 천정 석가래는 최대한 살리고 방문은 격자무늬가 들어간 미닫이로 하여 전통을 살리련다. 허름한 벽은 헐어내고 황토벽돌로 쌓아 가족들의 심신을 편안하게 하며 아내가 좋아하는 주방은 특별히 많은 신경을 서야겠다. 불편하지 않게 수납공간도 넉넉하게 만들고 통풍이 잘 되도록 큰 창을 만들어 주련다. 마당에는 냇가에서 주어온 넓은 빨래 돌을 듬성듬성 징검다리처럼 박아놓고 사이사이 잔디를 깔고 나머지 정원을 꾸미는 일은 아내에게 맡기련다.

마당 한구석에는 황토와 짚을 반죽하여 서너 평 황토 찜질방을 만들어야겠다. 전망이 제일 좋은 방은 내 집에 오는 손님들의 차지다. 담장은 나지막한 돌담을 쌓고 담쟁이 넝쿨을 올려 정감 있게 꾸미련다. 이것저것 가꾸기를 좋아하는 아내는 집 앞 텃밭에서 온 종일 살겠지 난 내 서재에서 세상근심 걱정을 잊고 독서삼매경에 빠져 살리라. 생각만 해도 행복하다.

이렇게 살려면 우린 현실적인 문제에서 자유로워야 한다. 현실을 무시하고 환상에 젖어 무작정 전원을 선택하는 일은 위험하다. 전원은 무릉도원이 아니다. 수년 전부터 철저한 계획을 세우고 준비를 하고 다만 한 달이라도 체험프로그램에 참여해야한다. 정착에 성공한 사람들의 대다수는 준비기간이 길었다는 공통적인 점이 있다. 대책 없이 떠난 것 같은 친구도 사실 오래전부터 나름대로 준비를 했다. 언제 내가 도시를 벗어나게 되는지는 아직은 미정이지만 조금씩 제2의 인생을 고민해본다.

그곳은 위급상황에도 도시로 쉽게 이송할 수 있는 도시 근교가 될 것 같다. 이렇게 살기에는 어디가 적당한지 후보지를 몇 군데 정해보았다. 발로는 뛰지는 못해도 공개된 정보를 검색해본다. 지금보다는 앞으로는 많은 베이비붐 세대들이 전원으로 이동하리라 본다. 그렇게 된다면 텅 빈 시골이 활력이 넘칠 것이다. 지금도 어느 지자체는 적극 후원자로 나서고 있다. 최대한 정부에서 하는 프로그램을 이용하고 잘 활용해야 한다. 즉흥적인 선택이 아닌 장기적인 나만의 플랜을 짜보자.

이번 주말은 날씨가 좋다. 가야할 곳이 여러 군데가 있다. 그중 눈여겨본 실리 마을을 다녀와야겠다. 앞에 작은 냇가가 있는 실리 마을은 삼태기 안처럼 폭 들어가 있어 아늑하다. 휘어진 활처럼 둥글게 마을을 감싸 안고 있는 나지막한 산은 어머니 품속 같다. 이왕 길을 떠난 김에 친구의 집도 들려봐야 할 것 같다. 감사의 마음을 전하고 오랜만에 근동에 있는 저수지에 가서 강태공 흉내도 내보고 운 좋게 큰 잉어를 낚으면 어탁을 떠서 거실 벽에 걸어야겠다. 많은 시간을 도시에서 지냈다.

정들면 다 고향이라지만 늘 한쪽 가슴이 시린 것은 어쩔 수 없나 보다. 자꾸 그곳으로 가고 싶어진다. 차가운 하늘에 잔별들이 무수히 반짝인다. 아내는 벌써 무를 신문지로 둘둘 말아 빈 항아리에 넣었다. 필요할 때마다 하나씩 꺼내어 여러 가지 음식을 만들 것이다. 내가 즐겨먹는 동치미도 큰 통으로 하나 가득 만들어놓겠지! 주방에서 밤 찌는 냄새가 구수하다.

망초꽃

주말이면 간혹 자전거를 타고 어디론가 나간다. 꼭 어디라고 목적지를 정하지 않는다. 그때마다 길 위에서 바퀴가 굴러가는 대로 마음 내키는 곳으로 달린다. 한주동안 빈틈없는 스케줄에 맞추어 살다보면 홀로 나만의 시간을 즐기고 싶다.

아이가 처음 연필을 잡을 때가 생각난다. 집안에 있는 모든 벽마다 쭉쭉 줄을 그었다. 어느 줄은 거실을 지나 베란다 벽까지 삐뚤거리며 가 있었다. 난 오늘 아이가 그어놓은 그 줄 하나를 따라 달려본다. 정말 행복하다. 바람에 살랑거리는 미루나무 아래를 지나노라면 코끝이 달콤하다. 일상에서 탈출한 기분을 한껏 느끼면서 울퉁불퉁 움푹 팬 응달길, 벼 이삭이 여물기 시작한 농로길, 가리지 않고 달려본다. 착각인지 하늘에선 새 한 마리가 계속 나를 따라온다. 긴 강둑에는 흰색, 노란색, 연보라색 잔 꽃들이 지천으로 쏟아져 넘실거린다. 이정도면 진시왕도 시샘할 호사가 아닌 가. 한 주간 동안 쌓인 스트레스는 어디론가 확 날아가고 자연과 난 하나가 된다.

진정한 휴식은 뭘까? 사람들은 휴식시간에도 뭔가를 하려고 한다. 업무를 연장시키기도 하고 휴대폰을 보물단지처럼 끼고 있다. 알게 모르게 세상과 연결된 고리를 끊지 못하고 있다. 아주 오래전 동남아를 다녀온 적이 있다. 가장 인상에 남는 것은 그들이 자랑하는 유명 관광지도 그렇다고 사철 반짝이는 에메랄드빛 바다도 아니다. 그건 사람이다. 그냥 사람이 아닌 웃는 사람, 가난하지만 함박꽃 같은 그런 웃음을 웃을 줄 아는 사람, 우리 일행은 지나가는 아줌마를 불러 같이 사진을 찍었다. 지금 그 사진을 보고 있노라면 너나 나나 할 것 없이 얼굴이 심각하게 굳어 있다. 아줌마만이 쥴리아로버츠처럼 활짝 웃고 있다. 남루한 옷차림 찢어진 운동화 행색과는 무관하게 그녀는 행복해보였다. 그렇다고 그녀가 세상을 초월한 수도승도 아니고 그저 그곳에서는 수 없이 옷깃을 스치는 한 사람일뿐이다.

물론 한국에 팍팍한 현실을 모른 것이 아니다. 목적이 우선인 사회에서 어딜 가나 경쟁에 이겨야하는 부담감이 있다. 꼭 이렇게 사는 방법밖에 없을까? 외국인들에게 가장 많이 듣는 말이 너희들은 모두 화난사람 같다는 말이라고 한다. 그들도 우리 실정을 모르는 것이 아니다. 24시간도 부족하리만큼 바쁘게 살아간다. 그러다보니 마음에 여유가 당연히 없다. 모처럼 휴식시간에도 편하게 쉬지를 못한다. 뭔가가 불안하다. 그래서인지 자신도 모르게 세상과 자꾸만 접선을 한다.

유럽인들처럼 한두 달 휴양지를 찾아 쉬지는 못해도 단 하루라도 마음 편히 쉬기를 바란다. 휴식이란 본래 몸과 마음을 이완시키는 것이다. 꽉꽉 잠긴 나사를 풀어 텅 빈 머리를 만들어야한다. 비움이 행복이다. 우리 선조들은 진정한 휴식을 하셨다. 길게는 두 달 가까이 식솔들을 대리고 산속으로 들어가 푹 쉬셨다. 정상을 꼭 올라가야 직성이 풀리는 지금 사람들과는 사뭇 다른 의미로 등산을 하셨다. 산허리에 짐을 풀고 쉬엄쉬엄 천천히 산을 둘러 보셨다. 나무 하나, 풀 하나, 돌 하나도 귀하게 여겼다. 자연에서 지친 심신을 위로 받고 부족한 기를 충전하셨다. 어느 산 어느 골짜기에 사시나무가 많은 것도 장맛비에 쓸려 내려온 푸석거리는 공 바위도 기억하는 것은 당연했다. 오늘날 우리가 이렇게 하기에는 어렵다. 그 정신은 이어받고 계승해야하지 않을까 생각이 든다.

여위를 갖고 편히 쉴 줄 아는 사람이 많이 웃는다. 우리가 살면서 너나나나 할 것 없이 무수히 많은 스트레스를 주고받는다. 그때그때마다 풀어버리자. 이제는 경쟁보다는 다 함께 살아가는 법을 찾아야한다. 내가 없어지고 그 자리에 우리가 있어야 한다. 웃음이 많은 낙천적인 사회를 꿈꾸어 본다. 절로 웃고 절로 행복하다. 시계도 핸드폰도 집에 두고 오니 몸이 알아서 신호를 보낸다.

강가에 망초꽃이 가득하다. 오늘 점심은 그곳에서 먹어야 할 것 같다. 아내가 챙겨준 도시락 속에는 내가 좋아하는 김밥, 배 몇 조각이 들어있다. 가다가 사먹어도 되는데 굿이 수고를 한다. 망초꽃 향기가 은은하다. 눈을 감고 가만히 향기에 취해 본다. 행복하다. 하늘을 보니 아까부터 따라온 새는 안 보인다. 웃음이 난다. 녀석은 어디로 샜을까? 굵은 빗방울이 얼굴에 뚝뚝 떨어진다. 시원하다. 오랜만에 흠뻑 비를 맞고 힘차게 달려보자. 숨차면 아무데나 망초꽃처럼 눕는 자리가 내 자리다.

권 영 춘

계간 <스토리문학> 수필 등단. 서울대 대학원 어학계열 졸업. 서울시내 공립고교 국어교사를 거쳐 서울고 부장교사. 월촌중, 신목고 교감. 삼선중 교장으로 정년. 국가공인 한자지도사 자격 획득. 대학 교양국어 교양한문 강사로 출강전. 시조시인. 제 3시집: 『달빛이 만든 길을 걸으며』 출간. 한국문협회원, 한국가톨릭문협 회원. 한국 시조시인협회 이사 역임. 한국스토리문인협회 자문위원

백자반합白瓷飯盒 외 2편

권 영 춘

휘영청 동산에 달이 떠오른다. 그것도 한 달에 한 번씩 어김없이 뜨는 보름달이다. 하늘을 닮아 원형을 이룬 희고 고운 보름달은 사람들의 빈 가슴을 가득가득 메워준다. 누구에게나 말할 것 없이 보름달은 우리들의 허허공공虛虛空空한 가슴을 그뜩 채워주고도, 그 기가 넘쳐흘러 온 하늘과 대지를 흥건히 적시어준다.

동양에서 백자가 사람들에게 그 얼굴을 내민 것은 중국 육조시대 말부터였으며 한국에서는 통일신라 말인 9세기였으니 모두 다 천년을 훌쩍 넘긴 긴긴 역사를 지니고 있는 셈이다.

집 근처에 호림湖林박물관이 위치하고 있다. 가까이 있으니까 언젠가는 가 보리라는 마음을 먹고도 몇 년 동안 애써 수집한 분의 노고를 가벼이 스치고 말았다. 지난 가을 신문을 보고서야 가을철 특별 전시 관람 일자와 시간을 알게 되었으며 누구에게나 관람을 허용한다는 소식을 듣고 느긋이 시간을 내어 차근차근 살펴볼 수가 있었다.

국립중앙박물관이나 이천의 도예전시장에 가서도 무심히 지나쳐버린 도자기들이었는데 한양의 시골, 한구석에 있는 박물관에 2000여 점의 도자기를 보관, 전시하고 있으며 이들 중 보물이 여러 점이나 된다는 사실을 알고 놀라지 않을 수가 없었다. 특히나 국가 보물 제 806호로 지정된 백자반합을 보고, 그 깨끗하고 정결한 아름다움에 감탄을 보내지 않을 수가 없었다. 20여 년 전에 이천에서 도요陶窯을 운영하는 분으로부터 직접 구워낸, 유백색乳白色의 표면에 사군자의 그림이 사면에 그려진 커다란 백자항아리 한 점을 선물로 받은 적이 있다. 항아리 밑면에는 만든 이의 아호도 선명히 쓰여 있어 그것이 유명인의 작품임을 확인할 수가 있었다.

백자는 백자로되 빛깔이 설백색雪白色이 아니라서 그 깨끗함이 조금은 덜했기에 주관적인 판단이지만 크게 만족을 못했는데 박물관의 반합을 보고는 마음이 송두리째 그릇 속으로 빨려 들어갈 정도의 매력을 느꼈다.

반합은 정월 대보름날의 달보다도 더 희고 은은한 운치를 지니고 있었다. 건장한 남자의 툭 불거진 가슴에 자리 잡은 젖꼭지 같은, 뚜껑의 손잡이며 안정감을 지니고 있는 굽달이의 굽처럼, 자연스럽게 몸 전체를 안전하게 떠받들고 있는 아렴풋한 선을 두른 굽, 그리고 알맞게 퍼져있는 엉덩이는 인심이 후하게 생긴 선비가 앉아있는 뒷모습과 흡사했다.

그 옆에는 몸 전체가 약간은 긴 청백색의 백자 병이 의젓하게 서 있었다. 조금 멀리서 바라보니 참으로 다소곳하고 잘 생긴 한국 여인의 모습을 연상시킨다. 주둥이 입에서 기다란 목을 거쳐 알맞게 돋은 볼록한 가슴 그리고 풍만한 몸체, 좌대위에 편안하게 자리를 잡은 모습에서는 순수하면서도 부드러운 기운이 온몸으로 흘러내린다. 참으로 팔등신의 단아한 여인의 몸뚱이임이 분명하다. 초여름 모시옷을 입어 흰 가슴살이 살짝 보일 듯 말 듯한 차림에 새하얀 버선과 옅은 옥색고무신을 신은 안방 여인이 미소를 지으면서 서 있는 듯한 착각을 불러일으킨다.

백자 병이 키가 조금 큰 정숙한 여인의 말쑥한 모습이라면 키가 조금은 작고 몸 전체가 약간 비대하게 보이는 반합은 고결함이 배어있는 사대부의 위엄 있는 자세라고나 할까. 반합 뚜껑을 열면 첫가을 이천 고을에서 막 수확을 한 벼를 찧어, 바로 지은 흰 쌀밥의 풋풋하고 구수한 냄새가 박물관의 구석구석에 골고루 퍼져나갈 것만 같았다.

대부분의 사람들은 친구와 함께 어울리기를 좋아한다. 옛 사대부들도 가까운 벗들과 함께 별채의 사랑방에서 어울려 시를 짓고 술을 함께 나누어 마셨다. 물건들도 그 짝이 있어야 허전하지 않게 보인다. 그러나 백자 병만은 가끔 혼자서 세월을 즐기는 것이 격에 어울릴 지도 모른다는 생각이 들 때가 있다. 거실의 한쪽 구석 서랍장 위에 올려 있든, 피아노 위에 홀로 앉아 음악을 감상하든 상관없이 그 다소곳한 품위는 결코 손상이 되지 않는다. 어디에 놓이든 항상 정숙하게 앉아 있는 그 기품은 도도하면서도 정갈하게 보인다. 양반 댁의 정숙한 여인이 지닌 고고한 자세, 바로 그것 말이다.

그런데 반합 옆에는 백자 병이 함께 있어야만 할 경우가 가끔 있다. 우리가, 어떤 부부든 다정하게 마주앉아 오순도순 이야기를 하며 식사를 하는 모습에서 그 가정의 화평과 무한한 행복을 느끼듯, 백자 병과 반합이 짝을 이루어야 더욱 아름답게 보일 경우가 있다. 비록 그 밥상이 천계옥찬天界玉饌까지는 되지 못할망정 반합의 뚜껑을 열고 보온이 잘된 흰 쌀밥을 작은 공기에 나누어 퍼서 정결스레 잘 닦인 은수저로 식사를 하는 도중, 백자 병에서 흘러나오는 맑은 술 한 잔쯤은 깔끔한 선비에게 있어서는 순간, 선인의 경지에 이른 잠깐의 시간이 될 수도 있을 것이다.

주도酒道을 논했던 옛 중국의 학자들과 선비들이 그토록 극찬했던 울금주鬱金酒이 병 안에 준비되어 있다면 금상첨화가 될 것임은 틀림이 없다. 굳이 술잔은 따로 준비할 필요는 없다. 반합의 뚜껑에 술을 따라 주변의 사람들과 조금씩 돌려가며 맛을 보면 정감이 더할 것이다. 검정 옷 칠을 한 밥상 앞에 흰옷과, 치마저고리를 방정芳情한 마음으로 차려입고 마주 앉은 부부라면 그들 사이에서 봄날의 화기가 은근히 돋아나는 시간이 될 수도 있을 것이다. 또한 말 수가 적었던 옛 선비와 그 부인간의 은은한 사랑이, 백자 반합과 술병이 자리한 저녁 밥상 위에서 조용히 녹아내리는 한 순간이 될 수도 있을 것이다.

노자老子은 우리들이 일상에서 사용하는 생활도구의 하나인 질그릇을 두고 그 '공간속의 공간'에 대해 말한 바가 있다. 이 말이 어찌 꼭 질그릇에만 해당이 되는 말이겠는가. 서민들이 식사 때마다 밥을 담아 사용하는 보시기(보아:甫兒)의 하나인 공기가 그렇다. 공기는 말 그대로 공기空器, 빈 그릇이다. 공기라서 참으로 쓸모가 있는 서민들의 살림도구로 태어난 것이다.

대지가 품고 있는 여러 종류의 많은 흙 중에서 땅속 깊이 묻혀있는 하얀 태토胎土만을 정성을 들여 캐내어 계곡을 흐르는 맑은 물을 정화시킨 다음 알맞게 섞은 후 반죽을 하고 온갖 정성을 다하여 발로 차근차근 흙을 이기는 과정을 거쳐, 물레 틀에 얹혀놓고 성형을 한 후에 유약을 적당하게 처리한 다음, 마지막으로 도요 속에 넣어 불을 지펴 번조燔造 과정을 마치기까지 사기장이 이에 쏟은 며칠간의 고된 노동과, 완성품이 나올 때까지의 마음에 쌓인 고뇌를 어찌 말로 다 표현할 수가 있으랴.

오직 백자 하나만을 위하여 산 속 그윽한 공간에서 노자의 철학을 일찍 터득한 도공의 빈 마음을 알아주는 이는, 우뚝 솟은 소나무 가지에 살짝 걸려있는 보름달처럼 넉넉하고 환한 마음으로, 밥상위에 앉아 있는 반합 자신일 뿐이리라.

돌의 생명이 참으로 길다고는 하지만, 그 뜨거운 가마 속에서 몸속의 번민과 고뇌를 모두 불꽃에 활활 태워버리고 이 세상에 소심素心만을 지니고 태어난 백자야말로, 그 기나긴 세월과 함께 영구히 수명을 같이 하리라.

지구의 기온이 상승함에 따라 지금은 남도 땅 섬마을에서도 울금 재배를 하고 있다고 한다. 비록 값이 싼 뚜껑이 있는 하얀 사기 반합이면 어떠랴. 울금술이 청백색 사기 도자기 병에 담겨있으면 또한 어떠랴. 서민들이 즐겨 사용하는 스테인리스 수저, 젓가락이면 누가 뭐라고 말하랴. 올가을 울금 수확 철을 놓치지 아니하고 꼭 챙겨두었다가 내년 이맘때면 주변에 살고 있는 지인들을 불러, 한 잔 술과 반합의 밥을 함께 나누어 먹으면서, 비록 소찬素饌이지만 잠시나마 삶의 풍요를 마음 가득 누리고 싶다. 시대에 뒤지는 생각일지는 모르지만 반합에 서려있는 그 꿋꿋하고 준엄한 반인班人의 선선한 마음의 씀씀이와, 고졸古拙한 지조도 한 번쯤은 가슴 깊이 새겨둘 것이다.

소서팔사消暑八事

-더위를 피하는 여덟 가지 방안

금년 들어 더위가 맹위猛威을 떨치고 있습니다.

낮은 말할 것도 없고 밤에도 계속 열대야 현상이 나타나고 있으니 에어컨의 힘을 빌지 않고서는 제대로 잠을 이룰 수가 없는 요즘이 되었습니다.

30세 무렵까지는 시골에서 농사를 지으면서 생활을 했는데 몸에 열이 많은 저로서는 여름만 돌아오면 몸에서 솟아나는 땀 때문에 고생이 이만저만이 아니었답니다.

읍내에서 중학교를 다닐 때에 있었던 일입니다. 입학시험 때 600명을 뽑아 10개 반으로 편성을 했으니 한 학급당 학생수가 60명이었지요. 1학년 때는 친구들의 체구가 비교적 작아, 여름이 와도 더위를 그런대로 견딜 만했는데 키와 체중이 확확 불어나는 2,3학년 때는 교실 안의 열기는 대단했지요. 오죽하면 담임선생님께서 조회시간에 '쉬는 시간에는 모두 밖으로 나가 교실의 열기를 낮추자'라는 부탁을 하셨을까요. 아침부터 하루 종일 수업을 받고나면 땀에 젖은 러닝셔츠에서는 땀이 물처럼 줄줄 흐르고 있었는데 자취를 하던 시절이라 하교 후에는 내의를 먼저 빨아 빨랫줄에 너는 일이 우선이었습니다.

그런데 하루는 빨랫줄에 널어놓은 하얀 셔츠를 유심히 보니 그곳에

곰팡이가 피어있는 것이 아닙니까. 한두 군데가 아니고 여러 곳이었습니다. 처음에는 지상의 먼지가 달라붙은 것으로 착각을 했는데, 보아도 또 보아도 곰팡이가 피어있는 것이 분명했습니다. 땀을 많이 흘리는 사람이기에 이제는 곰팡이에게까지도 보시布施를 하는 것이라는 생각을 하니 참으로 어처구니가 없었지요.

나이가 많은 요즘도 섭씨 30도가 넘으면, 가능하다면 외출을 자제하고 있습니다. 외출 후에는 목욕을 하고 비록 세탁기에 의존은 하고 있지만 내의를 빨아 너는 일이 그리 쉽지만은 않은 일이기 때문이지요. 하루 외출이 3번이 있는 날은 3번 목욕, 3번 빨래를 해야 하는 번거로움이 따르기 때문입니다.

다산茶山 정약용 선생의 '목민심서'는 웬만한 사람들은 다들 읽었으리라는 생각이 듭니다. 사실인지는 모르겠지만 베트남 여행 시에 들은 이야기인데 가이드의 말에 의하면 통치자인 호치민이 죽을 때까지 머리맡에 놓고 읽은 책이'목민심서, 이었다는 것입니다. 6.25사변을 겪은 저로서는, 여행을 하기 이전에는 월남 전쟁에서 공산당이 승리한 이유를 알지 못했는데 여행을 하면서 승리의 요인을 알게 되었답니다.

호치민의 묘소에 들러 오는 길에 들은 이야기입니다. 호치민은 평생을 혼자 산 사람이었답니다. 주변 사람들이 결혼을 하라고 권유를 할 때마다 호치민은 '나는 월남이라는 나라와 결혼을 한 사람입니다. 결혼을 했는데 어찌 또 결혼을 하라는 말씀이신가요'라는 말을 했다는 것입니다. 그리고 그가 죽으면서 월남 사람들에게 '한국인을 미워하지 마십시오. 그들이 왜 베트남 전쟁에 참여했는가를 차츰 알게 될 것입니다'라는 말씀을 했다는 것입니다. 베트남 여행 중에 보고 느낀 일이지만 휴대폰, 에어컨은 물론 한국 제품이 명품이고, 건설 현장은 한국의 기업들이 대부분 차지하여 공사를 하고 있었습니다. 여행을 마치고 돌아와서 붉은 색 볼펜을 준비, 또 한 번 목민심서를 탐독하면서 마음에 드는 글귀에는 밑줄을 그었습니다.

전남 강진에 있는 그의 유배지인 다산초당에도 여러 번 가보았으며 언덕 위에 있는 천일정天一亭에도 올라가서 탁 트인 앞 바다를 쳐다보며 다산선생의 고된 귀양살이를 머릿속에 떠올려 보기도 했답니다. 정약용 선생은 사람들이 여름더위를 피하는 방법에 대하여 다음과 같은 8가지 방법을 이야기했다는 것입니다. 선생은 1762년에 태어나서 1836년에 이 세상을 뜨셨으니 만 74세까지 사신 분입니다. 여기 소개하는 소서팔사消暑八事은 62세에 쓰신 글이라고 하니 지금부터 190여 년 전의 내용이지만 오늘날에도 한 번쯤은 되새겨 볼만한 글이 아닌가 하는 생각이 듭니다.

첫째로 송단호시松壇弧矢는 소나무가 우거진 단 위에서 활시위를 잡아당기는 일입니다. 정신을 집중하여 과녁(관혁:貫革)에 화살을 겨냥한다면 나오는 땀도 몸속으로 들어갈 지도 모를 일입니다만, 아마도 온몸에는 땀이 줄줄 흘러내렸을 것입니다. 그리고 여름 소나무밭 여기저기에서 피어나는 그윽한 솔향기를 맡는다는 것은 몸에 무척이나 좋았을 것이라는 생각을 해봅니다.

요즘으로 말하면 피톤치드가 온몸을 감싸주니 기분이 참으로 좋았을 것이며 마음도 가벼웠으리라는 짐작을 해봅니다. 여름철 소나무밭에 들어가면 송풍松風에 실려 오는 신선하고 그윽한 향기는, 이를 경험을 한 사람만이 알 것입니다. 다만 솔밭에서 서식하고 있는 개미는 주의하시기 바란다.

두 번째로는 괴음추천槐陰鞦韆입니다. 槐괴 자는 회화나무 또는 홰나무라고 하는데 이 나무의 커다란 한 가지를 골라, 녹음이 우거진 그늘에 매어놓은 그네를 타는 일입니다. 그네를 타다보면 그네가 바람을 일으키는 것을 알 것입니다. 세상의 온갖 잡사雜事를 다 잊고 자연의 바람을 맞는다는 일, 이거야말로 더위를 잊는 방법 중의 하나가 아니고 무엇이겠습니까. 그런데 그네는 주로 여자들이 즐겨사용했다는 사실은 알고 계시겠지요.

청점혁기淸簟奕棊은 바람이 잘 통하는 지면에서 조금 높은 정자에 대나무 자리를 깔아 놓고, 마음에 맞는 친구와 바둑을 두면서 더위를 피하는 방법입니다. 대나무자리는 그 촉감이 매우 시원합니다. 촉감도 촉감이지만 푸른색을 띄고 있는 대나무자리는 보기에도 무척 시원하고 청결하게 보입니다.

청점淸簟은 깨끗한 대자리라는 뜻이지요, 양점凉簟은 서늘한 대자리, 청점靑簟은 푸른색을 띈 대자리라는 뜻도 있습니다. 담양에 여행할 기회가 있으시거든 죽록원竹綠園을 다녀오시면서 떡갈비에 시원한 술도 한 잔하신 후에 대나무박물관에 꼭 들르셔서 청점 하나쯤은 꼭 사오시기 바랍니다. 다만 조금 비싸겠지만 국산임을 꼭 확인하시길 바랍니다. 아울러 대나무 베게와 죽부인 한 분도 꼭 함께 모셔 오시기 부탁합니다.

서지상하西池賞荷은 집의 서편에 있는 연못에서 피어나는 연꽃을 완상玩賞하는 일입니다. 연꽃은 선비들의 청정한 마음을 비유하는데 많이 인용되고 있지요. 일찌감치 북송의 유학자요 송학宋學의 시조始祖인 주돈이周敦頤 선생은 그의 글 애련설愛蓮說에서 모란牧丹은 화지부귀자야花之富貴者也:꽃 중에서 부귀한 자요 연蓮은 화지군자자야 花之君子者也:꽃 중에서 군자니라라고 썼습니다. 군자가 군자를 상징하는 꽃을 감상하는 것은 당연한 일일 것입니다. 독자들이여! 올여름 연꽃이 피어있는 연못에 가셔서 꽃을 감상하시면서 군자가 한 번 되어보는 것도 좋은 일이 아닐는지요.

동림청선東林聽蟬은 집의 동쪽 켠에 있는 숲속에서 들려오는 매미의 소리를 듣는 일입니다. 여럿이 어울려 합창을 하는 매미 소리는 조금은 요란스럽기도 하지만 한두 마리가 우는 느긋하고 유연한 매미 소리는 한여름에만 들을 수가 있는 유일한 음악이 아니고 무엇이겠습니까. 우리의 선인들은 곧 잘 매미를 끌어다 여성의 미모를 표현하기도 했는데 선빈蟬鬢이라는 말은'매미의 날개처럼 환하고 곱게 빗은 여자의 머리'라는 뜻입니다. 여기에다 커다란 합죽선을 손에 들고 천천히 우거진 숲속을 거닐면서 부채질을 한 번 해보십시오. 더위란 더위는 모두 저만치 물러갈 것입니다.

우일사운雨日射韻은 비가 오는 날 기와지붕의 추녀 끝에서 떨어지는 빗소리를 들으면서, 시의 운자韻字을 생각하고 시를 짓는 일입니다. 선비들은 사서삼경四書三經을 통독通讀하는 일이 일과였지만 시간이 있으면 시를 짓는 일도 또한 그들의 일과 중의 하나였습니다. 특히 시경詩經을 열심히 읽고 시작詩作에 힘을 쏟았다고 합니다.

허각투호虛閣投壺은 강물이 잔잔하게 흐르는 강가의 빈터가 있는 집, 여기서 허각虛閣은 다락집의 경우 맨 아래는 기둥을 세워 사람이 다닐 수 있도록 지은 집의 공간그늘에서 투호*를 하며 시간을 보내는 일입니다.

마지막으로 월야탁족月夜濯足은 달빛이 훤히 비치는 물가로 나가서 발을 물에 담그고 깨끗이 씻는 일입니다. 달밤에 물가로 나가는 일은 꼭 발만 씻으러 가는 것은 아니지요. 옷을 모두 훌렁훌렁 벗고 목욕을 하는 일이 더 중요한 일이었을 것입니다. 산에서 내려오는 물은 밤이 되면, 낮 동안의 열기가 식은 돌 사이를 흐르기 때문에 상상 외로 차갑습니다. 옛 사람들이 더위에 몸을 씻는다는 것은 결코 쉬운 일이 아니었을 것입니다. 제가 어렸을 때도 시골집에는 따로 목욕탕이 없었기 때문에 여름밤이면 어머니와 함께 우물가에 가서 등 목욕을 하거나 날이 어두우면 장독대 뒤에서 몸을 숨기고 모기에게 물리면서 씻을 수밖에 없었습니다.

이 글을 읽으시는 독자들이여!

이 더운 여름철에 어떻게 피서를 하고 계신가요?

집 근처 가까이에 있는 산골짜기에 가셔서 월야月夜는 아니더라도, 낮 시간에 탁족濯足이라도 한 번 해보시는 것이 어떻겠습니까? 이것도 저것도 아니라면 이열치열以熱治熱이라는 한자어에 섞여있는 뜻을 생각하시면서 팔팔 끓는 삼계탕에 소주 두서너 잔은요. 이 글을 쓰는 지금, 창가에 놓인 야래향夜來香의 화분에서 아주 진한 향기가 피어나 콧속으로 들어오고 있답니다.

야래향의 향기는 모기가 아주 싫어한다고 합니다.

여름밤에는 야래향의 향기를 맡으며 등려군의 '엘라이시향: 야래향' 노래를 조용히 감상하시는 것도 피서법의 하나가 되리라고 믿습니다.

무더운 여름, 좋은 글을 읽고 짓는 가운데 소서消暑는 저절로 이루어지리라고 믿으며, 글과 함께 마음의 풍족豊足을 누리는 속에서 기나긴 이 여름도, 스멀스멀 사라지리라고 믿습니다.

- 2013. 광복절에

* 괴槐: 회화나무 괴. 추천鞦韆: 그네. 점簟: 대나무자리 점. 혁기奕棊: 바둑. 또는 바둑을 두는 일. 상賞: 완상하다. 감상하다. 선蟬: 매미 선. 호壺: 항아리 호. 투호投壺: 두 사람이 서로 대하여 청.홍의 살을 병속에 집어넣은 후에, 그 수효로 승부를 가리는 놀이.

돌石의 나라

관악산 서편 줄기 끝 양지 녘에 규모가 작은 3층의 양옥을 직접 지어 살아온 지가 어언 4반세기가 넘었다. 적벽돌과 화강암 판석板石을 이용하여 3개월 만에 공사는 힘들게 끝이 났다. 집이 거의 완성되는 날, 마무리 작업으로 석수장이는 큰 인심이라도 쓰듯 다이아몬드 모양의 납작한 돌 하나를 현관의 출입문 안쪽 바닥에 온 정성을 다하여 박아 넣고는 "사는 동안 복을 많이 받으십시오."라는 기분 좋은 인사말을 하고 떠났다. 아마도 석재石材 업자와 계약한 공임 외의 임금을 은근히 더 요구하는 것이겠지 하는 생각을 하며 석공을 배웅했다.

주황색 안에 작은 별 모양의 문양이 아로새겨진 대리석은 주변의 흰색 돌과 함께 매우 잘 어울렸다. 밤에 손님이라도 찾아올 경우, 현관의 전기 스위치를 켜면 석공의 손끝에서 정교하게 대이난 작품은 전등 불빛을 받아 반짝반짝 더욱 아름답게 돋보였다.

서울 생활을 시작한 지 몇 년이 지난 어느 해 겨울방학 중의 일요일, 친구와 함께 값이 싸고 맛이 있다는 명동에 위치한 그 유명한 칼국수집에 들렀다가 근처의 성당을 다녀온 일이 있었다. 그로부터 또 몇 년이 지나간 후에 정해진 교육을 받고 의식儀式을 치른 후 종교생활을 시작하게 되었는데 벌써 30여 년의 세월이 흘렀나보다. 사도 바울로가

"에베소인들에게 보낸 편지"의 글을 읽을 때마다 신심도 굳히기 겸 언젠가는 꼭 한 번쯤은 이 고대도시를 방문하여 이곳저곳을 자세히 살펴보겠노라는 마음을 먹은 지 또다시 수년이 흘러간 후, 정년을 맞이하고서야 마음 편히 13시간의 비행기를 타는 긴 여정을 시작하게 되었다.

고대 도시국가의 하나이며 신神의 도시인 에베소[1]의 언덕을 내려오면서부터 당신들의 그 거대하고 정결한 모습에 마음을 빼앗기기 시작했습니다.

서울을 출발하기 전에 당신들이 만들어 낸 그 현란했던 문명의 도시를 소개한 역사책과 사진을 통하여 대강은 학습을 하고 왔지만, 2000여 년이 지난 지금까지도 당신들의 그 굵직굵직하고 힘이 있어 보이는 거대한 뼈대만은 생생히 살아, 길손의 앞에서 숨을 쉬고 있었습니다. 사람들이 당신들을 도구로 삼아 생활에 이용한 것이 300만 년 전이라고 하니 우리 인류와는 자연에 흩어져있던 어떤 물건보다도 관계가 깊었던, 인연이 있는 사물이라고 보아야 하겠지요.

'헤라클레스의 문' 앞길을 거쳐 이 가을 지중해의 파란 하늘 아래에서 당신들의 분신分身으로 만들어진 신작로新作路의 보도步道를 따라, 긴 세월 풍우에 하얗게 바랜 등줄기를 천천히 밟으며 '크레타스'의 거리를 걷습니다.

오늘날의 자동차 전용도로처럼 말들이 끄는 수레만이 다닐 수 있도록 만들어 놓은 "수레전용도로"에서는 당신들의 등허리를 밟고 오는 말발굽의 쇳소리가 아련히 들려오는 듯합니다. 로마의 집정관 안토니우스와 결혼한 미의 여신 클레오파트라가 애인의 손목을 꼬옥 붙잡고 다정하게 함께 걸었을 그 시가지를 오늘은 머나 먼 이국에서 온, 한 노옹老翁이

---

1) 에베소: 중세 유럽의 도시국가였던 에베소는 현재는 터키의 지방 도시로 세계인의 이목을 끄는 관광지가 되었다. 지진으로 인하여 하수처리가 제대로 되지 않아 말라리아에 의하여 시민들이 죽자, 도시는 멸망했다고 한다.

당신들이 만들어낸 그날의 화려했던 영화榮華을 생각하며 눈이 시리도록 푸른 지중해의 청옥 빛 바다를 향하여 완만하게 펼쳐진 언덕길을 천천히 걸어 내려갑니다.

에페소가 지금까지도 "에게 해의 장미 두 송이" 중 그 하나로 격찬을 받고 있는 세계 최대 규모의 고대도시가 될 수 있도록 한 것은, 오직 당신들의 혼魂이, 곱고도 아름답게 결집된 결과라고 생각합니다.

이곳이 고대도시의 철학과 문학과 역사의 중심지가 되어 수만 명의 시민들이 거주 했다고 하니 항구 도시치고는 얼마나 번화한 거리였었나를 조용히 돌이켜봅니다.

이국의 하늘 아래에서 가을 햇빛을 작은 가슴으로 넘치도록 받으며 "셀시우스 도서관" 앞길까지 걸어왔습니다. 도서관 벽에 서 있는 지혜, 운명, 학문, 미덕을 상징하고 있는 당신들의 변화되고 세련된 모습들을 보면서 심장에 고이 품고 있었던 만여 권의 책들은 시민들에게 성숙된 문화와, 어쩌면 조금은 화려했던 삶과, 진정한 생활의 의미를 하나하나 일깨워 주었음을 생각하여 봅니다. 당신과 당신들의 형제가 석수장이들과 함께 25년 동안 연출한, 화려한 옛 무대의 일부를 살펴보면서 로마 시내에 있는 이탈리아 국립도서관의 그 많고도 많은 서적들을 다시 한번 떠올립니다.

신선이 산다는 하늘을 향해 가벼이 날아갈 듯한 채운彩雲처럼 빛나는 여신女神들의 아름다운 모습, 그리고 아직도 변함없이 자리를 잡고 있는 어쩌면 환상열석環狀列石의 형태를 이루고 있는 신전의 버팀목인 당신들의 화려한 몸체석주:石柱들, 음악당, 원형경기장, 공중화장실 등은 현재까지도 알맞게 조화를 이루고 있는 오직 인류를 위해 헌신한 당신들만의 천국입니다.

2천여 년의 세월 속에서, 여름날의 불같이 뜨거운 햇볕과 한겨울의 모진 해풍, 그리고 별빛이 총총한 보름밤의 교교皎皎한 달빛 아래에서 "침묵沈黙" 하나만으로 오랜 세월을 버티어 온 거룩한 모습 앞에서 고개만 숙일 뿐입니다.

인세人世의 속인俗人들과는 달리, 쓰다달다는 불평 한 마디 없이 묵묵히 제자리를 지켰고 전쟁 중에는 칼과 창들이 부딪치는 소리에도 그 의연毅然한 태도로 인면수심人面獸心의 추악한 행동들을, 가슴 속에 새기다가 멍이 들었으리라는 생각을 합니다.

정교하고도 세밀한 도시계획 아래에서 빈틈이 없이 가지런하고 깔끔하게 정리된 조형물들의 몸체로 변하여 한 많은 세월을 강인하게 버티어 왔습니다. 건물들의 모퉁이마다에서 다리로는 지심地心을 누르고 머리로는 하늘을 받쳐 든든히 자리를 잡고 탄탄하게 버티어온 참으로 기나긴 세월들.

지진과 벽력霹靂으로 주변의 많은 동료들이 비명을 지르며 쓰러질 때, 당신 또한 찢어지는 가슴을 움켜잡고 얼마나 아파했습니까?

"피온 산"의 중턱에 웅대한 모습으로 자리한 원형의 대공연 장으로, 아직도 사라지지 않는 당신들의 올곧은 모습을 찾아보기 위하여 발걸음을 옮겼습니다. 바울로 사제의 목소리가 지금 막 들려오는 듯합니다.

에페소의 여신을 부정하자 성난 시민들은"에페소의 여신 아르테미스 만세!"를 목이 터지도록 외치면서 시위를 하자 도시 전체가 커다란 혼란 속으로 빠져들게 되었다는 역사적인 사실을 다시 한 번 더듬어봅니다.

세월의 기나긴 흐름 속에서 신神 중심의 세계가 서서히 무너지고 인간 본위의 세상으로, 습자지에 먹물이 번지듯 천천히 그리고 잔잔하게 시간 속에서 또 하나의 강물이 흐르게 된 것이지요.

역사는 언제나 그들의 주인공에 의해, 끝이 없이 새로 일어나 거침없이 달려가다가 부서지고 으깨어지면서 또 하나의 지역과 공간 속에서 새로운 자리를 잡아 움을 틔워 정착해 나가고 있다는 생각이 듭니다. 과거와 현재 사이에서 끊임없이 이루어지는 대화 속에서 그때마다 또 한 페이지의 역사가 다시 쓰여 지고 있다면 "오늘"이라는 이 말도 어제와 함께 한줄기 작은 역사의 흔적을 남기고 있겠지요. 오늘날에도 지구상의 수많은 나라들이 종교적인 갈등으로 인하여 전쟁이 계속되고 있음을 볼 때 "종교"가 지니고 있는 신성은 그때나 지금이나 함부로 말을 할 수가 없는 문제라고 여겨집니다.

"돌의 나라" 주인공들이 되어 찬연한 문紋과 채彩를 온몸으로 완성하여 면면綿綿히 이어 온 지금, 이국의 나그네는 차마 발길을 함부로 옮기지 못하고 당신들 앞에 서서 끝없이 사색하며 깊고도 오랜 상념에 빠진 채, 감상感傷의 두레박으로 물동이를 가득 채웁니다.

어찌했든 현재도 매년 이곳에서는"에베소 도시축제"가 성대하게 열리고 있다니 당신들의 모습은 출생 당시와는 많이 다르지만 그 질긴 생명력은 전쟁과 질병의 소용돌이 속에서, 살아남은 인간들의 후손과 함께 아직도 사라지지 않고 굳세게 생을 이어가고 있음이 분명합니다.

구옥舊屋을 철거하고 양옥을 짓기 시작한 지 2-3년이 지난 이후, 동네에는 너도 나도 3층 단독주택 재건축의 바람이 크게 불기 시작했다. 집의 겉모양들이 매우 닮아있어 이 마을을 처음 방문하시는 분들은 친척집을 찾기가 아주 힘이 들었다고 한다. 그리고 석수장이는 집집마다, 유럽에서 배를 타고 물을 건너온 대리석을 각 집의 현관 바닥에 붙여주고 상당한 재미를 보았다고 한다.

아무튼 "돌의 나라"를 여행하고 온 이후, 그 찬연하고 은근한 생명력에 마음을 빼앗겨 현관의 주황색 돌에 더더욱 애착을 가지고 그의 얼굴을 매일매일 정성들여 닦아주지만, 그간 여섯 식구가 아침저녁으로 드나들었던 현관 바닥의 석심石心은 수십 년의 세월 속에서 나이가 든 주인의 주름진 얼굴을 점점 닮아가고 있는 것이 안타깝기만 하다.

"세월 앞에 장사가 없다"는 속담을 생각하면서 깊어가는 기나긴 겨울밤의 적막 속으로 조용히 빠져든다.

박 승 연

월간 <스토리문학> 시부문 등단
고려대학교 평생교육원 시, 수필 창작과정 수료
삼육대학교 평생교육원 시낭송치료과정 수료
한국문인협회 · 도봉문인협회 · 인천 청라문학회 회원
한국스토리문인협회 이사, 문학공원 동인
시집 『가시나무새의 눈물』
동인지 『파란 우체국』 외 다수

개똥참외의 미학 외 1편

박 승 연

화초를 좋아하는 나는 베란다며 거실까지 화초를 가득하게 기른다. 올 봄에도 장을 보러가던 길에 노점에 펼쳐놓은 예쁜 철쭉꽃 유혹에 못 이겨서 저녁 찬거리 살 돈을 헐어 철쭉 화분을 사가지고 와서 꽃을 감상했다. 사실 철쭉꽃 화분이 색색으로 있지만 꽃만 보면 욕심이 생겨 또 사오고 말았다.

꽃이 다지고 나서 화분을 현관 출입구 옆 화단에 내놓았다. 그런데 봄이 지나고 한 여름도 지난 어느 날, 철쭉 화분에서 작은 새싹이 나오는 게 아닌가? 잡초라는 생각이 들어 뽑아버릴까 하다 떡잎이 예사롭게 보이지 않아 그냥 나두기로 했다. 하루가 다르게 자라는 잎은 어느새 넝쿨이 나오고 꽃을 피운다. 6층 할머니가 내다놓은 동백나무에 넝쿨이 기어 올라가서 자리 잡기 시작하더니 노란 꽃이 지고 열매가 맺었다. '세상에! 어릴 적에 외할머니 댁에 놀러가서 본 개똥참외'가 자라고 있었다.

참 신기했다. 뒷간 뒤에 있는 거름더미에서 자란 개똥참외다. 친정엄마가 한 여름 우리 집에 계시다가 가시면서 "날씨가 아침저녁으로 쌀쌀해 질 텐데 참외열매가 떨어지지 않겠니?" 걱정하시면서 인천에 내려가셨는데, 이젠 제법 주먹만큼 자라서 요즘 우리 102동에 사는 사람들이 오고가며 신기한 듯이 매일 개똥참외를 감상하며 얼마나 자라고 있나 감상한다. 정말 나도 신기한데 주민들도 신기해하는 모습을 보니 더욱 사랑스럽다.

요즘은 아침저녁 날씨가 쌀쌀하다. 그런데 한낮의 태양은 따사롭게 비쳐서 개똥참외 3개가 잘 자라주고 있다. 그밖에 작은 열매는 자꾸 꽃이 피는 대로 작게 맺히자마자 떨어지는 열매도 있지만, 큰 열매 3개는 하루가 다르게 커지고 있어 아파트 청소아줌마는 자기가 심어놓은 참외처럼 "회장님, 한 개는 회장님 따 먹고요, 한 개는 경비 아저씨 따먹고, 한 개는 제가 따서 먹겠습니다." 가납사니를 떤다.

요즘 눈만 뜨면 어제와 오늘을 이어주는 가교 역할을 하고 있는 개똥참외 생각에 화단으로 내려가는 버릇이 생겼다. 어제보다 얼마나 더 커있나 눈으로 확인을 하며 익어가는 소망의 꿈을 주는 개똥참외가 신기하고 고마울 따름이다.

내가 남편에게 말했다.

"여보 사람들이 개똥참외를 보면서 신기해하는데 사실은 우리 집 화분에서 새싹이 나와서 6층 할머니 화분을 타고 올라갔는데 누가 주인이라고 해야 하나요? 그리고 한 가지 고민은 물을 주러 가면 어느새 누군가 우리 화분에 물을 줬는지 촉촉해요. 어제는 6층 할머니가 나보고 회장님은 바쁘시니 내가 잘 보살필 테니 걱정하지 말라고 하시네요."

"하하하. 와! 오성과 한음 대감 이야기가 생각나네. 잘 들어봐요. 개똥참외가 누구네 것인지."

남편은 한바탕 웃으면서 오성대감의 이야기를 해준다.

"옛날에 오성네 집의 큰 감나무가 앞집 권율 대감 집으로 뻗어서 하인들이 걱정을 하고 있었을 때 오성이 권 대감댁을 찾아갔어. 권 대감은 판서벼슬을 지내고 있었으므로 세도가 당당했대. 그래서 주인의 힘을 얻고 그 하인들의 행패도 적지 않았는데 오성은 권대감이 계시는 문 앞에 서서 오른손을 뻗어 문종이를 뚫고는 정중하게 '죄송합니다. 대감님, 이게 누구의 팔입니까?'라고 물었지 권대감은 처음에는 괘씸하게 생각하였으나 오성의 용감한 행동에 마음이 끌렸어. 그래서 권 대감은 오성이 그렇게 한 까닭을 알게 되었고 담으로 넘어간 감을 찾아오게 되었지. 그러니 당연하게 개똥참외는 우리 집, 참외지."

행복한 고민이다. 모두들 보석처럼 매달려 있는 개똥참외에 사랑과 관심을 주니 고마울 따름이다. 개똥참외 넝쿨 하나로 이웃이 서로 관심을 가지게 되니 분명 개똥참외 미학이다.

전화벨이 울린다. 친정엄마다.

"잘 지냈니?"

"네에 엄마"

"참외는 많이 컸겠지"

"네에, 주먹만 해졌어요."

"그래, 참외가 고맙구나. 그 작은 몸으로도 사람들이게 큰 기쁨을 주니…….”

우리네 삶도 틈새에서 살아남아 아름다운 꽃과 열매를 맺는 개똥참외 같은 인생임을 생각하며 힘찬 발걸음을 내딛는다.

무궁화와 우리 가족사

"동서, 잘 지내지? 8월 2일 날 운천 고모부님을 뵙고 오는 길에 아버님 묘소에 다녀왔어. 그런데 무궁화가 만발했더라."

"네에……."

"참! 아버님은 무궁화꽃 사랑이 남달랐지, 동서! 아버님을 뵙는 듯이 정말 반갑더라."

"형님! 저희는 한 달 전에 다녀왔어요. 형님! 완전 무궁화 꽃동산이지요?"

둘째 형님과의 통화 내용이다.

포천시 신북면 가채리 선산 입구에 들어서니 묘소를 둘러친 무궁화꽃 향연이 한창이다. 오래 전 시아버님이 그려놓으신 수채화 같은 풍경이다. "에미야, 어서오니라. 아범아 어서오너라."하고 말씀하시는 것만 같다. 시아버지의 품성을 닮은 꽃이 우릴 반긴다. 6년 전에 돌아가신 시아버지는 살아생전에 자손들이 선산에 오면 볼거리가 있어야 한다고 구석구석을 꽃동산으로 가꾸셨다. 봄이면 피어나는 진달래, 철쭉꽃……. 몇 그루의 과실수, 그리고 그렇게나 소중하게 생각하시며 가꾸시던 무궁화나무가 그것이다. 음력으로 6월 9일은 돌아가신 시아버지의 생신날이다. 그래서 무궁화꽃이 피어나는 여름이오면 시아버지가 그리워서 꽃동산 속에 누우신 묘소를 찾는다.

시아버지께서는 젊은 시절 경찰관생활을 하셨다. 그런 아들의 직업 탓에 시할아버지는 6.25동란 때 경찰관 가족이라 해서 인민군에게 총살을 당하셨다. 시할아버지는 육척 장신에 자유를 자기 몸처럼 소중히 여기시는 분이셨기에 단 한 마디의 '살려 달라.'는 타협도 없으셨고 돌아가시면서도 의연하게 '대한민국만세'를 외치셨다고 한다. 일제강점기시대 때에는 일본 순사가 동네 주민을 괴롭히는 것을 본 시할아버지께서는 크게 분노하면서 일본 순사의 뺨을 때렸다가 고초를 겪으셨다고 한다.

6.25 동란 때, 다리 밑에서 시할아버지와 여러 명의 사람들이 함께 총살을 당하셨고, 그 장면을 마을 주민들이 목격해서 시아버님에게 알려주셨다고 한다. 그때 인민군들이 마을에 들어온다는 소식을 들은 시아버지께서는 집 옆에 딸린 텃밭에 땅굴을 파서 위에는 소나무를 베어다 꽂아 위장해놓은 굴속에 피신해 있다가 마을이 조용해지자 밖으로 나오셨단다. 급박한 상황에서 함께 피신하지 못했던 아버님 생각에 통곡하면서 당신 때문에 짧은 생을 마감하신 아버님을 한 밤중에 남몰래 시신을 수습해 오셔서 지금의 선산에 안장하였다.

그 후 새마을운동이 시작되고 살림살이가 조금 나아지면서 무궁화가 전국적으로 보급될 때쯤 시아버지께서는 시할아버지 묘소 주변에 무궁화나무를 심어 무궁화 꽃동산을 조성하기 시작했다는 이야기를 살아생전 시할아버지의 이야기를 며느리인 나에게 자주 들려주시던 기억이 떠오른다.

시아버지께서 돌아가시기 십여 년 전부터는 당신이 돌아가시면 들어가실 가묘를 만들어 놓으시고 가묘 둘레에 무궁화나무를 또 심기 시작하였다. 그렇게 '일편단심'이라는 무궁화의 꽃말처럼 당신은 조국과 아버님을 생각하면서 일편단심으로 무궁화나무를 심고 사랑하며 가꾸셨다. 한식날이 돌아오면 어김없이 멀리 파주에까지 가셔서 새로운 품종의 무궁화나무 묘목을 사러 가시곤 하던 기억이 엊그제 같다.

하루는 생전에 무궁화나무에 남달리 애착을 보이신 아버지에게 남편이 "아버지! 왜 무궁화나무를 그렇게 많이 심으세요?"라고 물어본 적이 있다.

"그래, 무궁화 꽃이 좋아서 많이 심는 거란다. 첫 번째는, 우리 민족의 꽃이기에 좋다. 그리고 두 번째는, 많은 꽃들이 화무십일홍花無十日紅이지만 무궁화꽃은 백여 일 이상 계속해서 피고 지는 꽃이라 오래 볼 수 있어 좋단다. 세 번째는, 순수한 꽃의 자태와 민족혼을 말살시키려는 일제의 혹독한 핍박을 받은 꽃인데 어떻게 좋아하지 않을 수 있겠니? 이렇게 '민중의 꽃'으로 지금까지 사랑 받고 있어 나는 무궁화 꽃이 너무 좋구나."라고 하셨다.

한 달 전의 일이다. 남편은 선산에 다녀오면서 이렇게 중얼거렸다.

"그래, 아버지가 무궁화묘목을 심었을 때 나는 그 뜻을 몰랐어……."

말끝을 흐리더니 나에게 무궁화 꽃에 대한 추억을 말해준다.

지금은 개발로 포천시내 한복판이 되었지만 당시 집둘레에도 시아버지는 많은 무궁화나무를 심으셨다. 그래서 남편은 어릴 때부터 한 여름이면 흐드러지게 핀 무궁화꽃의 고유 자태를 보며 무궁화꽃 안에 날아든 벌도 잡고 냄새도 맡으며 놀았다고 한다. 그리고 어린 시절 '무궁화 꽃이 피었습니다.'라며 뒤를 돌아봐 움직이는 사람을 찾는 놀이를 하고 나면 흠뻑 젖은 땀을 닦을 사이도 없이, 풀냄새도 나면서 달착지근한 맛을 내는 무궁화 꽃봉우리를 따서 빨아먹곤 했다고 말한다.

"아니 여보! 무궁화 꽃을 어떻게 먹어요? 나는 진달래꽃을 먹어보긴 했는데 무궁화 꽃을 먹는다는 소리는 처음 들어보네요."

"응, 달착지근한 맛이 먹을 만 했어."

"네에……."

"그 시절에는 무척이나 배가 고팠거든. 지금처럼 먹을 것이 흔하지는 않았지. 정말 배고픔을 달래주던 추억의 꽃이야, 그 맛은 평생 잊을 수 없네. 무궁화 무궁화, 우리나라꽃 삼천리강산에 우리 나라꽃……."

하더니 잠시 눈시울을 붉힌다.

"여보! 오랜만에 불러보는 노래라 가사가 제대로 맞는지 모르겠어." 라면서 눈가를 훔치더니 계면쩍은지 또다시 속엣 말로 흥얼거린다.

"피었네 피었네 우리나라꽃, 삼천리강산에 우리 나라꽃……."

무궁화는 우리 겨레의 꽃이다. 구한말부터 태극기와 함께 국가의 상징으로 자리 잡은 꽃이다. 일제강점기시대에는 민족혼을 말살시키려는 노력에도 견뎌온 꽃, 또 다른 무궁화의 꽃말처럼 '영원'하고 섬세한 아름다움을 지닌 꽃이다.

시아버지는 시할아버지도 아무 죄 없이 사상이 다르다는 이유만으로 총살당하셨던 시할아버지의 아픔을 꽃으로 승화하고 싶으셨나 보다. 당신이 떠나고 나도 자손들이 느낄 수 있고 볼 수 있게 100여 평의 둘레에 무궁화나무를 가득 심어놓으셨나 보다.

며칠 전인 2013년 8월 12일, 나는 조간신문을 읽다가 깜짝 놀라고 말았다. "서울시민 200명 대상으로 한 설문조사에서 '서울시민 62%가 무궁화 꽃을 언제 보았는지 기억나지 않는다고 대답했다"고 한다. 우리나라를 대표하는 무궁화 꽃이 정작 주변에서 쉽게 찾아 볼 수 없었기 때문이란다. 아이러니하게도 한 대학생은 무궁화 꽃은 '학교 다닐 때 교과서에서는 봤지만 실제로는 거의 본적이 없다.'라는 대답했다.

맞는 말이다. 나 역시 서울에서 무궁화 꽃을 본 기억이 없다. 시아버지의 나라를 사랑하는 애국정신이 없었다면 지금 무궁화 꽃을 쉽게 볼 수 있었을까? 지금은 돌아가신 시아버지를 대신해서 남편이 해마다 가지를 쳐주고 농약도 뿌려주며 애틋하게 돌보고 있다. 너무 크게 자라 손이 닿지 않는다. 아마 하늘나라에 계신 두 어른께서도 자손들이 무궁화나무 보고 좋아하는 걸 바라보며 웃고 계실 게다. 시할아버지, 시아버지께서 살아계셨다면 당신들은 진정한 애국자愛國者라며 가슴에 '무궁화 훈장'을 달아드리고 싶다. 지금은 자손들의 가슴으로 이어져 영원히 지지 않는 꽃이 당신들의 얼굴인 듯하다.

나라의 꽃이라 칭해왔지만 요즘은 쉽게 볼 수 없는 꽃이다. 넝쿨장미나 벚꽃처럼 모든 국민의 사랑을 더 많이 받을 수 있게끔 심고 관리해야 한다. 무궁화 꽃과의 추억이 많이 생길 수 있게 학교 화단과 관공서의 화단, 아파트 화단, 공원의 조경수나 가로수로 흔히 볼 수 있게 해야 한다.

'무궁화 꽃이 피었습니다.'하고 뒤를 돌아다보았을 때 움직이다 억지로 멈춘 동작을 보며 터져 나오는 웃음이 그립다.

이 계 옥

2000년 월간 <문학21> 동시 등단 · 2004년 월간 <모던포엠> 수필 등단 · 2005년 월간 <스토리문학> 동화 등단
김포마루 시민기자. 해피인 · 이한강 · 투게더 칼럼니스트
김포우리병원 · 한별정신병원 노래봉사, 김포노인복지회관 배식봉사

아버지 외 1편

이 계 옥

3년 전, 음력 8월 19일은 친정아버지께서 83번째로 맞이한 생신날이셨다. 동서와 처제들을 비롯한 친척들이 권하는 축하주로 적당히 취기가 오르신 아버지께서 기분이 매우 좋으신 듯 일일이 손을 잡으며 고맙다는 인사를 아끼지 않으셨다. '이때다!' 싶어 보름 후에 받으실 귀 수술비용에 보태 쓰시라며 이백 만 원이 든 봉투와 얼마 전에 지은 '아! 존경하며 사랑하는 나의 아버지!'란 제목의 편지지를 드렸다.

"시집에서 장손의 맏며느리 노릇하느라 신경 쓸 일도 많고, 여기저기

돈 들어갈 곳도 많을 텐데 이렇게 거금을 주니?"

안 받으시겠다며 막무가내로 거절하셨지만 '제발 수술이나 잘 되길 빌겠다.'면서 겨우겨우 주머니에 넣어드렸다.

아! 존경하며 사랑하는 나의 아버지!

어렸을 때의 아버지는 높고, 큰 우상이었습니다.

이 세상에서 키가 제일 크고, 못하는 것 하나도 없는 하나님보다도 더 높은 곳에 앉아 계시는 매우 존경스러운 신神이셨습니다.

언제나 깨끗한 양복과 하얀 와이셔츠에 넥타이까지 맨 옳은 말, 바른 행동만 하시는 훌륭한 분이셨습니다. 공부하는 아들딸들에게 손수모범을 보이려 늘 책상 앞에서 책과 씨름하며 노력하는 모습만 보이시는 아버지였습니다.

언젠가부터 아버지의 한 마디 한 마디가 잔소리로 들리기 시작했습니다. 모든 것이 가식적으로 보이기 시작했고 말과 행동이 다른 것처럼 느껴지기도 했습니다. 이따금 한쪽 귀로 듣고, 한쪽 귀로 흘렸습니다. 귀 막고, 눈감고, 일부러 엉뚱한 행동도 저질렀습니다. 마음 아파하는 아버지모습에 속으로 쾌재를 불렀습니다. 어느 땐 승리의 만세를 부르기도 했습니다.

사회인이 된 어느 토요일 오후, 아버지가 근무하는 학교교실에 들어섰습니다. 후줄근한 와이셔츠에 낡아 빛바랜 넥타이, 줄도 없이 구김살뿐인 검은 양복바지에는 흰 백묵가루무늬가 제 맘내로 그려저 있었습니다. 그보다 더 신경이 쓰이고, 자꾸 시선이 가는 곳은 온통 희끗희끗한 아버지의 머리카락들이었습니다. '생전 생기지 않으리라' 이마의 깊은 주름이었습니다. 보조개 대신 축 쳐진 양 볼이었습니다. 예전의 기세등등하시던 젊음은 어디로 다 보내셨는지……. 왜 요즘은 밥상 앞에서 긴 설교를 안 해주시나요? 종아리 치시던 매서운 회초리는 언제 어디로 치우셨습니까?

긴 한숨으로 모든 것에 대신하시려는 아버지! 살아갈 날이 짧음에 연연해하지 않으며 마지막 들어갈 자리와 비문, 유서까지 준비해놓으신 아버지! 눈감는 날까지 자식들 신세 조금도 지지 않으려 아직도 주어진 일에 분주히 성실함을 잃지 않으시는 아버지! 당신의 그 모습에 그저 뜨거운 눈물만 하염없습니다. 당신의 그 마음에 안타까이 가슴만 미어질 뿐입니다. 남북이산가족상봉장면을 회상할 때마다 이제는 딱딱하게 굳어버렸을 아버지 가슴에서 60년 넘게 멍들어버린 외로움, 괴로움과 함께 오늘도, 내일도 쓰러져 흐느끼겠지요.

아! 존경하며 사랑하는 나의 아버지! 불쌍하신 우리 아버지! 아버지를 무슨 면목으로 어찌 부르리오! 아버지를 어떤 염치로 감히 앞서리오! 머리 조아리며 무릎 꿇어 지난날의 모든 잘못을 용서 빕니다. 이제는 오직 한 가지! 아버지! 어머니와 함께 부디 오래오래 우리 곁을 지켜주세요. 앞으로 효도 많이 잘 할게요. 기쁜 소식, 행복한 모습만 보이면서요. 진정으로 바라며 또 원하옵나이다.

정말로 고맙다.'는 말씀을 하신 뒤 아버지는 차분한 어조로 시를 읽기 시작하셨다. 한 구절, 두 구절, 한 장, 두 장 넘기시며 아버지 목소리가 점점 떨리시더니 목이 메면서 끝내 눈물을 떨어뜨리셨다.

옆에서 눈가를 닦고 있는 내 두 손을 덥석 잡으시며 "희준 어미야, 고맙다. 난 너만 보면 마음이 정말 쓰리고 아프다. 어렸을 때부터 보인 너의 천부적 재능을 알았으면서도 먹고 사는 일에 급급하여 네 뒷바라지를 전혀 해주지 못해서 미안해. 조금만 해주었더라면 문학계나 음악 방면에서 지금보다 더욱 더 훌륭한 유명인이 되었을 텐데……. 가난이 죄지, 뭐. 내 능력이 모자라서 널 제대로……."

그때 남편이 아버지 등을 얼싸안아드렸다.

"장인어른, 걱정 마세요. 오늘같이 기분 좋으신 날에 왜 눈물을 흘리세요? 그런데요, 이 사람이 자꾸만 아프데요. 피로도 쉬 타구요, 매일

약을 먹어야 해요. 하지만 아버님, 이 사람 곁에 제가 있어요. 제가 늘 사랑해주면서 행복하게 해줄 거예요. 그리고 좋은 일로 활동하는 것은 얼마든지 외조할 거예요. 조금도 걱정하지 마세요, 아버님!"

드디어 남편도 같이 울음을 터뜨리고 말았다. 장인과 사위가 한 몸이 되어 큰 소리로 우는 바람에 집안은 온통 눈물바다가 되었다.

남편은 곧 내 손을 붙들었다.

"이 사람아, 아버지 생신날에 축하는 못 할망정 왜 눈물을 흘리시게 하는 거야? 아버지 귀 수술 너무 걱정하지 마. 건강하시니까 잘 될 거야. 자네나 몸 건강 해. 마음 편히 먹고. 내가 많이많이 사랑해줄 테니까. 알았지?"

"고마워, 신 서방. 이 두 사람이 연애할 때 '소도 언덕이 있어야 비빈다.'며 내가 무척 반대했던 거, 여러분 잘 아시죠? 그런데도 무에서 유를 창조하듯 알뜰살뜰, 아들 딸 잘 키우면서 행복하게 사는 걸 보면 '내가 왜 그토록 젊은 두 남여의 사랑을 이해하지 못했던가!' 얼마나 후회가 되는지 몰라요. 이 두 사람은 완전히 자수성가한 셈이에요. 빈 몸으로 시작했으니까요. 그동안 아무도 모르는 두 사람만의 많은 고통이 있었을 거예요. 하지만 딸 가진 부모입장에서는 흐흐흑……. 더구나 단신 홀로 피난 내려와서 얻은 첫딸이라 내게는 아주 귀하고 소중한 딸이었거든요. 그래서 나처럼 고생하지 않게 부잣집에서 시아버지사랑 받으며 살기를 흐흐흑……."

"장인어른, 그 당시 아버님과 어머님의 심정을 백분 이해합니다. 저도 딸, 빛나를 키워서 시집보내보았으니까요. 그러니까 지금까지 열심히 잘 살아왔지요."

"우리 큰사위 부친이 전쟁 때 경찰로 순직하여 동작동 국립묘지현충탑 아래 함자가 새겨져있어요. 그래서 외국사절단들이 오거나 국내유명 행사 때 대통령이나 높은 지위에 있는 사람들이 찾아가 묵념을 올리지요."

"아, 그렇구나! 형부, 오늘 기 빠진 날이라고 술 몇 잔 하시더니 취하셨나봐. 저랑 더 하시겠어요? 어서 간단히 술상 차려서 내와라. 이모부들 가시기 전에 한 잔 더 나누게."

처제, 내 나이 올해 팔십삼이거든요. 우리부모님이 살아계신다면 백세가 훨씬 넘으셨으니 아직까지 살아계실 리가 없겠죠? 이젠 통일되어 고향에 돌아가는 것도, 부모형제들을 생전에 만나는 것도 다 포기했어요. 솔직히 몇 년 전 까지만 해도 명절이나 내 생일이 가까워지면 부모형제생각이 더 간절했는데요, 요즘에는 자식, 손주들 걱정이 더 많이 되네요. 요즘처럼 살기 힘든 세상에 앞으로 어떻게 버티며 살아갈 것인지…….

결코 한 점 흐트러짐 없는 친정아버지의 한 마디, 한 마디는 듣는 모든 이의 심금을 울리고도 남을 만치 외롭고 힘든 삶의 진실한 증언이었다.

'아버지, 걱정하지 마세요. 우리 형제들, 꿋꿋이 잘 버티며 나름대로 열심히 지내고 있잖아요?' 막걸리를 따라드리는 손이 저절로 떨렸다. '지금까지 그토록 강하게만 보이던 아버지도 이젠 많이 늙으셨구나!' 마음이 아팠다.

2012년, 여든 다섯 되신 아버지 생신선물로 '아버지 모습' 시를 지어드렸다.

스물여섯 아버지 모습은 신비에 가득 찬 모습이었다.

두툼한 귀 볼이 닮았다며 쌔근쌔근 잠자는 내 모습에 꽤나 신기해하는 모습이었다.

가난의 허기도 꿈과 희망으로 배 채울 수 있었던 패기 넘치는 모습이었다.

서른여섯 아버지모습은 도전정신으로 가득 찬 모습이었다.

식구들 입에 밥 한 술 더 채우려 밤낮으로 뛰어도 지칠 줄 모르는 씩씩한 모습이었다.

자식들 재롱도 귀여운 줄 모르고 눕자마자 코 골아야하는 매우 바쁜 모습이었다.

마흔 여섯 아버지모습은 승진과 출세를 위해 꿈에서도 줄달음쳐야하는 아직은 희망찬 모습이었다.

하지만 겉으로는 정열적인 것 같지만 서서히 지쳐가는 모습이었다.

눈뜨면 손 벌리는 자식들 때문에 허리끈 더욱 졸라매야 하는 피곤한 모습이었다.

쉰여섯 아버지모습은 자신의 일에 더욱 더 몰두하는 모습이었다.

지내온 삶을 작은 보람마차에 싣고자 마지막 혼신을 다 하는 한없이 외로운 모습이었다.

짝 이룬 자식들 하나하나 보낸 후 쓸쓸해하는 어머니와 눈물 감추는 모습이었다.

예순 여섯 아버지모습은 깊고 가는 주름살로 한숨짓는 모습이었다.

가끔씩 찾아오는 자식, 사위들과 소주잔 기울이며 세상 돌아가는 대화가 통하는 모습이었다.

손자손녀들 재롱이 지상최대의 기쁨인 듯 환한 미소로 행복그림자를 잡고픈 모습이었다.

일흔 여섯 아버지모습은 한 자락 끝을 잡고 마지막 열정을 발산하려는 모습이었다.

아내의 소중함을 절실히 느끼며 고마움과 후회로 마음 아파하는 모습이었다.

자식들 폐 안 끼치려 눈감고 쉴 자리, 비문까지 손수 마련하는 준비성 대단한 모습이었다.

여든 여섯 아버지모습은 아코디언과 전자오르간도 마음껏 다루시는 청년 같은 모습이셨으면 좋겠습니다.

자식들이 권하면 언제든 시간 내어 느긋한 여행 마치고 돌아오시는 모습이셨으면 좋겠습니다.

술 한 잔에 예전처럼 애창곡 즐기시는 모습이셨으면 좋겠습니다.

아흔 여섯 아버지모습은 적당히 바쁘시고 즐겁게 일하시는 모습이셨으면 좋겠습니다.

말씀으로만 배우고 싶다는 중국어학습도 선뜻 행동으로 옮기셨으면 좋겠습니다.

어머니 손잡고 단지 내라도 여유 있게 걸으시는 다정한 모습이셨으면 좋겠습니다.

마지막 아버지모습은 손자들 앞길까지 걱정 않는 편안한 모습이셨으면 좋겠습니다.

당신의 모든 삶에 대해 만족과 보람으로 감사의 기도 올리는 엄숙한 모습이셨으면 좋겠습니다.

평생의 가슴앓이, 이산의 고통에서 그만 벗어나 그토록 꿈에 그리던 부모형제상면에 고이 잠드신 모습이셨으면 좋겠습니다.

그 무엇보다도 깊고 높으신 부모님의 사랑과 은혜를 어찌 잠시라도 잊을 수 있으리오!

두고두고 고맙고 존경합니다.

심어주신 뜻 따라 저희 여섯 남매 성실히 노력하며 살겠습니다.

–졸시 「아버지의 모습」 전문

요즘도 20kg이나 되는 아코디언을 메고 병원, 양로원, 경로당, 복지관 등에서 자원봉사하시며 틈틈이 일산의 호수공원을 찾는 일반인들에게 흘러간 노래를 연주해주심으로 귀를 즐겁게, 기분을 상쾌하게, 발걸음을 가볍게 해주고 계신다.

매주 월요일 오후마다 대화역 부근에 있는 성저마을 4단지 삼익아파트 경로당에서 아버지와 함께 노래 자원봉사를 할 수 있어 매우 행복하다.

"저에게 글 쓰는 재주와 음악성을 물려주신 아버지! 아버지의 딸로 태어나 너무너무 고맙고, 행복합니다. 다음 생에서도 지금처럼 건강하신 아버지의 딸로 다시 태어나고 싶습니다. 그때는 신지식인인 아버지의 지식까지 물려받아 불우한 이웃을 위해 진정한 사랑으로 좀 더 일찍 폭넓게 자원봉사하며 살아가고 싶습니다."

잊을 수 없는 결혼기념일 선물

1975년 3월 29일, 세차게 퍼붓는 소낙비세례를 받으며 우리부부는 결혼식을 올렸습니다. 둘째 아들이 유치원에 입학하던 해의 3월 30일, 시장 안 속옷가게 아주머니가 불렀습니다.

"어제 윤덕이가 엄마와 아빠의 결혼기념일을 축하한다며 양말을 선물했지요?"

"네, 그걸 어떻게 아세요?"

"어제 오후였어요. 유치원가방을 맨 채 가게 안으로 들어오더니 천 원을 주면서 '아줌마, 40세 팬티 하나 하구요, 34세 양말 하나주세요.' 하는 거예요."

"40세 팬티하고 34세 양말이요? 하하하……. 그것도 천 원만 내놓고요?"

"엄마가 저희들 양말 살 때 나이대로 사는 걸 보고 따라하는 거죠. 그런데 '돈이 모자라니까 엄마양말만 사거라!' 했더니 금방 울상을 지으면서 '안돼요, 우리 아빠가 속상해하니까 40세 양말로 주세요. 저는 요, 우리 아빠하고 엄마하고 똑같이 사랑하거든요!'라며 '씨익' 웃는 거예요. 생각이 너무 기특해서 원래 오백 원을 더 받아야하는데 그냥 주었어요."

"하하하……. 고맙습니다."

"어린 나이에 그런 생각을 한다는 게 얼마나 예뻐요? 호호호……."

곱고 아름다운 마음의 선물을 받은 우리부부는 한동안 만나는 사람들에게 그 이야기를 들려주며 행복해했답니다.

단골가게 그 아주머니도 오백 원보다 더 큰 기쁨과 보람을 선물 받았다면서 끝내 받지 않으셨지만 요즘도 만나면 삼십 년 전의 그 일을 떠올리며 아직도 흐뭇해하십니다.

보고 싶다 정선아

새벽 봄비를 맞으며 신길역에 도착하니 6시. 국내 제1의 경보선수가 되어 1번 출구로 5분 만에 갔다.

이번 여행의 동기유발자이면서 맏형인 회장님 부부가 오르자마자 출발, 이른 시각과 긴 연휴로 텅 빈 대로를 신나게 달렸다.

"LG 유플러스 사건 알아? 너무너무 재미있어. 스마트폰으로 보내줄 테니까 직접 들어봐! 하하하……."

LG금천구청서비스센터로 잘못 전화한 어느 할머니께서 오랜만에 정선관광으로 설레는 일곱 쌍의 부부 가슴에 웃음꽃다발을 안겨주었다.

"안녕하세요? 반갑습니다. 가이드 이재훈입니다. 우리는 중부와 영동고속도로를 달려 진보로 나가는데 횡성휴게소에서 잠시 쉬겠습니다. 관광버스에서 반드시 지켜야할 첫째는 오징어, 새우젓, 막걸리 등 냄새 나는 음식을 삼가시고, 둘째로 음주가무가 금지 되어있습니다. 자, 지금부터 아침식사를 드리겠는데 욕심 부리지 마시고 딱 한 그릇만 받으세요. 지난번 어느 남자 분은 양쪽 무릎과 손에, 세 그릇을 받는 바람에 두 분이 아침을 굶으셔야 했답니다. 믿거나말거나. 하하하……."

8시쯤, 일회용접시 위에 콩 섞인 찰밥에 숙주와 고사리나물, 김치와 총무인 인호부친이 나눠준 구운 김을 얹어 맛있게 먹었다.

후식으로 오렌지, 방울토마토, 초콜릿을 나눠먹으며 이런저런 잡담을 나누는데 깨끗이 비운 접시들을 가이드가 거두며 얼마 전의 경험담을 들려줘 가슴이 찡했다.

"제 어머님이 하도 관광타령을 하시기에 같이 모시고 갔었는데 '아이구, 우리 귀한 아들이 매일 관광버스로 놀러 다닌다고 하더니 밥 푸고, 반찬 담는 일을 하네!' 눈물을 흘리셨던 여주를 지나고 있습니다."

앞에 어른거리는 눈물을 머금기 위해 모내기 준비로 바쁜 농부들의 모습을 내다보았다.

"지난 16일, 독일마을로 내려가는데 무려 10시간이나 걸려 졸도하는 줄 알았습니다. 세간에 '돈 없다, 힘들다!' 떠드는 소리들은 다 거짓말 같습니다. 연휴가 시작되면 전날부터 고속도로에 기름들을 마구 뿌리며 놀러가는 관광객들로 대만원이거든요."

문막휴게소를 지나는데 연휴를 마치고 일찍 상경하려는 차량들로 반대편고속도로가 막히기 시작했다. 9시쯤 도착한 횡성휴게소에서 가랑비를 손으로 가리며 화장실에 들렀다.

"출발하기 전에 꼭 안전벨트를 매세요! 안전~벨트, 안전~벨트……."

잡담 나누느라 가이드의 말을 듣지 못한 형철과 원영 모친이 뒤늦게 허둥지둥 안전벨트를 찾는 바람에 한바탕 웃음꽃이 피었다.

진부로 들어서니 짙은 안개가 더욱 낮게 내려앉았다.

"정선에 도착하면 제일먼저 별천지박물관을 구경하시겠는데요, 폐교를 재건축해 이용한 작은 박물관입니다. 그곳 주인이 제일 반가워하지 않는 분들이 바로 서울 손님이라는데 이유는 신발 신은 채 들어가고, 모금함에 돈을 넣지 않기 때문이랍니다. 거금이 아닌 '딸랑딸랑' 동전이라도 좋으니 정성껏 협조해주시기 바랍니다. 무료인데다가 욕심이 없기 때문에 주인 마음대로 자주 휴관을 잘하는데 다행히 오늘은 개관했답니

다."

딱 한 동인 숙암분교의 자그마한 운동장을 지나 모금함이 있는 현관에서 신발을 벗어 신발장에 얹었다. 교실 두 개 길이의 짧은 복도 가에 진열장이 있었다. 가수 전영록, 김수희, 나미 등의 얼굴사진을 표지모델로 한 7, 80년대 대중가요 책들이 반가웠다. 그 무렵 어렸던 우리 삼남매가 장난감으로 갖고 놀았던 딱지, 그림인형과 옷 그 외 만화책, 풍선, 많은 공기, 물총, 학용품, 노트, 잡지, 각종교과서, 교복, 낡은 책상과 의자가 깨끗이 정돈되어있는 교실을 관심 있게 들여다보고 있노라니 타임머신은 그때 그 시절로 빠르게 데려다주었다. 특히 담배와 성냥 곽은 배고픔을 잊기 위해 가족과 떨어져 한동안 지냈던 외가와 외할머니를 연상케 하여 잠시 울컥했다.

밖으로 나오니 비는 그쳤지만 구름은 여전히 산허리를 맴돌고 있었다. 늑목, 구름다리시설이 정겨웠다.

매주월요일은 휴관하므로 탄광이 있었던 북평면의 항골계곡으로 진행한다고.

"옛날 학교에서 단체로 산에 올라가 송충이 잡던 생각이 나네!"

"난 송충이 잡고 집으로 오다가 또순이 영화를 보기 위해 단짝친구와 극장을 갔는데 규율선생님한테 걸려 되게 혼났잖아? 하하하……."

"엊그제 북한산에 갔는데 송충이가 많더라구요?"

별천지박물관에서 탑승한 타임머신에서 쉽사리 하차하지 못하는 것 같았다.

시원하게 흐르는 계곡물 따라 5분쯤 달렸을까? '내리라!'는 가이드 말 따라 금방 멘 안전벨트를 풀었다.

"와! 시원하다!"

일정에는 없지만 기사의 특별서비스로 들렀다는 백석폭포는 비온 뒤라서인지 줄기차게 꼬리를 이으며 장발의 폭포수를 이루었다.

"원래 없었는데 위에서 한곳으로 모이게끔 인위적인 공사를 하여 만든 폭포입니다."

가이드에게 사진기를 맡기고 단체사진을 찍었다.

"우리기사님께서 평소엔 '찔끔찔끔' 떨어진다고 해서 요실금폭포라는 이름을 붙이셨답니다."

"하하하……. 호호호……."

"우리는 이제 정선장터로 가시겠는데요, 정선장날은 5일장으로 2, 7,

12, 17, 22, 27일에 열립니다. 산지에서 직접 재배한 봄나물과 약초 등 정선의 특산품이 한자리에 모이는 곳인데 메밀전병, 취떡 등 강원도만의 고소한 맛을 보실 수 있습니다. 그런데 요즘은 중국산들이 많아서 자칫 속는 경우가 많아요. 만약 상인들이 국산이라고 외치면 '정말 국산이 맞느냐?'며 계속 질문해보세요. 그에 대한 반응에 따라 국산과 수입품판별이 가능합니다. 가짜라면 얼굴이 붉어지거나 혼잣말로 '궁시렁' 대면서 되돌아설 테니까요. 하하하……. 왼쪽으로 오대천이 흐르는데 조양강과 동강으로 흘러나가 나중엔 한강으로 갑니다. 확인해보지는 않았지만요."

자신 있는 말투로 농까지 섞으며 재미있게 설명해주는 가이드가 시원스러워 마음에 들었다.

모아졌던 구름은 계곡물이라도 마시려는 듯 때때로 흩어져 산 아래까지 내려와 길게 손을 뻗었다. 외국여행 때 부러워했던 개천가 넓은 풀밭 위의 캠핑마을이 매우 한적해보였다.

"이제 곧 정선의 중심도시로 들어서겠습니다. 멀리 정선종합경기장지붕이 보이시죠?"

"훈훈한 정이 느껴지는 정선 5일장은 1966년 2월 17일에 개장된 장터로 옛 향수를 느낄 수 있는 곳입니다. 각종 산나물과 약초, 감자, 황기, 더덕, 마늘 등의 농산물과 곤드레 나물밥, 콧등치기, 감자송편 등 토속적인 먹거리를 맛볼 수 있으며 연계관광을 통한 이색체험 그리고 마술, 밴드, 정선아리랑, 떡메치기 등 다양한 이벤트공연을 볼 수 있습니다. 서울 청량리역8시 출발에서 정선역11시 58분 도착까지 정선 5일장 열차가 운행되고 있으며 정선역에 하차하면 시티투어버스를 탑승할 수 있습니다. 아라리공원의 장터는 축제기간동안 돈을 벌기 위해 임시로 들어온 장사꾼들입니다. 점심은 오후 2시쯤 드시게 되므로 장터식당에서 정선만의 특별음식을 주문하여 요기하시면 좋을 것 같습니다. 그 이유는 나중에 설명할게요."

제4회 정선군 곤드레 산나물축제장으로 들어섰다. 엿장수들이 틀어놓은 빠른 템포의 트로트음악이 절로 어깨를 들썩거리게 했다. 술손님을 맞이하기 위해 통돼지와 삼겹살바비큐가 돌아가고, 아기에게 줄 곰 인형을 맞추기 위해 진지한 태도로 초점을 맞추고 있는 젊은 부부가 보였다. 향긋한 냄새가 물씬 풍기는 더덕과 각종 산나물을 수북이 담아놓고 손님과 흥정하는 재래시장모습은 깨끗한 진열장이나 정가표를 붙여 놓은 백화점과 사뭇 다른 분위기였다. 처음 들어본 수리취 인절미와 정선양반주인 수출동막걸리 시음결과 지금까지 먹어본 맛과 별 차이가 없었다.

'노가리 까세요' 노가리판매점을 지나 '얼른와요! 여가 장터래요!' 진짜 정선장터로 들어서니 시골장터답게 '왁자지껄' 많은 상인들과 손님들로 복잡, 소란스러웠다.

입구오른쪽에 있는 메밀먹거리 식당으로 들어가 감자전, 전병, 김치전을 맛보았다.

정식장날이 아니라서인지 넓지 않은 터에 판매품이 다양하지 않았지만 원산지 위반 행위를 단속한다는 플래카드를 믿어서인지 많은 사람들은 양손으로 크고 파란 봉지들을 들고 나왔다.

버스에 오르기 전, 가이드는 봉지마다 이름을 써서 버스 아래 빈칸에

차곡차곡 쌓는 서비스를 익숙하게 처리했다.

“자, 우리는 오늘관광의 히로인인 정선레일바이크를 타러 구절리역으로 가실 겁니다. 우리 아름여행사는 오후1시에 예약이 되어있으므로 먼저 타신 다음에 점심식사를 하시겠습니다. 2인용은 앞뒤 두 사람이 같이 페달을 밟아야하지만 4인용은 뒤의 두 사람만 밟아야하므로 아마 도가니 뼈가 닳도록 열심히 굴리셔야할 겁니다.”

“하하하, 호호호…….”

“앞좌석의 구자춘 님 팀은 4인용 2개와 2인용 3개고요……. 레일바

이크를 운전하실 때 주의할 점은 출발하기 전에 남자직원이 설명해주겠지만 앞 레일바이크를 바짝 쫓아가다가 충돌해도 안 되며 너무 늦게 달려 시간을 연체해도 안 되겠죠. 30m정도의 간격을 잘 유지하시는데 가다가 힘들다면서 앞뒤로 자리를 바꾸면 절대 안 됩니다. 특히 유의하실 점은 아래로 떨어지는 물건이 없도록 조심하세요!”

3, 40분의 여유시간은 기념사진을 찍으면서 금방 지나갔다. 레일바이

크를 이용한 사람들이 구절리역으로 다시 되돌아올 수 있는 환승열차 '아리아리호'는 정선의 절경을 편안히 즐길 수 있는 풍경열차로 명물자리를 잡았고, 여치 한 쌍이 어우러진 모습을 형상화하여 탄생시킨 '여치의 꿈' 카페는 폐 객차 두 량을 개조하여 1층은 돈가스, 오븐스파게티, 까르보나라, 해물리조또를 먹을 수 있는 스파게티전문점, 2층은 아메리카노, 카페모카, 유자와 생강차, 모닝세트 등을 마실 수 있는 카페로 운영되고 있었다.

우리는 인호모친부친과 앞의 4인용노란색에 자리 잡았다. 바로 뒤에는 종철과 형철 부모가 탔다. 2인용빨간색을 타기 위한 세 쌍의 부부는 뒤로 걸어갔다.

빨간 걸이에 자물쇠로 단단히 잠근 많은 열쇠들이 한없이 사랑스러웠다. 영원한 사랑을 약속하며 설레었을 어여쁜 연인들의 모습이 그려졌다.

10분 전쯤, 남자직원이 무선마이크로 레일바이크사용법과 유의점을 설명한 뒤 맨 앞부터 출발하도록 지시했다. 오래 전 탄광의 석탄을 나르기 위해 만든 철로를 주민들의 이동수단으로 이용하다가 별로 쓸모가 없게 되자 관광수단으로 개발, 지금은 정선관광 중 가장 유명하게 되었다고.

구절리역에서 아우라지역까지의 7.2km를 약 40분정도 달리는데 사계절 내내 인기절정으로 정선관광의 완결판이라 할 수 있겠다. 특히 맑은 봄날에는 따사로운 햇살과 살랑대는 바람을 맞으며 한 폭의 수채화 같은 풍경 속으로 빠져드는 쾌감을 맛볼 수 있을 것 같았다. 하지만 오늘처럼 약간 흐린 날의 정경도 좋았다. 강한 햇빛을 피하지 않아도 되고, 적당히 시원한 바람에 상쾌하기 그지없기 때문이다. 레일바이크 탄 기념사진을 찍는 남자의 모습이 보여 사진기를 앞으로 내밀었다.

"내가 당신의 모습을 찍겠습니다!"

인호 모친도 덩달아 스마트폰을 이용하여 찍었다.

아침부터 본 낮은 구름, 흔하디흔한 나무들, 집, 비닐하우스, 모내는 농부, 철로, 옥수수 파는 아낙네 등 시야에 들어오는 모든 풍경들은 대형스케치북에 조물주가 그려놓은 걸작이었다. 자연이 인간과, 인간이 자연과 함께 상부상조하여 이루어낸 아름다운 그림이었다. 시야에 들어오는 곳곳마다 사진기에 담아두고 싶은 욕심이 생겼지만 도저히 불가능하므로 수시로 셔터를 눌러 특별한 코스의 명소를 동영상과 사진으로 남겼다.

남편과 인호부친은 동심으로 돌아가 신나게 페달을 밟거나 브레이크 손잡이를 잡으며 거리를 조정했다.

"뒤에 오는 분들은 보이지도 않아. 형철이 부친은 힘이 없어 페달을 못 밟으실 것 같아. 종철이 부친도 다리가 아파 그 좋아하는 술도 자제하시던데……."

이따금 뒤돌아보며 걱정했다. 안전벨트만 아니면 일어서서 더 멋진 광경을 찍고 싶었지만 사고는 순간적이라 자제했다. 일부러 속도를 느리게 하여 뒤의 레일바이크에 탄 두 쌍의 부부모습이 가까워져 셔터를 눌렀다.

앞에 편안히 앉아 평화로운 정선을 좌우로 자유롭게 구경하다보니 어느덧 종착지인 아우라지역에 도착했다. 천연기념물인 어름치가 맑고 깨끗한 아우라지의 여울살 자갈에 산란하는 모습을 형상화하여 패스트푸드점과 커피판매점으로 운영 중인 두 마리 어름치 유혹을 배경으로 기념사진을 찍고, 역 밖으로 나왔다. 우리가 탔던 여행사버스가 이미 도착해 대기하고 있었다.

많은 사람들이 모여있어 가보았다. 레일바이크 탄 기념사진이 벌써 현상되어 사진만 5,000원, 액자까지는 10,000원에 팔았다. 안타깝게도 우리사진은 보이지 않아 실망했지만 사진사가 찍는 모습을 찍으려던 내 불찰이기에 누구를 원망할 수 없었다. 다른 일행들의 사진은 모두 잘 나와 사진 값 10,000원이 조금도 비싸다는 생각을 하지 않는 것 같았다.

"정선관광 와서 레일바이크 탄 기념으로 좋은 선물을 가져가네요!"

매우 흐뭇해함으로 비록 내 사진은 없어도 기분 좋았다.

"조금만 가면 점심식사 할 옥산장에 도착하게 됩니다. 식사는 구수한 곤드레 비빔밥으로 각종 나물을 넣어 비벼드시면 되겠습니다. 곤드레 나물은 정선고지에서 자생하는 산채로 학명은 고려엉겅퀴입니다. 영양가가 풍부하며 담백하고 부드러운 독특한 향과 맛을 지니고 있어 남녀노소가 좋아하는 향토 웰빙 음식이죠. 데친 나물에 참기름과 소금 등 갖은 양념을 하여 지은 밥으로 부드럽게 씹히는 맛이 일품입니다. 신경통과 부인병 등에 효과가 좋아 약재료로 쓰여 정선을 많이 닮은 맛이라 할 수 있겠습니다. 자, 내리시지요!"

"어? 예전에 왔던 그곳인데 많이 변했네!"

옥산장의 한정식식당으로 들어가 대접에 담겨진 밥 위에 나물을 골고루 넣고 약간의 간장으로 비볐다.

"나물에 간이 되어있어서 간장을 많이 넣으면 짜겠어."

시장이 반찬이 아닐지라도 정선의 명소다운 옥산장의 별미는 지금껏 먹어본 곤드레 비빔밥

중 최고였다.

“예전에는 식사가 끝나면 돌과 이야기 나누는 뒤쪽의 집으로 들어가 이집 여주인으로부터 살아온 일대기와 정선아리랑을 직접 들었는데 요즘은 노쇠하여 나오지 못하신다네.”

“두 번째 책도 내셨다는데 팔지 않나 봐요?”

식당 안의 이곳저곳을 골고루 찍은 뒤 밖으로 나와 돌과 이야기 집으로 다가갔다. 현관문에 붙어있는 쪽지에 ‘주인이 없으면 들어가지 마세요.’란 글씨가 쓰여있었지만 여기까지 와서 여주인이 직접 주워모았다는 여러 돌들을 구경하지 못하고 그냥 간다면 평생 후회할 것 같아 용기를 내어 문을 열었다. 결코 넓지 않은 방에 많은 돌들이 가지런히 정리정돈 되어 있어 재빨리 셔터를 누르기 시작했다. 자신이 살아온 삶을 들려주면서 정선아리랑을 구슬프게 불러줄 주인의 모습은 보이지 않고 빈 의자만 덩그러니 자리를 지키고 있어 왠지 쓸쓸하고 아련하다는 생각이 들었다. 주인의 손길이 수없이 닿았을 많은 돌들은 주인의 행적을 아는지, 모르는지 묵묵히 자리만 지키고 있었다.

뜰로 나와 정원의 예쁜 꽃들을 사진기에 담느라 기념사진을 찍을 수 있도록 마련된 빈자리만 사진기에 담을 수밖에 없었다.

“식사 맛있게 하셨나요?”

“네!”

“안전벨트 매시구요. 잠시 후에 왼쪽으로 공중에 뜬 이층집이 보이실 겁니다.”

사진기를 연 채 잔뜩 긴장하며 고개를 왼쪽으로 돌렸다. ‘공중에 뜬 이층집? 저 집인가 보군!’ 잽싸게 셔터를 눌렀다.

“저기 보이는 이층집인데요, 2009년에 건축대상을 받은, 배우 원빈이 부모님을 위해 지어드린 집이에요.”

"어머나! 중요한 설명을 하시려면 미리미리 말씀해주시지. 버스가 빨리 달리는 바람에 못 찍었잖아!"

"분명히 미리 말씀드렸는데 딴 생각하시고. 하기야 안전벨트 매라는 말도 여러 번 해야 뒤늦게 알아들으시니 하하하……."

"짝과 이야기하느라 그랬죠."

찍은 화면을 뒤돌려보니 아라리의 고장여랑이라고 쓴 돌비석까지 선명하게 잘 찍혀 매우 만족했다.

"아우라지 강을 지나 다시 정선으로 들어가서 오늘의 마지막 코스인 아라리촌을 구경하시겠습니다. 강원산간지방의 전통가옥인 너와집, 굴피집 등 양반전이라는 테마가 곁들여진 민속촌으로 아기자기하게 꾸며졌습니다. 정선아리랑이 흐르는 명소 중의 명소지요."

정선종합운동장이 멀리 보여 오전에 정선장터로 향하던 도로를 다시 달린다는 것을 알 수 있었다. 왼쪽다리를 건너 운동장정문을 지나 조금 더 달려 버스에서 내렸다. 정선장터와 개천 하나를 사이에 두고 위치한 아라리촌은 아리랑의 발상지마을이었다. 안으로 들어가 보이는 곳마다 원 없이 셔터를 눌렀는데 양반의 여러 모습을 실제사람크기로 만들어 세운 동상 앞에서 남편이 연기를 재미있게 잘해주어 자격 없는 사진사로서의 실력을 능력껏 발휘할 수 있었다. 부부끼리 찍은 얼굴표정도 재미있었다. '메일로 보내주면 자신들의 모습을 보면서 한동안 짙은 행복감에 젖어 지내겠지?' 미소가 절로 지어졌다.

걸음을 재촉하여 정선장터가 건너다보이는 개천가의 풍경도 담고, 출구로 나오면서 특이한 여러 집들을 열심히 찍었다. 민박중인 집 입구에는 들어가지 못하도록 줄이 쳐져있었다.

구석구석 돌아다니며 열심히 사진기를 활용했어도 버스에 오르니 아직 오지 않은 사람들이 많아 일찍 나온 게 아쉬웠다.

출발예정 시각보다 30분 빨리 출발한 버스의 가이드는 꿈속에서도 외칠 것 같은 안전벨트타령을 또 했다.

“안전~벨트! 안전~벨트! 일정이 다 끝나가니까 이젠 빨리 알아들으시네요. 정선으로 올 때는 길이 막히지 않았지만 서울로 가는 도로상황은 연휴마지막 날이라 많이 막힐 것 같습니다. 하지만 우리 기사님이 막히지 않는 길을 잘 알아서 되도록 빨리 집으로 가실 수 있도록 애써주실 겁니다. 오늘하루종일 운전하시느라 고생 많이 하신 운전기사님께 감사의 박수를 쳐주시기 바랍니다!”

“짝짝짝…….”

“정선관광은 이것으로 마치겠습니다. 잠이 부족하신 분은 서울에 도착할 때까지 편안히 주무시기 바랍니다.”

“가이드님도 수고 많이 하셨습니다. 짝짝짝…….”

“완만한 2% 내리막경사로 큰 힘이 들지 않는 레일바이크체험과 박지원의 유명한 한문소설-양반전의 배경지로 정선지역의 전통가옥을 한자리에서 즐기며 체험할 수 있는 아라리촌28km을 희준네에게 권해봐야겠어요.”

“민규가 참 신나할 걸?”

전국에서 규모가 가장 높은 209m로 큰 낙차와 시원스러움이 단연압권, 수려한 노추산계곡을 가르며 송천으로 떨어지는 오장폭포! 강원도 무형문화재 제1호인 정선아리랑의 대표적인 가사뗏목과 행상을 위해 객지로 떠난 임을 손꼽아 기다리는 남녀의 애절한 마음을 적어 읊은 노래유래지로서 송천강과 골지천이 합류되어 ‘어우러진다.’하여 이름 붙여진 아우라지7km! 정선읍 북실리 병방산 해발861km에 위치하여 동강의 비경과 한반도지형을 닮은 물돌이 마을을 조망할 수 있는 이색체험장소, 스카이워크28km! 계곡과 계곡사이를 쇠줄로 연결한 뒤 도르래를 이용하여 활강하는 레포츠로 높이325.5m, 길이1.1km, 시속70km, 동양 최대규모를 자랑하며 동강의 비경을 한눈에 내려다볼 수 있는 짚와이어 28km! 천연동굴과 폐 금광갱도를 이용해 금과 대자연의 만남이란 주제로 개발된, 국내유일의 테마 형 동굴인 화암동굴45km! 자장율사가 643년선덕여왕12년에 당나라의 문수도량인 산사성 운제사에서 21일 동안 치성을 올려 문수보살을 친견, 석가의 신보를 얻어 귀국 후 모신 곳 중 하나인 정암사!강원도 문화재자료 제32호인 법당은 우리나라 5대 적멸보궁 중 하나. 1713년인 숙종39년에 증수, 낙뢰로 부서져 6년 뒤 중건, 최근에 2, 3회 증건. 천연기념물 제73호인 열목어 서식지가 있음 예로부터 산촌주민들이 약초를 캐어 자식들을 공부시켰을 정도로 많은 산약초가 자생하는 마을, 백두대간!백두대간자락에 위치한 청정지역 가목리는 약초에 관한 모든 체험을 할 수 있는 곳 스트레스해소레저스포츠로 척추체형교정과 균형감각, 유연성, 근력강화, 다이어트효과만점인 승마체험! 산속 깊은 곳으로 삼림욕을 즐기며 약초여행 할 수 있는 모노레일체험! 통나무집, 야영장, 캠프파이어 등 각종 편의시설을 갖추며 4계절 모두 장관인 가리왕산자연휴양림!산림문화휴양관과 자연학습관은 돌탑, 장승공원, 야생화꽃밭 등과 더불어 가족단위와 청소년을 위한 숲 체험 및 교육수련시설로도 최적임 자연청정지역인 사북 두위봉 산자락에 자리 잡고 있는, 계곡위로 아늑한 분위기를 연출하는 통나무형태의 방과 주방, 거실을 지닌 독립 별장형 통나무집이 있고, 1급수의 맑은 계곡에서 훼손되지 않은 자연그대로를 만끽할 수 있는 도사곡자연휴양림! 최고서비스를 자랑하는 특1급 호텔과 특별행운이 함께하는 카지노, 모험과 상상이 가득한 테마파크, 환상적인 공연과 볼거리들이 알찬, 밤이면 오색찬란한 분수가 아름다운 음악에 리듬을 타며 춤추는, 시원한 인공폭포가 낭만을 더하는 4계절 가족 형 종합리조트인 하이원리조트! 초보스키어를 유혹하는 한 개의 슬로프가 4.2km, 백운산자락 지장산 정상좌우의 밸리 탑과 마운틴허브가 있는, 세계스키연맹 공인대회전코스까지 다양하게 갖춰져 있는, 8인승 곤돌라 6, 4인승 체어리프트, T바로 이뤄져있는 하이원스키장! 해발1,100m 골프텔 및 청정고원에서 환상적 라운딩을 즐길 수 있는 하이원컨트리클럽!

2013년 5월 19일, 당일치기여행에서 미처 둘러보지 못한 정선의 명소들을 언제 돌아볼까나! 아쉬움과 미련을 잔뜩 머금고 서울로 향하는 발길이 무거웠다.

"정선아, 언제든 보고 싶으면 정선 산간마을 주민들의 소박한 생활감정이 담긴 민요, 구슬픈 정선아리랑을 읊으면서 그때는 여유롭게 찾아가리라! 보고 싶다, 정선아!"

이 윤 순

계간 <스토리문학> 시, 수필 등단,
한국문인협회 회원, 한국스토리문인협회 이사
문학공원 동인
시집 『스케치북 한 권』
동인지 『제로의 두께』 외 다수

노숙자 외 2편

이 윤 순

선풍기도 밤 낮 쉬지 못하고 일을 하니 뜨끈한 뒤꼭지를 달고 기진맥진 하여 시원한 바람을 내지 못하고 삐걱대는 삼복의 어느 날, 볼 일이 있어 대구지하철 중앙로역에 내려 볼일을 다 보고 돌아오는데, 조금 전 올라올 때는 없었던 계단에 어떤 노숙자 한 사람이 앉아있었다.

앉아있는 자세가 익숙하지 않은 자세였다. 눈을 뜨고 있었지만 사람 얼굴을 바로 쳐다보지 못하고 오르내리는 사람들의 발쪽으로 시선을 보냈다가 다시 자기 앞으로 내려 깔기를 반복하며 창 모자를 벗어 자기 앞에 놓고 있는데 돈은 한 푼도 들어있지 않았다.

어쩌다 힐끔 고개 들어 쳐다보는 순간 나의 눈과 마주쳤다. 그렁그렁한 쌍꺼풀진 커다란 눈에는 생기가 가득 들어있었다. 그는 노숙한지 얼마 되지 않아 보였다.

누가 손 내밀어 무슨 일이라도 맡기면 능히 잘 해낼 것 같은 지쳐있지 않은 그런 태도로 보였다, 옆에 주인 따라 쭈그리고 앉아있는 가방도 그 아저씨도 깨끗한 편은 아니지만 묵은 때가 아닌 엷은 때가 묻어있음을 볼 때, 거리에 나 앉은 지가 얼마 되지 않아보였다.

길을 다니다보면 드물게 노숙자가 눈에 띄긴 하지만 오늘처럼 정면으로 눈이 마주쳐 본적이 없었는데 이 아저씨는 노숙자 같지 않다는 생각이 들었기에 내가 눈길을 돌린 것이 그만 마주쳤던 것이다. 순간 그 눈빛이 내 마음을 붙들고 늘어져 나는 도저히 그냥 지나칠 수 없게 되었다. 몇 계단을 지나 내려오던 나는 오던 방향 그대로 멈춰 서있었다. 오르내리는 사람들에게 길을 내주면서…….

이 더운 날씨에 그늘에서 선풍기를 안고 살아도 덥다 소리가 연발로 튀어 나오고 하루에 샤워를 몇 번을 해도 땀이 범벅이 되는 이런 날에 지열에 뜨끈한 계단 바닥에 저렇게 앉아 있으면 얼마나 더우며 배는 얼마나 고플까?

먹을 게 넘쳐나 음식 쓰레기가 처치 곤란인 이 시대에 저렇게 배곯고 있는 사람들이 있다는 사실이 너무나 가슴 아픈 일이다. 어제 오늘만의 일은 아니지만, 걸음이 떨어지지 않아 잠시 서 있다가 지갑에서 만원 한 장을 꺼내어 몇 계단을 올라가서 그 아저씨 앞에 내밀었다.

"아저씨! 이걸로 어디 가서 밥이나 한 그릇 싸 잡숫고 앉아있으이소."

빈 모자에다 시선을 떨구고 있던 그 아저씨 깜짝 놀라 두 손으로 넙

죽 받으며 나를 얼른 올려다보고는 어색한지 고맙다는 인사도 못하고 그저 머리만 꾸벅 숙였다.

그렁한 눈의 살아있는 눈빛이 눈에 밟혀 집으로 오는 내내, 또 그 날 이후 며칠이 지난 지금까지 마음이 편치 않다.

그 아저씨는 지금쯤 어떻게 되었을까? 내가 준 그 돈으로 밥 한 그릇 아니면 아낀다고 국수로 배를 채웠을까 아니면 그 돈으로 고향 가는 차를 탔을까? 그까짓 만 원짜리 한 장, 볼에 붙은 밥풀인 것을, 그게 무슨 도움이 되랴. 가난은 나라 임금님도 못 막는다고 하는데 저 일을 어쩌면 좋을까?

가진 자에게는 천국 같은 이세상이 없는 자에게는 지옥이나 다름없는 현실이 안타깝다. 마음이 너무 아프다.

이렇게 마음으로만 아파 할 뿐, 그런 사람들을 위해 아무것도 할 수 없는 나 자신이 한없이 작아 보여 속이 상한다.

서운한 감정 다 표현하면 누구와도 좋은 관계유지 어렵다

이 세상 사람의 마음은 모두 각각 다르다. 생각을 같이 할 수 있는 사람은 드물다.

같은 사물을 보고 있지만 바라보는 각도나 관점이 다르기 때문에, 느낌이나 판단도 다를 수밖에 없다. 그 점을 우리는 인정해야 된다. 모든 걸 자기 잣대로 재고 자기 틀에다 끼워 맞추려고 하다보면, 사람들과의 관계 가 얼마 가지 못하고 삐거덕 거릴 수 있으며, 등을 돌리기도 할 것이다.

상대가 누구든 마찬가지다 피를 나눈 부모자식이나 형제자매, 친구나 그 밖에 사회의 모든 인간관계가 다 포함 된다는 것이다.

상대에게 서운했던 일 이 있었다 하더라도, 큰 문제라면 당연히 대화를 통해 풀고 넘어가야 하겠지마는, 소소한 일 같은 경우에는 시시콜콜 따지려 하지 말고, 될 수 있는 한은 마음속에 담지 말고 지워버리고, 나에게 잘 해 주던 것들을 떠 올리며 좋은 관계를 유지 하도록 노력해야 된다. 누구나 잘못할 수도 잘할 수도 있기 마련 아니겠는가? 항상 상대편에서서 생각해보며 긍정적인 사고로 배려하는 마음가짐이 바람직할 것이다.

우리나라가 급성장하여 불가 몇 십 년 사이에 물질만능주의가 되었다. 짧은 기간에 엄청난 변화가 일어 난건 어느 누구도 인정 하는 바다. 어린시기를 6.25전쟁 때 보낸 우리 세대는 그야말로 격세지감을 느낀다는 말이 절로 나온다. 우리 어릴 때는 호랑이가 담배 피우는 것 까지는 아니라도, 부싯돌로 불씨를 일으켜 아궁이에 불을 지피고, 담뱃대에 불을 붙이는 할아버지와 아버지를 보면서 자란, 석기시대 사람이라 해도 과언이 아닐 듯하다.

힘들게 일으킨 불이기에, 그 불을 꺼트리지 않으려고 불 때고 난 아궁이 잿불 속에, 나무토막을 묻어놓았다가 그것으로 또 불을 살려서 밥을 지었고, 만약 그 불이 꺼지는 날은 이웃집에서 불을 얻어와야 했다.

그 시절 며느리들은 불을 꺼트리면 시집도 못 살고 쫓겨난다는 말까지 있었다. 그래서 심술궂은 시어머니는 밤에 몰래 부엌에 나가 며느리가 묻어놓은 불씨를 휘저어서, 불을 꺼지게 해놓고는 이튿날 트집을 잡아 고이 적으로 골탕을 먹였다는 일화도 있다.

석유는 또 얼마나 귀했던지 호롱불마저도 맘대로 못 켰다. 우리가 제법 커서 20대에 들어와서도 친구들끼리 모여 밤늦게 까지 놀면, 어른들이 기름 닳는다며 그만 놀고 자라고 호통을 치곤 하셨다. 어떤 날은 이불로 문을 가려 불빛을 차단해 놓고 소곤소곤 속삭이다 잠이 들던 그 시절에, 그렇게 지라온 세대들의 삶을 돌아보면 너무나 비참하고 허망하다.

그래도 남성들은 좀 나았지만 우리 여성들은 성인이 되어서도 남존여비 사상에 짓눌려 심한 차별대우를 받았다. 인권은 물론 먹는 것까지 차별을 받으며 살아왔다 해서, 요즘 젊은이들을 이해 못 하는 건 개인의 문제 이전에 시대가 만들어 낸 부산물이란 생각이 든다.

우리 세대의 한 생 안에서 이루어지고 있는 이토록 큰 변화를 우리는 솔직히 적응하기가 쉽지 않다. 세월이 흐를수록 점점 더 바보멍청이가 되어가는 기분이다. 생소한 것도 많고 신기한 것도 너무 많다. 그야말로 귀신이 곡을 하고 탄복을 할 노릇이다. 어디서부터 무엇을 어떻게 배워야 될지? 생각하면 머리가 그냥 멍해질 뿐, 아예 엄두도 못 내고 바보처럼 살아갈 수밖에 도리 없다.

뭐든지 수동으로 하는 게 편하고 좋은데, 자동시대를 살아갈려니 여간 골치 아픈 일이 아니다. 전화만 해도 그렇다, 다이얼 전화에서 핸드폰으로 바뀌더니 얼마 안가서 스마트폰 인가 뭔가가 나왔다. 그 물건은 또, 사람을 바보로 만드는 걸 떠나서 사람과 사람과의 대화조차 두절되게 만들어 놓았다. 대중교통을 이용할 때 보면 몸은 서로 부대끼면서도 마음과 눈은 스마트폰에 빠져있는 젊은이가 대부분이지만, 우리 구시대 사람들은 핸드폰마저도 전화를 받고 걸고, 그 기능 밖에 이용 못하고 핸드폰을 손에 들고도, 수첩에 전화번호 찾는다고 시선을 좁히고 있는 사람이 있는 실정이니, 스마트폰은 그저 주어도 못할 형편 아닌가?

이런 무식쟁이 부모기에 배움에 목마른 우리는 후세에게는 한 단계 업그레이드 된 삶을 물려주고자, 너 나 할 것 없이 노력을 하느라 본인의 몸은 돌볼 겨를이 없이 살아 왔다.

드물게는 고생을 모르고 산 사람도 있긴 하지만 대부분의 사람들은 나의 이 말을 공감 하리라 믿는다.

시대 흐름에 따라 마음을 열고 요즘 세대를 이해하고 노력하여, 서로 공감대를 형성해 잘 소통하고, 남녀노소 가리지 않고 관계를 유연하게 이어가는 사람이 있는가 하면, 시대가 아무리 바뀌어도 옛 사고방식이 머릿속에 화석처럼 박혀, 도저히 용납을 못 하는 사람도 있다. 식자석두란 말이 있듯 유식해도 생각이 유연하지 못한 사람은 어쩔 수 없는 노릇이다.

엄하고 무서운 시어머니와 너무나 똑똑한 며느리에 주눅 들어있는 우리 세대들, 남의 가문에 시집 갔다하면 죽어도 그 집 귀신이 되어야 한다는 신념으로, 그리고 친정 부모형제 욕 안 먹이려고 좋으나 싫으나 그저 자식만 바라보며 살아온 우리 세대들…….

반찬을 만들어 아들집에 찾아가서도 집에 들어가지 않고 경비실에 맡겨 놓고 오는 게 일등 시어머니란 말을 들어 보면 참! 마음이 서글퍼진다.

그러므로 이 지면을 통해 젊은 세대들에게 부탁해본다. 제발 우리보다 많이 배운 젊은 세대들은, 잠재 되어있는 지식과 교양을 발휘하여 신세대답게 케케묵은 고정관념일랑 멀리 던져버리고, 마음을 열고 우리 샌드위치 세대를 측은지심의 눈으로 좀 바라봐 주었으면 하는 바람이다. 시월드가 싫어 시금치도 안 먹는다고 하는, 말 같지 않은 말들은 귀담아 듣지 않았으면 좋겠다. 일체유심조라고 마음가짐에 다 달렸으니, 조금 찜찜한 일이 있어도 용기 내어 마음을 확 한 번 뒤집어보라, 세상이 달라져보이고 인생이 달라질 것이다. 마음하나 바꾸면 부부간 가족간 직장동료 친구, 모두와 유연한 관계로 회복되어 행복한 삶을 살 수 있을 것이다.

상대가 누구든 간에 정 주기 나름이라고 본다.

시, 사가 들어가던 처, 자가 들어가던 부부라면 서로의 마음을 헤아려 상대의 입장에서 가족을 신뢰하고 사랑으로 대하면 양가의 분위기가 훨씬 달라질 것이다.

옛날에 비하면 요즘 세대들은 엄청 많이 배웠고, 물질도 풍부 하지만 인성은 오히려 개인주의로 변하여 관계 개선은 잘 안되고 오히려 후퇴하고 있는 걸 더러더러 느낀다. 그로인하여 불행하게 살아가고 있는 가족을 적지 않게 보고 듣는다.

우선 교정해야 될 문제가 가족 간에 소통이라 보는 데, 형제자매는 물론 동서지간, 고부간에 관계를 들 수 있다. 수많은 세월이 흘러왔음에도 누구도 그 회답을 찾지 못하고 있는 고부갈등 또한 우리들이 풀어야 할 큰 숙제이고 고민꺼리이다.

가정을 잘 다스리려면 가정에 제일 웃어른이 교통정리를 잘해야 하고 자녀들 또한 협조를 게을리 하지 않아야 된다.

한 가정에 어른이라면 끝없는 관심과 진심이 담긴 사랑과 배려로, 가족을 따뜻한 마음으로 껴안아, 많은 대화를 하며 다독여야 한다.

어떤 자식이 무슨 말을 하던 부모는 스펀지처럼 다 흡수해버리고, 그들의 관계 유지를 위해듣기 좋고 이로운 말만 옮겨야 된다. 자녀들의 좋은 관계에는 눈에 보이지 않는 부모의 무한한 노력과 재치가 필요하다고 본다.

가정에 어른이면 누가 좋고, 싫고, 밉고, 이런 마음을 가지면 안 된다. 귀한 내 가족 내 핏줄을, 편애 하지 말고 빗자루로 가을마당 곡식 쓸어 모으듯이 슬기롭게 자꾸 쓸어모아, 될 수 있는 한 같이 잘 어울리는 분위기를 만들어주어야 화목한 가정을 기대할 수 있다.

또한, 꾸지람 할 일이 있을 땐 자존심 상하지 않게 장본인과 단 둘이 기회를 만들어, 나무라기도 하고 타이르기를 해야 그 상대도 사과할 마음이 생긴다.

그리고 칭찬할 때는 반대로 여럿이 모였을 때, 해 주는 것이 바람직한 방법일 것이다.

또는 어른도 사과해야 할 일이 있으면 반드시 아랫사람에게 사과를 해야 된다.

옛날 우리시대에 받던 푸대접일랑 세월 저 쪽에 묻어버리고, 소중한 인연으로 엮어진 우리 며느리 시어머니들도 서로 사랑하는 마음으로 바라 봤으면 하는 마음 간절하다.

은밀히 따져보면 늙고 젊고 간에 불쌍하기 짝이 없는 게 우리 여성들의 운명이 아니던가? 사랑하는 부모형제 떠나 남편 한 사람보고 시집와서 자식 낳아 대 이어주고 일생을 헌신하며 살고 있는 우리며느리와 시어머니들, 그들도 다 부모사랑 받으며 자란 귀한 인격체로서, 인정을 해주어 상호간에 마음에 상처를 주지 말아야 한다는 말을 전하고 싶다. 서로 같은 입장이거니와 내 딸도 다른 집 며느리로 살고 있지 않은가?

며느리가 모르는 건 우리어른이 가르쳐주고 잘 하는 것은 당연 하다는 듯, 본체만체 하지 말고 격려와 칭찬을 해주고, 또 시어머니가 모르는 것은 신세대 며느리가 가르쳐주며 관계 개선을 위해 노력하면 아마 10중 8.9는 좋은 사이로 발전할 것이다.

시대가 시대인 만큼 며느리지만 딸 대하듯 하는 지혜로운 시어머니도, 시어머니를 친정엄마처럼 거리감 없이 지내는 현명한 며느리도 주위에서 종종 보긴 한다. 그들을 보면 정말 존경스럽다.

그리고 아들을 며느리에게 빼앗긴다는 말도 어처구니가 없는 말이다. 은밀히 따져보면 그 며느리로 인하여 내 아들이 얼마나 행복한 삶을 살고 있는데, 그런 말을 어떻게 할 수 있나 말이다. 부모가 아들을 아무리 사랑한들 자기 마누라만큼 행복하게 해 주지는 못할 것 아닌가? 그렇다면 오히려 며느리를 한정 없이 고마워해야 할 존재가 아닌가?

인간관계에 있어서 누구를 막론하고 그 사람의 단점만 바라보지 말고, 장점을 봐야 한다.

어차피 맺어진 인연 나 한사람 속 시원 하자고, 속에 있는 말 다 뱉어 버리면 절대 관계를 유지 할 수 없으니, 같은 말이라도 상대방이 기분 안상하게 가려 해서, 화목한 가정과 이웃, 행복한 사회를 유지하기 위해 우리 모두 노력 하여, 이 좋은 세상, 귀신 탄복할 세상, 한 번 가면 다시 못 올 세상을, 끈끈한 정으로 어우러져 즐겁게 살다 갑시다.

사이판 여행을 다녀와서

여행용 가방에 짐을 꼼꼼히 챙겨 담고, 현관을 나서려니 나 혼자 나서기가 미안하고 섭섭한 마음에, 뒤가 자꾸 돌아보였다. '여보! 잘 갔다 오께요. 그동안 잘 있스이소. 보고 싶어도 참고 기다리세이~ 당신 마누라 간만에 여행 쫌 갈라꼬예, 작은 딸 가족 하고예. 무사히 잘 다녀오도록 기도나 마이 하이세이~' 내가 인사하니, 가족사진 가운데 앉은 그이가 빙그레 웃으며, '그래, 조심해서 잘 다녀와아~ 같이 못 가 줘서 미안해~'라고 답한다.

그렇게 마음으로 인사를 주고받고 서울행 KTX를 타기 위해 동대구역으로 갔다.

제주도에는 몇 번 가봤어도 해외여행은 처음인지라, 평소와 달리 아들이 짐을 들고 역까지 따라와서 내가 앉을 좌석까지 찾아 안내해 주고, 가방도 머리 위쪽 선반에 얹어주고 어깨를 잠시 주물러주며 "엄마! 즐겁게 잘 다녀 오이소~맛있는 거 마이 싸잡숫꼬예~"하며 인사를 했다. 오냐, 그래, 안죽꼬 사니 좋은 일도 생기는 구나. 걱정 말고 얼능가레이~ 조심하고~. 손등을 열차 밖을 향해 나가라는 신호를 하니, 고개를 끄덕이며 기차가 출발하기 직전에야 내려갔다. 며느리도 아들도 몹시 바쁜 아이들이다. 그날은 특별히 시간 내서 며느리는 손자들을 맡아

보고 아들은 나를 따라 나온 거다.

예전에는 남편의 보호를 받았는데 저의 아빠가 안계시니 지가 나서서 저렇게 하는 구나 생각 하니, 아들이 안쓰럽고 폐 끼치는 것 같아 마음이 편치 않다.

남편이 그렇게 해주었으면 아주 당연하게 받아들일 수 있고 마음도 편할 텐데…….

아들 뒷모습이 차창 밖에서 사라지기 바쁘게 어디에 고여 있었던지 눈물이 마구 흘러내렸다. 누가 때려서는 그렇게 눈물이 쏟아지지 않을 것이다.

그 눈물은, 그이와 함께하지 못한 아쉬움과 미안함, 아픔, 외로움, 서글픔 등, 무어라 표현 하지 못할 그 무엇들이 함축되어, 짭쪼름한 액체가 돼 내 속을 후련하게 씻어 내기 위함 인지도 모를 일이다.

난생처음 가는 해외여행인데 기쁘고 설래야 할 마음이 서글픔으로 가득 찼다.

열차는 나의 감정을 아랑곳하지 않고 서서히 움직이더니 금방 속도를 내서 달린다. 그런데 나의 몸은 열차에 실려가고 있으나 마음은 따라가지 않고 지난 날로 되돌아가버린다.

항상 같이 다니는 걸 즐기는 그이는 웬만하면 나 혼자 보내지 않는 사람이다.

반대로, 같이 다니는 걸 지겨워하며 투정부리던 내가, 같이한 세월이 40년이 다 되다보니 자신도 몰래 그만 길들여진 모양이다. 먼 길을 혼자 나서려니 불안하고 허전하고 서글프다.

그이와 함께 다닐 때면 나는 돈이 한 푼도 필요 없을 만큼 뭐든지, 그이가 다 해결했다. 앉아 있으라면 앉아 기다리고, 먹으라면 먹어주기만 하면 되었다.

평소에 성격이 괴팍스러워 속은 많이 상하게 했지만, 길나서면 몸이 가벼워 남을 못 시키고 본인이 직접 해야 직성이 풀리는 성품이다. 그리고 그이는 놀러만 가면 화를 잘 안 낸다. 마냥 즐거워하고 기분이 좋으니 돈도 시원시원하게 잘 쓰곤 했다. 운전해가며 잔심부름도 도맡아 하던 사람이었다. 집에서는 뭐든지 못 하는 게 없다는 소리를 듣는 내가 그이와 밖에만 나가면 저절로 어벙해진다.

평생 옆에 있지도 못 할 사람이 나를 그렇게 만들어놓고, 일만 하다 간, 가여운 사람…….

이제부터는 뭐든지 내가 알아서 내 힘으로 다 해야 된다. 늦은 나이에 홀로서기란 쉬운 일이 아니다. 몸도 마음도 늙었으니 용기가 나지 않는다. 시간 가는 줄 모르고 있었는데, 어느 새 대전역을 지나 광명역을 향해 달리고 있다.

사위가 마중 나오기로 약속이 되어 있다.

여행가면 무료하던 일상에서 철저히 탈출하여 여행다운 여행을 즐기리라 마음 다졌는데, 신체 한 곳에 나사가 하나 풀려나간 듯, 이 허한 기분 당해보지 않으면 아무도 모르리라.

여행은 분당에 사는 작은 딸 가족이 시어머니 칠순 기념 여행으로 간다며 동행을 권하는 바람에 같이 가게 되었다.

사돈도 나도 나이가 있고 애들도 아직 어리다보니, 가깝고 조용한 곳을 택하여 싸이판에 가기로 했단다.

작은 도시에만 살다가 광명역에 내리니 사람도 엄청 많이 내렸지만 출구가 여러 군대라 어디로 나가야할지 몰라 두리번거리고 있을 무렵 사위한테서 전화가 왔다. 4번 출구 앞이라 했더니 금세 달려왔었다.

딸네 집에서 사돈하고 함께 하룻밤을 보내고 새벽에 인천공항으로 갔다. 안개와 어둠이 어우러진 답답한 시내를 벗어나 인천대교를 통과 할 무렵에는 덮여있던 안개가 길을 열어주며 우리 일행에게 인천대교 전경을 보여 주었다. 사람의 기술이 어디까지가 끝인지 모르겠다. 그 깊고 많은 바닷물 속에 어떻게 저런 멋진 다리를 만들었을까? 감탄사가 절로 나왔다 "와~ 완전 멋지다~." 딸래미도 창밖을 향해 소리 질렀다.

공항에 도착해 짐을 부친다음 출국심사를 마치고 면세점 구경도 하고, 식당에 들러 김치우동으로 식사를 했다. 인천공항을 tv에서만 봤지 실제로 보는 건 처음이었다.

얼마나 넓든지, 실내 청소를 미니 차를 타고 돌아다니며 하고 있었다.

사돈과 나는 비행기 시간을 기다리는 동안 이곳저곳 둘러보며 이런 것들만 봐도 좋은 구경이라고 얘기를 나누었다. 건물도 웅장하고 멋지게 지어져있어, 내가 대한민국에 국민이 된 게 뿌듯하고 자랑스러웠다. 비행기 탈 기회가 별로 없는 나는 비행기는 멋진 사람들만 타는 줄 알았는데, 생각보다 달랐다. 각양각색의 자유스런 옷차림이나 모습들이 마치 재래시장 같은 분위기 이었다. 여행에 필요한 물건을 들고 돌아다니며. 행상을 하는 사람도 있었다.

아 사람 모이는 데는 어딜 가나 다 비슷하구나, 별 수 없구나!' 싶어 고개가 끄덕여졌다.

드디어 탑승안내방송이 나오고 우리일행은 비행기에 올랐다. 어제 밤에 비가와 거정 했는데 하늘에 구름이 다 걷히고 날씨가 화창하게 우리의 마음을 한층 환하게 해 주었다.

비행기에서 창밖을 보니 구름 위를 달리고 있었다. 뭉게구름이 눈부시도록 희다. 그이와 부부동반 제주도여행 갈 때도 그랬다. 그때 그이와 같이 볼 때는 '와~'하고 같이 함성을 지르며 엄청 즐거워했는데, 같은 풍경인데도 둘이 볼 때와 혼자 볼 때가 느낌이 왜 그렇게 다를 수가……. 잠시 들떴든 내 기분이 무겁게 가라앉았다. 깊은 호흡으로 마음을 추슬러 본다. 이러지 말자고……. 비행시간이 별로 길지 않은데다가 기내식이랑 커피, 쥬스, 물, 여러 가지를 받아먹었더니 배가 꺼질 시간이 없었다. 쉴 새 없이 계속 들고 다니며 뭐 드시겠냐고 물어보며 분주하게 오가는 쭉쭉빵빵에 스튜디스 아가씨들을 보니 너무 힘들어보여, 안쓰럽다는 생각이 들었다. 그러는 동안 비행기는 싸이판에 도착했다.

소요시간은 4시간 10분쯤 걸렸다. 자가용으로 서울- 대구가는 시간밖에 안 된다. 출발하기 전 집에서 지도를 봤을 때는 필리핀 동쪽 바다에 있는, 아주 작은 섬이라 순간, 일본의 쓰나미 생각이 뇌리를 스치며 무섭다는 생각이 들었다 그런데, 막상 가보니 파도는 수평선 저 멀리서 부딪쳐 하얀 띠를 가로로 그리며 사라져버리고 가까이는 오지 않았다.

섬 주변에는 그저 잔잔한 호수처럼 물결이 잔잔했다. 물거품이 하얗게 일어나는 거기는 수심이 너무 깊고 섬 주변은 얕으니 파도가 밀려오다 중간에서 죽어 버린다고, 그리고 거기는 쓰나미 같은 건 안 온다고 현지 가이드가 설명해주었다.

해변이지만 바다비린내도 안 나고 습도도 높지 않고 공기가 너무 좋고 기온도 견딜만했다. 햇볕에 나가면 더워도 그늘에는 시원해 그야말로 지상낙원 같았다.

말 듣던 대로 물빛은 푸른 보석처럼 곱고 말 그대로 초록바다이었다. 잠수함을 타고 본 바다 속에는 우리나라 어항에 기르고 있는 알록달록한 열대어가 한가롭게 잠수함을 따라다니며 눈요기 꺼리를 선사해주었고, 여러 모양에 산호들이 장관을 이루고 있었다.

한 가지 마음 아팠던 것은 미일 전쟁 때 우리 한국인이 일본에 잡혀가 그 먼 나라에서 희생되어 비석으로만 남아 우리 대한민국 쪽을 향해 바라보고 있는 비둘기 형상이었다. 그 옆에는 아직도 벌겋게 녹을 뒤집어 쓴 대포가 너덜너덜 누더기처럼 변하여 공중을 향하고 있었다. 일본

군이 미군한테 코너에 몰려 쇠사슬로 발목을 엮어 함께 몸을 던졌다는 흑해는 수심이 얼마나 깊은지 말 그대로 검푸른 색이었다. 그러나 가이드에 말이 맞는지, 안 맞는지 바다는 아무 말이 없었다. 그저 거무죽죽한 바다 수면위에는 작은 바다거북 한마리만이 일본 군인의 넋인 듯 한가로이 일렁이는 파도를 타고 있을 뿐이었다.

3박 4일을 먹고 자고, 먹고 놀고, 갓난아기 적 어머니가 삼신할머니께 빌어주신 그대로 애들처럼 놀기만 하고 먹기만 하면 되는 일과가 이어지니, 몸은 일상탈출을 했고 배고플 사이도 없었지만 마음은 고팠기 때문에 탈출이 되지 않았다.

맛있는 걸 먹거나 아름다운 경치를 접할 때마다, 어김없이 내 속에 뿌리 내리고 있는 그이의 언어들이 떠올랐기 때문이다. 마하가나 섬에 들어가서 구명조끼에다 오리발을 신고 수영을 할 때도 "조심 해레리이, 까딱하마 큰 일 난데이."하고, 계속 무언에 암시를 주며 나를 지켜 주었기에 덕분에 무사히 잘 다녀왔다고 믿고 싶다.

사돈이라면 대부분 불편한 사이라고 하지만 우리 사돈은 전혀 그렇지 않으셨다. 너무 편하게 대해주셔서 마치 옛날 고향 친구 만난 듯, 오래만에 자매끼리 만난 듯, 거리낌 없이 많은 이야기를 주고받으며 즐겁게 지낼 수 있었나.

딸이이 하고도 고부 관계지만 거리감 없이 지내는 분위기여서 더욱 마음이 편하고 보기 좋았다. 나보다 연배는 위이지만 생각이 열려있고 호기심도 많으셔서 뭐든지 배우려는 자세 등, 나와 취향이 비슷한 게 많았다. 서로 공감하는 면이 많으니 정도 돈독해지고 친근감이 더 생긴 거 같다.

어떤 분위기에도 잘 어울리는 좋은 분이시다. 진심으로 존경 하고 싶다. 원님 덕에 나팔 분다더니 내가 이번에 사돈 덕에 여행 한 번 잘 했다. 다음에 또 그런 기회가 있기를 바라면서. 끝으로 우리 사돈께 건강하고 행복하게 사시라고 인사 전하고 싶다

김 창 배 金 昌 培

2009년 월간 <스토리문학> 수필 등단
한국스토리문인협회 회원
문학공원 동인
한국문인협회예산지부 사무국장
예산군 공무원으로 근무 중

수건의 미학 외 2편

김 창 배

예전의 어른들은 무명이나 베 따위를 끊어서 헝겊으로 수건을 만들어 사용했다. 지금의 수건은 과거에 비해 재질과 디자인이 훌륭하다. 질감도 매끄럽다.

나는 밤낮으로 가정과 직장에서 수건을 사용한다. 가정에서 사용하던 낡은 수건을 버려야하는데 버리지 못한다. 아내가 빨아놓으면 그 수건을 또 다시 사용한다. 그러다보니 수건 개수가 늘어간다. 수건은 새것보다는 많이 사용한 것이 눈에 잘 보이고 정이 더 간다. 새것은 자극적인 인쇄 냄새가 난다.

수건은 내가 과음하여 화장실도 못가고 방바닥에 토해놓은 이물질을 닦아도 불평이 없다. 수건은 자리를 탓하지도 않고 수원수구하지 않는다. 나는 수건을 볼 때마다 안분지족하며 지내는 것을 부러워한다.

가끔 수건을 사용하다보면 초등학교 친구들에게 미안한 생각이 든다. 시골에서 초등학교 동창회장 일을 보다보니 모임장소를 내가 정한다. 친구들은 모이면 호텔이나 펜션에서 잠을 잔다. 잠에서 깨어나 살펴보면 수건을 챙기지 않았다. 그런 일이 두 번이나 된다. 모처럼 고향에 내려온 친구에게 깔끔하게 마무리를 못하여 후회스럽다. 서울이나 인근에 사는 초등학교 동창들은 밤새 웅거지하다 새우잠에 웅크려자다가 일터로 나가기 위해 새벽에 버석거리며 일어난다. 이른 새벽 수건을 준비를 못한 나의 불찰 때문에 안내실에 연락하기가 민망한지 친구들은 수건을 가져다 달라고 전화로 닦달하지 않는다. 지난 6월엔 수건이 없어서 '목욕 후 물기를 휴지로 닦았다'라는 친구의 말을 들었다. 수건을 미리 챙기지 못한 내 탓을 하지 않는 동창의 마음이 느껴져 그 순간 기뻤다. 수건 한 장에 연연하지 않는 친구의 모습이 따뜻했다.

내가 어릴 적 할머니와 어머니는 밭에 나갈 때마다 머리에 당목수건을 쓰고 나가셨다. 땀이 나면 수건은 땀을 닦을 수 있고 햇볕을 가려 머리의 보온 유지도 가능하기 때문이다. 아낙네는 물통이나 무거운 짐을 나를 때 머리에 수건을 머리에 쓰고 물건을 날랐다. 가족의 생계를 유지하기 위해 생선을 광주리에 담아 머리에 이고 팔러다니던 과부도 있었다.

수건은 회갑이나 행사장의 답례품으로 사연을 뽐낸다. 수건에는 가족 등의 역사적인 기록물이 기록되어 있기 때문이다. 수건은 생각이 나지 않던 전화번호를 기억해주는 전화번호부가 되기도 한다. 생활 도중에 수건을 가까이 두고 사용하여 매우 요긴하다.

나는 어릴 적 시골에서 가족 10명이 땀내 나는 수건을 함께 사용했다. 전 가족이 사용하던 수건에 밴 땀 냄새는 나에게 역겹지가 않았다. 땀내 나는 수건을 같이 사용하다 보면 가족의 체온을 간접적으로 느끼곤 했다.

우리 아이들은 자랄 적에 욕실에서 수건을 한 번 사용하고는 당연하다는 듯이 마룻바닥에 수건을 내다 버렸다. 빨래 줄에 널어놓은 옷보다 수건의 개수가 많을 때가 종종 있었다.

TV를 통해 중계방송 되던 권투나 격투기 경기에서는 경기를 포기하거나 항복할 때 코치가 수건을 링 안에다 던진다. 그 순간 링 안에 던져진 흰 수건은 백의의 천사처럼 느껴진다. 실신상태에서 경기를 계속하면 생명을 잃을 수 있기 때문이다. 수건은 이때 경기를 중단하는 큰 무기이기도 하다.

"현대수필가 목성균의 수필선 <돼지불알>에는 2편의 당목수건 내용이 실려 있다. 우리나라 수필집 중에 실린 글 중에서 이 2편의 글은 내 생각으로는 당목수건을 잘 묘사한 것 같다.

"…… 당목수건은 할머니가 집안에 있을 때만 횃대에 걸려 있었다. 당목수건은 할머니가 삽짝 밖으로 나가면 반드시 할머니 머리에 얹혀서 따라갔다. 당목수건은 할머니의 살붙이 같은 것이었다. …… 싸락눈 내리는 고추같이 매운 동지섣달, 당목수건 한 장으로 추위를 막으시고 할머니가 이강들 강바람을 안고 장터 송 약국에 건너가서 손자의 고뿔 약을 지어 오셨다. …… 잔칫상에 둘러앉은 좌중의 따가운 눈총을 받으며 음식을 한 점씩 골라 당목수건에 싸셨을 할머니…… ."<당목수건>

이 글에 나오는 당목수건은 할머니의 살붙이 같은 것이었다.

<少年兵>에는

"무 한 개를 다 먹은 인민군은 밭둑에서 일어섰다. 할머니가 얼른 머리에 쓰고 계시던 무명수건을 벗어서 '해 줄 게 아무것도 없네,'하시며 인민군의 불에 싸매주셨다. 사시장철 밖에서는 쓰고 사시는 할머니의 살갗 같은 당목 수건이었다."라는 대목도 나온다.

눈병이 나면 노란 눈곱이 끼어서 눈곱을 닦는 수건이 노랗게 된다. '안질에 노랑 수건'이란 속담도 있다. 눈병과 노랑 수건은 서로 떨어질 수 없다는 데서, 매우 친밀한 사람을 이르는 말이다.

나도 나이가 들자 '안질에 노란수건' 처럼 평소 친하게 지낼 수 있는 여자가 생겼으면 하고 은근히 바랄 때가 있다.

문고리 3제門故吏 三題

1. 出生

내가 태어난 1962년도 일입니다.

음력칠월 여름 더위가 한풀 수그러들었습니다. 어머니는 꿈에서 흰쌀밥에 쇠고기 미역국을 먹다가 깨어났습니다. 얼마나 쌀밥이 먹고 싶었으면 그런 꿈을 꾸다 잠에서 깨어난 것으로 보아 어머니는 배가고프셨나 봅니다. 꿈에서 깨어난 어머니는 온 몸에 땀으로 범벅되어 있었고 산통産痛이 시작되었습니다. 어머니는 집안을 둘러보아도 쥐가 다니는 소리도 들리지 않을 정도로 사방은 적막寂寞했습니다. 어른들과 아버지는 밭으로 일을 나갔습니다. 어머니는 방안에서 누워있다가 산통을 참지 못하고는 물에 빠지면 지푸라기라도 잡는 심정으로 문 가운데 있는 쇠로 만든 문고리를 꽉 잡았습니다. 아래 배에 힘을 몇 번 주어 내가 세상에 태어나도록 했습니다. 저는 어려서 태어 날 때의 기억이 통 나지 않습니다.

내가 50년 이상 보아온 어머니는 세상 사람에게 거짓말을 잘 하지 않습니다. 어머니가 문고리를 잡고 배에 힘을 주어 내가 세상에 태어난 날을 잊지 못한다고 남들에게 말하는 것을 저는 귀동냥으로 들었습니다.

이 사실을 믿어야겠지요.

2. 錯覺

내가 초등학교 다니기 전 일입니다.

부모님은 대흥면 신속리에서 살다가 농경지가 예당저수지로 편입되는 바람에 고덕면 용리로 이사를 왔습니다. 이사한 후 아버지는 땀을 흘리며 번 돈으로 농토를 늘렸습니다. 용숫말 위뜸에서 아래뜸으로 다시 이사를 했습니다. 제법 큰집이고 기와집입니다. 대문도 2개 있는 집입니다. 도로변 옆에 있는 집이였기에 동냥하는 사람들은 빠지지 않고 우리 집에 들렀습니다. 어머니는 시어머니 눈치를 살피다가 슬그머니 부엌에 들어가 바가지로 쌀을 퍼다 동냥하러 나온 사람에게 몰래주곤 했습니다.

환갑이 넘은 남자가 허름한 옷을 입고 우리 집으로 오고 있었습니다. 누나와 여동생은 그 사람의 옷차림이 무서워보였나 봅니다. 작은 누나가 문고리를 순식간에 그 사람이 안으로 들어오지 못하도록 문을 잠가 버렸습니다. 나중에 알고 보니 그 남자는 할머니 친동생이었습니다. 지금은 그 집이 헐리고 2층집으로 신축되었지요.

3. 술 調査

고등학교 다니기 전 일입니다.

내가 살던 집은 도로 옆이었습니다. 예산세무서직원은 술 조사하러 나오면 꼭 우리 집에 들르곤 했습니다. 어머니는 '호랑이보다 술 조사 나오는 사람이 더 무섭다.'라고 자주 말씀하셨습니다. 양조장 술을 사다

먹지 않고 집에서 밀주密酒 담가 먹다가 누룩이나 술독이 그들에게 걸리는 날이면 교도소 가야하고, 벌금도 많이 내나봅니다.

술 조사가 우리 마을에 온다는 것을 누가 알려주었는지 어머니는 대문 문고리에 막대를 꽂아 사람이 대문 안으로 들어가지 못하게 했습니다. 어른들과 우리 형제는 밭이나 동구 밖으로 피신을 했습니다. 이러한 세무서의 잦은 습격 때문에 어머니는 술독을 감추는 일이 쉽지 않았습니다. 허름한 초가집 옆집 주인의 동의하에 어머니는 고두밥을 만들어 세무서직원 눈을 피하기위해서 그 집에 술독을 담가놓았습니다. 술독에서 술이 익으면 어머니는 야밤에 주전자를 가지고가서 술을 퍼서 집으로 가져오곤 했습니다.

어머니는 술을 담글 때 무척 정성을 다 했습니다. 술을 담그는 날, 어머니는 목욕을 하셨습니다. 소주는 한 방울도 술을 담그는데 사용하지 않았습니다.

어머니가 세무서직원 몰래 담가놓은 술독에 나는 원숭이처럼 숨어서 다가가곤 했습니다. 가지고간 긴 빨대로 술독에 들어있는 술을 은빛실 속에서 빨아먹던 그 시절이 그립습니다.

어머니 사랑합니다!

졸도卒倒 2題

1. 졸음운전

내가 가입한 카페는 10개 이상입니다. 그러다 보니 문학카페, 동문카페, 여동생카페, 여가수 카페등 주야로 카페에 접속합니다.

6월경 동문카페에 들어가 보았습니다.

"12시 퇴근, 빨리자고 일어나 새벽에 예산 가서 엄마 모시고 OO병원에 가야하는데 잠이 오지 않아 운전이 걱정되니 졸음운전 못하도록 내일 저에게 핸드폰으로 전화 주세요!"

라는 동문의 글을 읽고서 나는 많은 걱정을 했습니다. 동문이 아무탈없이 잘 다녀오기를 간절히 빌었습니다.

다음 날 동문카페에 접속했습니다.

"어머니 모시고 OO병원 갔다 오던 중 신호등 들이받는 사고로 뒤에 타고 있던 어머님이 크게 다쳐 OO병원 중환자실 입원했습니다. 동문선,후배는 위로 댓글과 기도를 부탁드립니다."라는 소식을 접하고 나는 졸도卒倒할 번했습니다.

동문은 밤늦게까지 야근하고 집에 귀가 잠이 부족하여 내일 차량 운전하는데 걱정했나봅니다. 동문의 형제가 있을지 모르지만 부모와 인근거리에 살고 있기 때문에 야근 후 피곤함을 무릅쓰고 다음날 어머니를 모시고 차량운전하면서 병원에 가야만 하는 피치 못할 사정이 있었을 것으로 나는 추측되어집니다.

동문 모두의 힘을 모은 간절한 바람은 이루어질 것 같습니다.

효성이 가득한 동문 어머니의 빠른 쾌유快癒를 빕니다.

2. 노래방도우미

모 방송국 공채 1기생은 그녀는 키가 작아서 카메라 발에 잘 받지 못해 TV출연을 못하자 연예계를 떠나 그동안 미혼으로 살았습니다.

나이가 65세인 그녀는 서울에서 노래방도우미 일을 했습니다. 최근 감기인줄 알고 감기약만 복용했나봅니다. 최근 예산에 내려왔다가 친구의 조언으로 예산 OO병원에 가서 진료를 받았습니다. 의사는 큰 병이니 소견서를 써 작성해주고는 종합병원에 가서 다시 검사를 받으라 했나봅니다.

서울에 올라가 종합검진을 받고 그녀는 졸도卒倒했습니다.

그녀는 폐암말기 4개월 시한부 선고를 받았습니다. 그녀는 친구와 전화를 하면서 펑펑 울었다고 했습니다.

얼굴주름살 제거성형수술을 하고, 사람에게 나이를 속여가면서 노래방도우미를 한 것이 죽음직전으로 가게 했습니다.

노래방은 문이 닫혀져있어 공기가 탁하고 연기가 잘빠지지 않아 사람의 건강에 해롭습니다.

그녀 친구들이 서울에 올라가 사주는 음식 맛있게 먹고 건강을 회복하여 기운찬 얼굴로 다시 예산에서 만나길 기원합니다.

김 현 희

모던포엠 신인문학상, 세계모던포엠 작가회 회원, 모던포엠 동인, 한국스토리문인협회 회원, 자작나무수필 동인
한국신작시신작가곡 회원, 한겨레 작곡가 협회, 작곡 21 가곡 작시회원
재림문학상 수필 부문, 시부문 수상
동인지 『아버지와 자작나무』 외 다수
가솔송 여성합창단 단장, 공예강사, 주대정인 이사
가곡 작시 <그리운 마음은>, <등꽃 아래서>, <꽃씨의 꿈> <달무리처럼>, <가을의 편지> 외 다수

튀밥과 아버지와 소월 외 2편

김 현 희

자욱하도록 함박눈이 내리고 또 내린다. 양지바른 아버지무덤에도 이렇게 차디찬 눈이 내릴 것이다.

유난히 추운 기온이 잠시 주춤하여 남도엔 겨울비가 내린다는데 50Cm의 폭설이 내리는 강원도만큼은 아니라도 소백산에 기대 사는 이 지방에도 한꺼번에 벚꽃이 지듯이 자욱하게 내린다. 바람도 숨어드는 오 늘 같은 날엔 눈 내리는 모양은 연기가 피어나듯 안개가 서린 듯 흐림이 충만하다. 아버지 살아계셨으면 함박눈이 튀밥처럼 탐스럽게 내린다고 하실 것이다.

오래 전 유년의 겨울 방학 때 동네 언니들을 따라 시오리도 넘는 눈길을 튀밥을 튀겨온 기억이 불현듯 난다. 폭설이 잠시 멈춘 날은 눈은 몇 자식 쌓인 적도 있어 눈길을 헤치고 가야하는데 부모님은 아직 어린 내가 가기엔 춥고 위험하다고 한사코 말리셨지만 구수한 튀밥을 튀겨서 의기양양 돌아오는 언니들을 따라가고 싶어 억지로 허락을 얻은 날은 눈길도 대수롭지 않았던 것 같다. 푸른 소나무도 많은 눈의 무게를 이기지 못해 나뭇가지 쪼개지는 소리는 새소리처럼 들리는데 완전무장을 하고 옥수수 두어 되를 가방에 넣고 칠, 팔 남매씩 식구가 많은 동네 아이들은 더 많은 양의 곡식들을 가지고 길을 나선다.

무릎까지 오는 눈길에 푹푹 빠지면서 눈에 대한 노래는 죄다 기억해 불러가며 시린 손을 불면서 일제강점기에 금광을 했었다는 금정이란 큰 마을을 들어서니 마을 입구서부터 구수한 냄새가 눈 쌓인 산천을 베어나서 아이들의 마음을 흔들어 놓았었다. 도시에선 온 나는 길고도 먼 길을 아이들이랑 처음 나서 본 터였고 집으로 돌아갈 생각에 걱정이 앞섰다. 군불을 지피느라 목화 솜 같은 연기가 굴뚝에서 올라가고 나무에서 연방 눈덩이 들이 떨어지는 소리가 들리는 순간 펑~ 하는 소리에 놀라서 귀를 막고 소리를 지르고 그 소리에 놀라 더 큰 소리를 지르다 깔깔거리며 줄을 서있었다.

멀리 읍내서 뻥튀기 기구들을 지게에 지고 온 아저씨는 장작은 어느 마을에서나 구할 수 있으므로 기계를 달굴 풍로와 통발 등을 갖추고 오셨는데, 밀린 곡식들이 줄을 지어 있으니 바쁜 마음에 연신 풍로에 장작을 넣으며, 짧은 겨울 해 떨어지기 전에 열심히 일을 하고 기다리는 우리는 늦어질까 걱정을 하다가도 펑 소리가 나면 떨어지던 찔레꽃 같은 튀밥을 주워 먹느라 왁자지껄했다. 일감이 많으면 동네 어느 집에서건 튀밥 공짜로 튀겨주면 하룻밤 묵고 가기도 하는 모양인데 끝도 안 보이는 깡통의 행렬이 순서대로 줄어갔다.

나는 내 깜냥에 맞게 가져가서 빨리 튀겼고 형제들 많은 아이들은 여럿이 대두 한 말씩은 튀겨서 그 많은 양을 서로 나눠서 들고 서둘러 돌아왔었다. 드물게는 쌀 튀밥으로 강정도 했고 대부분 옥수수를 튀겼는데 가져갈 때 많이 않아도 묵직하던 곡식이 여러 배로 부푸니 가볍기도 하고 집에 가져가 식구들에게 자랑스럽게 내 놓을 생각에 신이 나서 다시 눈길을 돌아오는데 꽁꽁 언 강을 건너려니 다시 자욱하게 눈이 쉬지도 않고 내렸다.

백석의 시처럼 나타샤도 없고 흰 당나귀도 없는데도 함박눈은 푹푹 내렸었다. 길고 긴 겨울 요긴한 간식거리인 튀밥을 옆에 놓고 먹으며 아버지의 옛날이야기를 듣고 윷놀이를 하던 옥양목 횃대보 아래의 그 겨울 저녁을 생각하면 아직도 참 따스하고 그립다.

할아버지를 여섯 살에 여윈 외아들이셨던 아버지의 기억에는 만주 벌판에서 벌어 오신 재산으로 논밭을 많이 사신 할아버지의 무용담 보다는 어린 기억에 하얀 쌀 튀밥이 먹고 싶었었는데 할아버지께서 아버지를 등에 업으시고 요술 같이 커져 버린 조팝나무 꽃 같던 쌀 튀밥을 많이 먹으라고 주시던 이야기를 여러 차례 하셨다.

그래서 늘 아버지께서는 눈이 내릴 때마다 할아버지의 따뜻한 음성과 기억을 생각하시고는 몇 조각 안 되는 기억으로 간직하고, 그 기억의 힘으로 파란곡절 한 시대를 살아오시며, 그 진하고 진한 어린 시절의 할아버지와의 추억을 튀밥기계 같은 저장고에서 눈이 펑펑 내리면 펑펑 튀겨내셨는지도 모르는 일이다.

이렇게 눈이 내리는 날 아버지의 이야기와 군불과 유쾌한 가르침으로 늘 아랫목과 파랑새가 수 놓여진 어머니의 횟대보의 풀 먹인 냄새가 기억나는 것처럼 시간이 지나면 보고픔은 흐려지고 그리움은 짙어진다고 했던가?

산에는 꽃이 피네, 봄밤, 접동새, 금잔디, 먼 후일, 제비, 예전엔 미처 몰랐어요. 초혼, 개여울, 난 세상 모르고 살았노라, 가는 길, 산 위에서, 님의 노래, 왕십리, 강촌, 부모, 진달래꽃, 풀 따기, 산유화……. 그리고 아~ 그 비단안개의 아련한 느낌들, 그리고 영시같이 낭만적인 밭고랑 위에서, 개여울과 엄마야 누나야 강변 살자…….

그 외에 수 백 편의 소월 시를 어려서 들었는데 수 백곡의 가곡으로 작곡되어서 사랑하고 작시하는 내가 소월 시를 더 잊지 않게 되었고 더러 대중음악으로 작곡되어 기억하기 더욱 좋은 시가 되었다.

나는 겨울이면 튀밥과 아버지와 아버지가 일정한 운율로 외우시던 소월의 시를 잊을 수가 없다. 그리고 진달래가 그려졌던 연 비취 빛 진달래꽃 그 시집을…….

못 잊어 생각이 나고 그래서 내 생각과 상관없이 그리운 아버지를 떠 올릴 때 생각할 줄은 예전에 미처 몰랐었다.

먼 후일 그때도 눈 오는 날엔 아버지와 튀밥과 소월이 생각나겠지.

나는 소월 시를 들었고 외웠고 소월의 삶과 문학을 읽었고 소월의 시를 노래하며 지금껏 아버지를 생각한다. 명심보감이니 다른 고전들도 많이 들었지만 소월의 시는 내가 거의 알아들을 수 있는 우리말이라서 더 잘 각인되었으리라. 오늘처럼 눈 내리는 저녁에는 이 시가 제격이다.

눈 오는 저녁

김소월

바람 자는 이 저녁
흰 눈은 퍼붓는데
무엇 하고 계시노
같은 저녁 금년今年은…

꿈이라고 꿔면은!
잠들면 만날런가.
흰 눈 타고 오시네.

오늘처럼 눈 내리는 저녁에는
대 여섯 살 무렵부터 기억나는 소월의 시가 연결되어
그 신기한 느낌들이 살아나는 날이다.

오늘밤 꿈에라도 행여 아버지를 뵈올 수 있을까?

흰 눈은 퍼 붓는데…

장작불을 한아름 지펴놓으시고 화로에 숯불을 담아 긴 겨울 밤 내내 수많은 이야기를 해주시고 여러 고전들과 시와 어려서 잘 알지 못했지만 그 느낌을 알 것 같던 소월의 수 백 편의 시를 외우시던 아버지와의 그리운 기억이 튀밥처럼 크고 하얗게 부풀어진다.

무섬마을에 흐르는 세월

가을빛이 노란 산 국 위로 베어들어 향기 짙어지는데 흘러가는 세월에 인생의 가을도 저리 고운 색감으로 물들고 싶다. 외출에 돌아오다 문득 17년을 유서 깊은 유교문화의 고장에 살면서 영주시 문수면 수도리. 전통마을을 한 번도 안가 봤으니 드라이브 겸 한 번 가보려고 강을 따라가니 수도교라는 다리가 나오고 오래된 와가와 초가가 잘 정돈된 마을을 삼면으로 낙동강의 지류인 서천과 내성천이 만나 마을을 휘돌아 흐르고 있었다. 순 우리말로 물위에 떠있는 섬 같은 무섬마을이 마치 조개 속에 진주 같이 박혀있었다. 가는 날이 장날이라고 마침 외나무다리 축제여서 많은 사람들이 오래된 마을을 산책하고 있었다. 큰 기대도 없이 잠시 들른 곳! 마음에 조약돌을 던진 듯 잔물결이 일었다. 천혜의 조건을 두루 갖춘 전형적인 배산임수의 마을이다.

매화나무에 꽃이 핀듯하다 하여 매화낙지 형상이라고도 하고 연못에 연꽃이 떠있는 형국이라 하여 연화부수라고도 하는 무섬마을은 최고의 길지로 꼽힌다. 고운 모래가 반짝이는 강에는 150미터쯤 통나무를 반으로 자른 다리는 친구처럼 반가웠다.

외나무다리에서 유년 시절 물에 빠진 기억이 선명한 나는 저 흑백사진 같은 풍경만을 신기하게 바라보고 있는데 아이 어른 할 것 없이 사람들이 대나무 지팡이를 짚으며 저무는 햇빛인지 물빛인지 투명한 빛 속으로 몽환적인 장면을 연출하며 강을 건너고 더러는 건너오고 있었다.

복장도 원피스를 입어 불량한데다 높은 구두를 신어 엄두를 못 내고 있으려니 남편이 대나무 지팡이 두 개를 쥐어주며 뒤따를 테니 건너가자고 해서 꿈속을 걷듯이 외나무다리를 조심스레 걸었다. 물살이 거친 곳은 아찔하기도 했지만 참으로 특별한 경험이었다.

중간중간 마주치는 사람들을 피해 서로 건너 갈수 있게 뗏목 같은 마루 다리를 놓아서 오고 가기에 불편이 없었다. 참 지혜롭게 재현해 놓았다는 생각이 든다. 우리네 삶에도 이런 배려를 마음 한 편에 만들어 놓고 산다면 부딪칠 일없이 소통할 수 있으련만…….

30년 전 이 마을에 수도교가 생기기 전엔 이 외나무다리가 뭍으로 가는 유일한 통로였다. 강을 건너야만 농토가 있었고 강을 건너 학교를 가고 장을 보고 외나무다리를 건너 가마를 타고 시집을 오고 짐들을 이 작은 다리 위를 걸으며 날랐고 상여가 나가면서 종내는 한 생을 이 외나무다리와 함께 살아간 사람들의 숱한 전설 같은 이야기가 들릴듯하다. 장마 때면 다리를 걷고 다시 다리를 놓으며 유구한 세월은 흘렀을 것이다. 강을 건너오니 이미 해는 산등성에 걸려있고 강물에 비친 고요한 산의 실루엣이 눈물겹도록 아름답다.

바람결에 색소폰 소리가 나는 곳으로 가보니 반가의 오래된 고택마당에서 음악회가 열리고 있었다. 대청마루는 무대이고 마당에는 코스모스며 과꽃 같은 소박한 꽃들과 함께 관객들이 앉아있고 초가지붕 위엔 하얀 박꽃과 보름달 같은 둥근 박이 가로등 인 듯 환하다. 현대적 음향설비를 갖추고 연주를 하는데 이번 곡은 예스터데이다. 서양음악도 나름 조화를 이룬다.

이런 밤 이런 곳에선 '코스모스를 노래함'이나 깊어가는 가을밤에로 시작되는 '고향 그리워'를 불렀다면 얼마나 절묘한 감동을 자아내었을까? 한국 가곡을 작시하는 나로서는 조금 아쉽기도 했다.

사회자가 소개를 하니 세상에~ 정면의 고택의 나무 대문이 열리며 고운 한복을 입은 명창들이 무대로 나오는 것이 아닌가? 고택 안채가 대기실이었으니 참으로 재미로운 일이었다.

카네기 홀에서 연주회를 마치고 오신 유명한 분들이라고 하는데 세계 어떤 공연에서도 이런 대기실은 없을 터이니 놀라운 경험이었으리라. 높은 음조를 뒤로하고 마을을 돌아보려 일어서려는데 몇몇 어르신들이 옛날 같으면 어림도 없는 일이라며 격세지감을 한탄하고 계셨다.

골목들은 토담 기와담장이 나지막한데 황금빛으로 고개 숙인 조를 심어 울담을 하고 사립문엔 호박넝쿨이 정답다. 고령의 어르신들이 정갈하게 분수를 지키며 이 시대 마지막 선비로 살아가시는 모습이 강물처럼 맑아 보여 울림이 된다. 이 마을에는 전형적인 고택 중에 경상북도 민속자료와 문화재 자료로 지정된 곳도 9동이나 된다고 한다.

만죽재 고택은 고종 16년에 의금부도사를 지낸 해우당 김낙풍 선생의 고택과 더불어 가장 먼저 민속자료로 지정되었다 한다. 이 마을 사람들이 자랑으로 여기는 현판이 둘 있는데, 바로 연암 박지원선생의 손자 한재 박규수 선생이 <오헌>의 현판을 썼고, 해우당 현판은 흥선 대원군이 썼다하니 개화기에 중요한 분들이 실딘 명가답다.

아직은 잘 알려지지 않은 마을은 고립성이 전통성을 지켜준 것인지 조선 후기의 경상북도 지역의 전통 가옥인 ㅁ자형 가옥이 원형대로 보존되어 있었다. 대문을 중심으로 좌우로 큰 사랑채와 아래 사랑채가 있는 가옥들의 동선은 사람에 대한 깊은 배려가 없다면 나올 수 없는 설계라고 한다. 반촌의 고즈넉한 고샅길을 걸으니 금방이라도 카랑카랑한 목소리의 선비의 글 읽는 소리가 들릴듯하다. 무엇보다 마을길이 흙으로 되어있고 전깃줄을 매설해서 전봇대가 없으니 서울 사람들이 고층빌

딩 땜에 흔히 말하는 스카이라인이 한유하여 마을의 품위를 지켜준다. 보여주기 위한 것과 보전을 위한 것의 엄연한 차이를 감지할 수 있게 불편도 감내하며 높은 자부심과 정신으로 오래 된 전통을 지키고 보전하는 정신에 놀라움을 금치 못한다. 삶의 터전으로서의 가치와 유교의 순기능만을 분별하여 계승 발전시키는 이분들이야 말로 이 시대의 진정한 선비들이 아니실까 생각된다.

조지훈 선생의 처가가 있는 무섬마을이 배경이 된 시 <별리>는 비석으로 세워져있었고 저녁 강변을 걸으며 긴 세월에도 변치 않는 가치를 지키는 이 마을을 발견한 파문이 쉬 가시지 않는다. 봄엔 산 벚꽃 하얗게 쌓이는 꿈길 같은 물안개에 숨은 강물 소리를 듣고 여름밤엔 쏟아지는 별을 보며 기운찬 강물 소리도 듣고 가을엔 노을 비끼는 풍경에 도란거리는 강물의 이야기 들으며 외나무다리를 건너고 표주박 같은 마을길을 돌아 걷고 겨울밤에 책 몇 권 들고 고택이든 초가 한 칸이던 빌려 삶의 쉼표를 그려야 하겠다.

7대째 마을을 지키시는 보존회장님은 달이 밝은 날 정말 아름다운 풍경이 연출된다니 그때를 맞춰 와도 좋을 듯싶다. 나는 자주 쉬고 싶을 때 멀리 정동진이나 영월의 동강을 찾는데 여의치 않을 때 그마저 어려웠다. 지척에 마침맞은 휴식처가 있어 잠깐씩 삶을 뒤돌아볼 수 있는 무섬마을과의 만남이 마음 설렌다. 흐르는 것은 저 강물만이 아니다.

"역사는 현재와 과거와의 대화"라고 유명한 역사학자 E.H.carr는 『역사란 무엇인가?』라는 책에서 설파했다. 무섬마을에는 흐르는 역사 속에 사람들의 생각도 세월과 함께 흐르고 있었다. 시간이 나면 들춰보는 교훈 가득한 고서를 읽듯이 두고두고 이곳을 찾아올 생각이다. 강에서 불어오는 바람이 이제 제법 선선하다.

스마트폰 죽다

앞산에 진달래가 먼 옛날 어느 봄 상여에 수북이 덥혔던 한지로 접은 커다란 꽃처럼 붉다. 봄 햇살은 살아 돌아온 새싹들과 봉오리에 내려 비추어 혹독한 겨울을 위무하는 듯 다사롭다. 나는 망자처럼 세상과 단절이 되고 네모난 요술 상자 같은 스마트폰은 아무리 만져도 켜지지를 않는다. 정말로 이 작은 기기가 시쳇말로 축 사망인지 다시 고치서 회생 가능할지도 모른 채 일부러 3, 4일을 휴대폰 없이 지냈다.

거리에 나가면 슈퍼마켓보다 많은 전화기 판매점에 대한 수상스런 마음도 있고 고장이 나면 절대 약자가 돼버려 내용 없는 빈 깡통 같은 일상을 휴대폰 없던 십 수 년 전으로 되돌아가보는 것도 의미겠다 싶은 마음도 있었다. 돌이켜보면 이 문명의 편리와 이기는 언제부터 내 곁에 내 분신처럼 숨 쉬고 있었을까?

1800년대 후반 최추의 전화기로부터 전화기의 역사는 가히 상상 할 수 없을 만큼 비약적인 발전을 하여 우리나라도 신하들이 고종황제의 전화를 받으려면 절을 세 번하고 받던 시절부터 유구한 소통의 변천사를 가져 왔다.

개인휴대폰의 역사는 현대인들의 소통과 정보전달에 일대의 혁명을 가져왔다. 주황색 공중전화에 동전 10원을 넣고 전화를 하던 시절에도 마을 회관이나 이장님 댁의 전화기로만 대처의 소식이 오가던 시절도 이제 까마득하다.

웬만한 디지털카메라 기능보다 나은 카메라에 인터넷 기능과 화상통화기능 그리고 셀 수 없는 기능들을 가진 많은 기능들을 탑재한 요술방방이 같은 스마트폰을 산 이유는 순전히 호주에 사는 아들들과 손자, 손녀를 화상통화로 보고 또 동영상도 받고 자주 소통하기 위함이었다.

그런데 이 스마트폰의 세계란 것이 죽은 듯한 나무에서 새순 돋는 것만큼 신기한 것이어서 내가 혹할 만한 여러 가지 기능들이 속속 밝혀지는 것이었다. 첫 번째로 듣고 싶은 음악을 어느 때나 들을 수 있고 인터넷이 되니 여러 가지 검색은 물론이고 유투브를 통해 아름다운 동영상을 볼 수도 있으며 전자 책 기능이 있어 어느 정도 책방을 다니지 않아도 된다.

SNS를 통한 소통과 정보 공유도 빼놓을 수 없는 것이다. 이렇게 효용 가치가 있는 만능의 기기가 고장이 났으니 전화를 할 사람들도 생각나고 내가 말해야할 일도 생기는데 어찌어찌 견디며 고장을 핑계로 많은 연락을 받지 않으니 첫날 하루는 무언가를 많이 잃어버린 듯하여 늘 주머니에 넣고 다니던 녀석을 잊고 양지쪽에서 쑥을 뜯었다. 제비꽃이 웃고 있더니 어디선가 산비둘기 소리가 중저음의 선율로 봄바람을 붙잡더니 솔바람 소리가 전보다 시원하고 청량하게 들린다.

하늘엔 비행기가 지나간 하얀 줄이 보이고 나는 마음 밑바닥을 헤적이는 봄바람에 헹궈내는 듯 광목빨래를 삶아 맑은 햇볕에 말리듯 상쾌한 빈 감정이 되었다.

스마트폰으로 음악을 듣기는 했어도 그리 부르지는 않은 듯한데, 앞산을 올라 봄이 오는 오솔길을 산책하면서 옥타브를 높여 노래도 부르는 나를 발견한다. 스마트폰의 기능이 없어도 잘 살아지고는 있었지만 며칠이 지나면 나는 이 세상에 존재 하는지를 모르는 타인이 될 터이고

나 또한 다른 이들의 근황을 몰라 휴대폰가게로 고장 난 스마트폰을 들고 나갔다.

직원이 하는 말, 구입한지 1년이 지나서 무상 수리는 안 되고 맡기면 24만원의 AS비용이 든단다. 놀라는 내게 사람으로 말하면 스마트폰의 뇌가 망가진 것이란다. 내과적인 문제가 왜 약정한 2년도 되기 전에 고장이냐고 물으니 이물질이 들어가서 그렇다고 하는데 참 난감하다. 그보다 내가 가장 걱정하는 것은 지난해 호주서 온 아기들과 찍은 수 천 장의 사진을 비롯해서 수없이 많은 사진들과 노트기능에 적어놓은 반짝하는 단상들은 어이할꼬?

그 외 천오백 개의 전화번호들이 살아나느냐가 제일 큰 문제였다. 결론은 수 십 만원의 수리비에도 처음 휴대폰을 살 때처럼 복원은 100% 안되다는 것이다. 고민을 않을 수 없는 상황, 매장 직원은 그렇게 비싸게 고칠 바에야 새 휴대폰을 사라고 권한다. 의심의 눈초리를 보내며 이유를 물으니 돈을 내지 않고 수개월 남은 약정금을 다 물어줄 터이니 맘에 드는 공짜 휴대폰을 고르라는 거다. 세상에 공짜는 없는 법, 문만 열면 골목마다 화려한 다른 휴대폰 대리점을 가서 물으니 아니나 다를까? 공짜는 아니고 말만 고액의 기기 값은 요금에 합산이 된다는 것이다.

여러 곳을 다니다보니 여러 가지 다른 사실들을 알게 되었고 뇌사 상태의 스마트폰은 응급조치할 이유가 없어져서 울며 겨자 먹기로 잘생긴 영화배우가 선전하는 그전 휴대폰보다 화면이 훨씬 큰 스마트폰을 하나 들이는 의식을 치렀다. 호주 사는 아들들이 요즘 유행하는 모모사의 어떤 스마트폰을 사라고 했지만 가격이 만만치 않아 그런 것을 별로 중요시 하지 않는 나는 화면이 커서 검색도 쉽고 자동차 위에 두고도 아이들과 화상통화를 해도 잘 보이는 새로운 스마트폰을 식구로 들였다.

잃어버린 전화번호도 다시 저장하고 카톡의 지인들도 다시 불러내야 하는데 수많은 기능들 중 아주 조금만 사용하는 내겐 참 어려운 숙제다. 기계치인 나는 본시 얼리어답터도 아니고 예전엔 이 메일도 거부반응이 있던 아날로그 적 사고를 가졌는데 어떤 원로작가는 글은 꼭 원고지에 자필로 쓰신다고 하는데 그분처럼 철학이 있는 것도 아닌 나는 이 똑똑한 요술 상자로 또 세상과 어눌한 소통하며 살아 갈 것이다.

그 봄날 상여에 접혀 있던 흰색 한지 꽃 같은 목련꽃잎이 떨어진다. 삶이 다하는 날에 그 많은 사진이며 그 많은 전화번호가 무슨 상관인가? 그 안에 희로애락의 단상들이 무에 그리 대단할 것인가? 살아 있는 동안 자신의 삶의 무게와 가치를 귀히 여길 일이다.

스마트폰이 제 아무리 전지전능한 것처럼 말 한 마디면 세상의 모든 길을 찾아주고 세상의 모든 소식을 알아낸다 한들 따뜻한 피가 흐르는 심장도 없는 것이니 우리는 봄의 숲에서 생명의 기운이 넘치고 봄꽃들의 향연이 향기로운 것을 더 많이 마음에 채울 일이다. 뇌사 상태의 죽은 스마트폰에 내장 되었던 삶의 흔적들도 언젠간 없어질 무의미한 것인지도 모른다. 오늘을 최선으로 살아가며 마음에 찬바람 일고 폭풍이 이는 일들도 언젠가 끝날 일이다. 2년을 못 버티는 스마트폰의 죽음이 삶의 의미를 되새겨주니 과연 똑똑하기는 한 것일까?

상여 꽃 같은 진달래 위로 저녁노을의 잔영이 곱다. 저 아름다운 노을을 또 새로 들인 스마트폰의 1300만 화소의 카메라로 남겨 둘 것이다. 삶이 다 할 때 까지 살아야 하듯이 스마트폰에 또 삶의 궤적이 담긴 편린들을 저장할 것이다. 신산 한 삶이 때때로 그렇듯이 봄바람은 잦아들지 않아 오늘은 봄 들녘이 고적하다.

김 정 보

<스토리문학> 등단
대기업, 공기업에서 근무
한국스토리문인협회 회원, 자작나무수필 동인

어느 특별한 날의 일기 외 2편

- 2013년 어느 달 어느 토요일, 따사롭고 맑음

김 정 보

어렴풋이 두런두런 목소리가 들려온다. 4시쯤 인가보다. S대학병원 정형외과병동의 하루는 이렇게 늘 청소하는 분들의 내용을 알 수 없는 대화로 시작한다. 눈을 살며시 떠본다. 아직 먼동이 트기 전이라 병실은 그저 형체 정도만 알아볼 수 있다. 5개월 째 입원하고 있다는 맞은편 침대의 환자는 자면서도 통증 때문에 신음소리를 내고 있다. 동네 한방

병원에서 무자격 한의사에게서 추나치료을 받으며 맞은 주사로 인해 세균에 감염이 되었다고 한다. 오른쪽 무릎에 염증이 생겨 몇 번이나 농을 긁어내는 수술을 하였지만 균이 계속 변형을 하며 번식을 하여 뼈사이에 염증이 계속해서 다시 생긴다고 하니 안타까운 일이다. 며칠 전부터는 남은 한쪽 무릎에서도 염증이 생기기 시작하여 심한 오한과 통증으로 진통제를 계속 맞아도 효과가 별로 없는 것 같다.

오늘이 입원한지 며칠 째인가 헤아려본다. 5일 째다. 연휴 전날부터 허리통증은 둘째 치고 오른쪽 다리와 엉덩이 쪽의 통증과 마비증세로 거동을 전혀 할 수가 없어 누워서 고생하다가 연휴가 끝난 다음날인 화요일 아침에 119의 도움을 받아 이곳으로 왔다. 입원절차를 밟기 전에 주치의에게 간곡하게 부탁을 했다. 돌아오는 토요일에 있는 작은아들 결혼식에 꼭 참석할 수 있게 해 달라고-. 척추분야에서는 알아주는 권위자라는 백발의 그 교수는 염려하지 말라고 시원시원하게 대답했다. 그러나 완전히 믿을 수가 없어 늘 불안하다.

수술을 하면 당분간 움직이기가 힘들 수도 있어 우선은 비수술요법으로 신경차단술과 스테로이드 주사요법꼬리뼈 주사 등을 써보았지만 통증만 조금 감소하였을 뿐 걷기는커녕 여전히 일어설 수조차 없다. 어제 늦은 저녁시간에 어쩔 수 없이 병실을 떠나며 걱정스럽게 바라보는 아내에게는 염려하지 말라고 큰소리쳤다. 결혼식에는 꼭 참석하겠다고 했다. 병실을 나서며 눈물이 고여가던 아내의 얼굴이 떠오른다. 그러자 자신도 모르게 눈물이 흐른다. 작은애의 결혼식에 참석할 수 없게 되면 어쩌나 싶어 걱정이 앞선다. 일단은 큰처남에게 '내가 참석하지 못하면 혼주역할을 좀 해줍시오.'하고 부탁을 해두기는 했었다. 내가 없는 결혼식 사진이 그려진다. 아내와 두 아들의 걱정 어린 얼굴도 그려진다. 가슴이 먹먹해 진다. 마음이 점점 더 약해지나 보다. 이러면 안 된다 싶어 눈물을 닦고는 며칠 전부터 하느님께 정성을 다해 빌고 있기는 하지만 다시 한 번 더 결혼식에 꼭 참석할 수 있게 해달라고 간절하게 빌어 본다.

5시 반인가 보다. 당직 간호사가 와서 혈당을 체크한다. 조금 후에 다른 간호사가 와서 혈압과 체온을 체크한다. 진동으로 해둔 휴대폰이 울린다. 아내다. 샤워를 하고나서 미리 신청해둔 출장 메이크업 담당자를 기다리고 있다고 한다. 무슨 일이 있더라도 결혼식장에는 한 시간 전에 꼭 도착할 테니 염려 말고 양복이나 식장으로 잘 가지고 가라고 단호하게 말해 준다. 아내가 조금은 안심을 하는 것 같다.

6시가 좀 넘으니 청소하는 아주머니가 들어와서 조용히 휴지통을 비우고 물걸레질을 한다. 이제 복도 쪽은 말소리, 발자국소리, 수돗물소리 등등으로 부산하다. 7시가 되니 아침식사가 배달된다. 식판을 밑바닥에 두고 침대 모서리 쪽으로 몸을 조금씩 움직여 배 깔고 엎드려 누운 채로 팔을 뻗어 국그릇을 들고 무국을 조금씩 마셔본다. 몇 가지 반찬으로 밥도 먹는다. 밥그릇은 반도 비울 수가 없다. 조금 있으니 담당의사 레지던트가 와서 몇 가지를 체크하고 나서는 곧 허리보호대가 배달 될 것이라고 한다. 한 간호사가 들어와서 소화제, 위염치료제, 장유연제 등의 약을 주고 나가자 연이어 다른 간호사가 들어와 진통제, 소염제, 혈류개선제 등이 포함된 수액주사를 꽂아주고 나가자 수간호사가 들어온다. 외출 시 주의사항을 등을 알려주고는 한 양식에 서명을 해 달라고 한다. 외출하기 직전에 진통주사를 다시 놓아주고 필요시 두 번 먹을 수 있도록 약진통제도 주겠다고 한다. 떨어지는 수액을 바라보며 계속 되뇌어 본다. '나는 가야 한다, 나는 간다, 나는 갈 수 있다'라고.

수액이 다 떨어질 때쯤 그러니까 10시경에 한사람이 들어온다. 허리보호대를 제작하는 사람이란다. 내 몸을 재어보고 나가더니 한 20분쯤 지나자 허리보호대를 가지고 와서 착용하는 요령을 알려주고는 착용하는 것을 도와준다. 7만원을 신용카드로 지불한다.

보조대워커에 의지하여 이를 악물고 일어나 병실 안 세면대 앞에 선다. 발목이 화끈거리고 엉덩이 쪽과 장단지쪽에서도 통증이 밀려온다. 오른쪽 다리 전체에 마비증세도 느껴진다. 다리 전체에 심한 통증이 느껴질 때쯤부터는 허리통증은 느낄 수조차 없다. 이를 간단하게 닦고 면도도 대충하고는 머리에 물을 묻혀 빗질도 몇 번 대강 한다. 1주일 넘게 머리를 감지 못하여 불편하고 냄새도 날 것 같지만 어쩔 수 없다. 그리고 옷을 갈아입는다. 입원할 때 입고 왔던 옷이다. 간호실로 전화한다. 지금 나가겠다고 하니 간호사가 바로 와서는 진통제 주사를 놓아주고는 약봉지도 준다. 일어나서 한 발 한 발 조금씩 발을 떼어본다. 복숭아뼈 부근과 엉덩이 쪽이 너무 아프다. 이를 악문다. 벽을 잡고 조금씩 발을 내딛는다. 그런대로 견딜 만하다. 병원을 나서니 마침 택시 한 대가 다가온다. 어렵게 택시를 탄다.

12시 5분 전쯤에 호텔에 도착하니 택시기사가 친절하게도 도어맨에게 혼자 걸을 수 없는 분이니 부축을 해드리라고 부탁을 해 주어 도어맨의 부축을 받으며 엘리베이터에 오른다. 3층에 내리니 마침 앞쪽에서 있던 작은애가 반가이 맞는다,"아빠! 좀 괜찮아요?"하고 묻는데 나도 모르게 눈가가 젖어온다. 작은 애의 눈가는 이미 촉촉해져 있다. 걱정을 많이 하고 있었나 보다.

작은애의 부축을 받으며 폐백실로 들어가니 아내와 큰아들이 있다. 아내가 반긴다. 걱정이 가득한 얼굴이다. 조용히 다가와 내손을 꼭 잡아준다. 아내에게 어서 옷부터 갈아입으라고 하니 아내는 큰애에게 아버지께 옷을 갈아 입혀드리라고 한다. 큰애의 도움을 받아 집에서 가져온 양복으로 갈아입는다.

사돈에게 가볍게 인사를 하고 접수대 옆으로 가서 아내, 큰애 그리고 작은애와 함께 선다. 진통제 탓인지 입안이 너무 마르다. 눈치 빠른 큰애가 연신 생수병을 건네준다. 앉을 수는 없어서 혼주석에는 큰처남이 앉기로 한다. 생각했던 것보다 하객이 많다. 낯익은 친구들, 오래간 만에 보는 회사 선후배, 학교 선후배 등……. 밀려오는 하객을 보니 다행이다 싶다. 하객이 없어 썰렁할 까봐 얼마나 걱정을 했었던가.

결혼식이 시작된다. 조용히 옆문으로 들어가 벽 쪽으로 기대선다. 큰애가 옆에서 계속 부축을 해 준다. 하객들이 자리가 부족하여 벽 쪽에도 서 있다. 다른 방에도 꽉 차 있다고 한다. 낯익은 얼굴들이 보인다. 반갑다. 눈이 마주치니 걱정스럽게 바라들 본다. 나는 그저 말없이 웃는다. 아마도 조금은 어색한 웃음이겠지 싶다.

크게 호화롭지는 않지만 아름답고 차분하면서도 약간은 들뜬 축제분위기로 결혼식이 진행된다. 특히 축가부분이 마음에 든다. 신부 여동생이 축가를 부르다가 신부인 언니에게 마이크를 넘겨주니 신부가 수줍게 신랑을 바라보며 노래를 하고 이어서 신랑은 기타를 치며 신부에게 사랑의 노래를 불러준다. 신랑이 축가를 부를 때는 여기저기에 흩어져 앉아 있던 대학 보컬밴드 동아리 친구들과 선후배들이 함께 따라 불러 주니 더 보기 좋다.

신랑신부가 양가부모님께 인사를 할 때는 앞으로 나아가 작은애를 안아 본다. 아무 말도 할 수가 없다. 작은애도 그런가 보다. 며느리에게는 안아주며 다정하게 말한다. "OO아, 환영한다. 그리고 축하한다."라고. 예쁜 며느리가 걱정스러운 얼굴로 '아버님, 감사합니다.'라고 하는데 목이 메여와 그냥 말없이 어깨만 몇 번 더 다독거려 준다.

부축을 받으며 간신히 가족사진을 찍고 나니 긴장이 풀려서 그런지 도저히 더는 서 있을 수가 없다. 아내와 몇몇 친지들에게 다시 병원으로 돌아간다고 인사를 하고 큰애와 밖으로 나와 호텔직원에게 119를 좀 불러달라고 부탁한다. 그리고 신용카드를 주며 뒷정리를 잘 하라고 부탁하니 큰애는 염려 말란다.

119대원들이 가지고 온 들것에 실려 식장을 빠져나온다. 그래도 할 일은 했다 싶어 안도를 하면서도 마음이 너무 아프다. 두고 온 가족들이 걱정이 된다. 밖에 있던 하객들이 웬일인가 싶어 의아해하며 들것에 실려 나가는 나를 바라들 본다. 사이렌소리를 들으며 흔들리는 구급차에 몸을 맡긴다. 응급실을 거쳐 이동침대에 실린 채로 병실에 도착하니 간호사들이 잘 다녀왔냐며 인사를 한다. 그렇다며 환하게 웃는다.

휴대폰이 울린다. 아내다. 모두 마치고 큰애 차에 짐을 다 옮겨 싣고 이제 집으로 출발한다고 한다. 큰애가 믿음직하게도 모든 뒤처리를 아주 잘 했단다. 그리고는 하객들이 큰애가 너무 미남이라고 칭찬들이 자자했다고 한다. 자주 듣는 말이지만 그래도 들을 때마다 기분이 좋다. 나도 어쩔 수 없는 평범한 아버지인가 보다. 문득 동생의 결혼식을 보며 큰애가 무슨 생각을 하고 있을까 궁금해진다. 짐정리를 대충 해 놓고 장남을 데리고 오겠다는 아내를 오지 말고 쉬라고 강권한다. 소변통이 두 개나 있으니 염려 말고 내일 아침 일찍 오라고 하니 잠시 머뭇거리더니 그러겠다고 한다. 아내도 많이 피곤한가 보다. 그러고 보니 점심을 먹지 않았다. 갑자기 허기가 몰려온다. 피로감도 몰려온다. 눈을 감는다. 바로 잠에 빠져 든다.

주변이 부산해져 눈을 뜨니 식사가 배달된다. 아침에 했었던 것처럼 바닥에다가 식판을 놓고 침대모서리에 엎드려 누워 국그릇을 들고 미역국을 한 모금 마셔본다. 너무 맛있다. 그래도 밥그릇은 반밖에 비울 수 없다. 식사 후에 눈을 감고 한참 쉬고 있는데 휴대폰이 울린다. 작은애다. 시간을 보니 8시가 좀 넘었다. 사돈내외분과 며느리와 함께 오고 있단다. 10분쯤 뒤에 도착할 것 같다고 한다.

누워서 사돈내외분을 맞는다. 사돈이 의사라 그런지 참 편하게 대해준다. 걱정스러워하는 며느리의 두 손을 잡아 본다. 수술하시는 것도 보지 못하고 떠나서 죄송하다고 한다. '아니다. 그 먼 길을 가는데 배웅을 못해 내가 미안하다'고 하니 세 사람이 동시에 그런 말씀마시라고 손사래를 친다. 염려 말고 잘 가서 건강하게 있다가 좋은 연구 성과를 내고 돌아오라고 당부를 한다.

네 사람이 나가고 문이 닫히고 나니 갑자기 병실에는 적막감이 돌고 쓸쓸해진다. 내 처지가 안타깝다. 두 아이는 내일 오전에 미국으로 떠난다. S대학에서 박시학위를 받은 며느리가 미국의 한 대학병원 연구소에서 연구원으로 일을 하게 되었기 때문이다. 작은애는 2주 동안 신혼여행 겸해서 그곳으로 가서 2년 동안 머물 수 있게 준비를 해 주고 돌아올 예정이다. 결혼하자 말자 최소 2년간이나 떨어져 살게 될 두 아이를 생각하니 마음이 짠해온다. 여기서도 좋은 기회가 있었음에도 이렇게 쉽지 않은 결정을 한 두 아이에게 그 결정을 흔쾌히 존중해 주겠다고 말은 했었지만 일생에서 가장 아름답고 멋진 신혼기간에 그 긴 시간 동안 떨어져있어야 할 두 아이를 말없이 바라보며 가슴 아파할 생각을 하니 벌써부터 마음이 아프다.

오늘은 정말 긴 하루였다. 이렇게 일어날 수도 없는 몸 상태임에도 기적같이 작은아들 결혼식에 참석했다는 생각이 든다. 결국 해 냈다는 생각에 내 자신이 대견하고 뿌듯하다. 적극적인 힐링이 이런 것인가 보다. 나는 행복하다는 생각마저 든다. 기분 나쁘지 않은 피로감과 나른함을 느낀다. 졸립다.

덧붙이는 말 - 2g의 위력

그 다음 주 수요일 오후2시에 수술을 했다. 3번과 4번 척추의 협착과 4번과 5번 척추사이의 디스크를 동시에 열어서 보고 적절한 수술을 하겠다고 했었는데 협착은 수술할 정도가 아니라서 흘러서 터져버린 디스크만 긁어냈다고 했다. 긁어낸 디스크는 8조각이었고 무게는 단 2그램이었다고 한다. 그 2g 때문에 지난해 11월부터 앉을 수가 없을 정도로 통증을 느꼈고 마비증세가 오더니 급기야는 거동을 못하고 누워만 있었으며 12일간이나 입원하였을 뿐만 아니라 체중이 10Kg이나 빠졌다고 생각하니 조금은 허탈해졌다.

정말 행복할 수 있을까?

-행복, 특히 신기루 같은 노년의 행복

시대마다 그 시대의 특징을 잘 나타내는 담론이 있다. 요즈음 우리사회를 관통하는 화두 혹은 키 워드는 무엇일까? 우리 배달민족에게는 아유사이래 아주 오랜 세월동안 살아남는 것이거나 배불리 먹는 것만이 가장 절박한 문제였다. 그러다가 1960년대에 와서야 걸출한 지도자가 나와 '우리도 한 번 잘 살아 보자', '하면 된다'고 하여 국민의 마음을 얻어 낼 수 있었다. 그래서 경제성장을 화두로 우리 사회가 역사상 최초로 한 방향으로 뭉쳐 총력전을 펼치게 되었고 유사 이래 가장 역동적인 사회가 되었었다. 그 성과가 가시화되는 과정에서의 부작용을 시정하기 위해 뜻있는 몇몇 사람들이 모여 불이익을 감수하면서도 '민주화'를 외쳐 우리 사회는 그 방향으로 움직이기도 했었다.

이와 같이 그 시대의 상황에 잘 맞아 대부분의 국민이 공감할 수 있는 화두를 한발 앞서 담아내어 규정하고 그 해결책을 찾아내거나 대안을 제시하는 사람이 지도자가 되는 것은 당연하다고 할 수 있을 것이다.

몇 년 전에는 양극화가 심화되면서 정의라는 화두가 우리사회를 휩쓸었다. 사회정의가 무엇인지, 어떻게 해야 하는지 우리사회가 정의로운 사회가 되는지에 대한 논의가 활발하게 진행되자 미국의 한 대학교수가

정의에 관해 쓴 책이 가장 잘 팔리는 책이 되기도 했었고 그 교수의 강연이 인기를 끌기도 했다. 그러다가 국제금융위기의 후유증으로 청년실업과 좌절하는 중장년세대가 급격하게 늘어 최대 사회문제로 급부상하면서 힐링이 화두로 등장하게 되었다. 그 과정에서 힐링의 상징이 된 한 대학교수는 젊은 사람들의 고민을 들어주는 몇 년간의 이벤트만으로도 인기를 얻어 어느 날 갑자기 강력한 대선후보로 등장하기도 했을 정도로 우리사회가 힐링의 광풍에 내몰리기도 했다.

좌절하는 많은 사람들이 우선은 다른 사람에 의한 치유를 먼저 갈구하는 것은 어쩌면 자연스러운 현상일 수도 있다. "힘드냐? 그래 네가 힘든 것을 이해한다."라는 한마디의 위로와 공감 표현만으로도 어느 정도는 마음의 평화를 줄 수 있기 때문이다. 그러나 그것은 일시적인 치유일 뿐, 시간이 지날수록 공허해지는 대증요법일 뿐이다. 해결책이 없기 때문이다. 사람들은 어려운 일에 봉착하거나 어떤 문제로 인해 고통스럽더라도 해결책이 있어야 희망이 있고 희망이 있어야 기꺼이 인내하고 그 고통을 감당해 낼 수 있다. 그래야 어렵지만 살맛이 난다.

힐링에서 빠져 있는 "그래서 어떻게 하라고?"라는 물음에 대한 답이 '행복'이 아닐까 생각한다. 여러 사람들이 행복을 말하고 행복해 지려고 노력하고 있다. 그러나 여기에서도 부작용이 있을 수 있을 것이다. 모든 사람들이 행복을 당연한 삶의 목적으로 여기고 매진하면 행복은 이데올로기화되거나 세속 종교화되며 그러면 행복해야만 한다는 강박관념에 사로잡혀 그 스트레스 때문에 오히려 불행해질 수도 있다고 한다. 벌써부터 행복스트레스를 연구하여 발표하는 학자도 있다. 그리고 여태까지는 행복은 개인적이며 주관적인 것으로 여겨왔으나 요즈음은 심리학자나 사회학자들 사이에서 주관적인 행복을 객관적으로 탐색하는 움직임도 있는 것 같다. 학계나 정치권에서 말하고 있는 복지도 그 일환이 아닐까하는 생각이 든다.

요즈음은 우리네 일생에서 가장 중요한 화두는 성취와 행복이라는 사람들이 많다. 그리고 대부분의 사람들이 스스로 행복해 질 자격이 있고 또 행복해야 한다고 믿는 것 같다. 지금의 대통령은 취임하면서부터 국민행복을 정치의 지향점으로 선정하여 슬로건화하고 정책으로 구체화하는 작업을 하고 있다고 한다. 일반 서민들의 마음을 잘 담아낸 화두로 보인다. 국민 모두가 실감할 수 있도록 성공하기를 빌고 싶다. 국민 모두가 행복한 나라! 그 얼마나 멋진 세상인가.

그럼, 행복이란 무엇일까? 사전적 의미는 흐뭇하도록 만족하여 부족함이나 불만이 없음 혹은 그 상태이다. 흐뭇하도록 만족하다고 생각하거나 느끼는 상황이나 상태는 개인에 따라 너무나 다르므로 행복의 개념이나 조건을 일반화하기는 어렵다. 그래서 어떤 사람은 행복이란 결국은 저마다 스스로 느끼는 행복감일 뿐이라고 규정하기도 한다,

과문한 탓도 있겠지만 옛 어른들의 행복에 대한 말씀은 찾아 볼 수 없었다. 예전에는 행복이라는 개념이 없었기 때문일 것이다. 18세기 말 영국 철학자 제러미 벤덤이 공리주의를 주장하면서 행복이라는 단어를 처음으로 사용하였는데 그때는 쾌락과 같은 의미였다고 한다. 그러다가 19세기 후반에 와서야 최대 다수의 최대 행복을 말하면서 오늘날의 행복과 거의 비슷한 의미로 사용되기 시작하였으니 행복이라는 말은 200년 정도 된 새로운 개념일 뿐이다. "인간은 행복할 의무가 있다. 염세주의는 기분에서 오며 낙천주의는 의지에서 온다. 딸기에는 딸기 맛이 있듯이 인생에는 행복의 맛이 있다."라고 19세기 프랑스의 철학자 알렝은 말하였다. 문헌상으로는 요즈음 우리가 알고 있는 의미의 행복에 대한 최초의 언급이었다고 한다.

우리나라나 중국이나 일본에서도 19세기 말경까지는 행복이라는 말

이 없었다. 우리가 사용하고 있는 행복이라는 단어는 다른 말들과 같이 자연스럽게 만들어진 것이 아니라 19세기 말 일본에서 'happiness'라는 단어를 번역하면서 중국문화권에서는 그런 의미의 말이 없어 행과 복을 합쳐 급조한 단어일 뿐이다. 우리나라에서는 1886년 한성주보에 행복이라는 단어가 처음으로 등장하였다고 한다.

happiness는 서양에서도 처음에는 하늘이 도와준 행운이라는 의미로 사용되었다. 중국이나 우리나라에서 사용되어 왔던 복이라는 말은 하늘과 인간 사이에 존재하는 조상신과 같은 귀신이 인간을 도와준 선물이라는 뜻이다. 거기에다 행운 혹은 요행이라는 뜻의 행자를 붙였다. 결국 행복은 사람이 노력하여 만들어 가는 것이 아니라 하늘또는 조상이 도와주어야 가능한 것이라고 생각했었다. 그러다가 신으로 부터 벗어나 자아를 찾아가는 근대화 과정을 거쳐 민주주의 시대를 이루면서 자연스럽게 사람이 아무리 노력하여도 신의 은총이 없으면 행복할 수 없다고 생각에서 벗어나 누구나 노력하면 행복할 수 있다고 생각하게 되었던 것이다.

법정스님은 "행복은 다음에 이루어야 할 목표가 아니라 지금 여기에 존재하는 것입니다. 행복은 찾아오는 것이 아니라 바로 내 안에서 우러나오고 꽃향기처럼 은은하게 스며 나옵니다."라고 하셨고 염수정대주교님은'내 주변에 나를 행복하게 하는 소중한 것들이 가득하나 내가 그걸 모르고 있을 뿐이다'라고 하시며 '행복이란 행복을 찾아내는 마음'이라고 말씀하셨다. 현대적 관점에서 행복의 속성을 쉽게 잘 설명하셨다는 생각이 든다.

행복의 전제 혹은 필요충분조건은 무엇일까를 오랫동안 생각했던 적이 있다. 그때 내린 결론은 행복의 필요충분조건은 희망, 성취 그리고 달관 이 세 가지였다. 오늘보다 내일이 더 좋아질 것이라는 희망과 만족스러운 성취가 있고 인생과 세상사에 완전히 달관하면 늘 행복할 수 있겠지만 그중에서 달관은 우리네 같이 평범한 사람이게는 생각할 수 없는 경지다. 그리고 행복하지 않는 성취는 있을 수 있지만 성취 없는 행복은 없는 것 같다. 결국 평범한 사람에게는 희망과 성취가 행복으로 가는 길일 것이다. 특히, 남자는 더 그렇다고 본다. 남자에게 일 혹은 업이란 너무나 중요하기 때문이다. 많은 남자들은 자기 인생의 의미나 존재의 이유를 거기에 두기까지 한다. 그래서 남자들은 일하는 행복을 많이 이야기 한다.

그런대 행복을 말할 때 한 가지 반드시 염두에 두어야할 것이 있다. 지속시간이다. 기본적으로 행복이나 기쁨은 짧은 시간 지속하는 감정이 아닐까? 장시간의 연구 끝에 논리적으로는 황홀한 행복감은 최장 1시간이라고 결론을 내린 학자도 있다. 그 행복한 시간이 지나면 다른 고민거리가 생각난다고 한다. 영원하거나 오랜 기간 지속되는 행복은 없다고 한다. 그리고 순간순간 행복해도 일생에서는 얼마든지 불행할 수도 있다.

그러나 사람들은 영원한 행복을 꿈꾼다. 행복해 질 수 있다고 믿기도 한다. 현재 하고 일에 정열을 쏟지 않거나 행복해지기 위해 최선의 노력을 하지 않으면서 막연하게 행복을 몽상만 하는 사람들도 많은 것 같다. 심리학자들은 이런 현상을 파랑새 증후군으로 규정하고 심하면 치료가 필요한 병이라고까지 한다. 노력 없는 성취가 어디에 있겠는가? 희망과 성취 없는 행복 또한 어디에 있겠는가?

며칠 전 노령연금을 주제로 한, 한 신문칼럼 서두에서는 노부부가 다정스럽게 이야기하며 손잡고 걸어가는 뒷모습이 너무 행복에 보이더라고 했다. 정말 그 노년부부가 스스로 행복하다고 생각하고 있었을까 하는 생각이 들었다. 앞에서 말했듯이 행복의 필요조건을 희망과 성취라고 본다면 노년에 정말 행복하다고 느끼기가 싶지 않을 것 같다.

늘어가는 주름살과 희어지고 빠져가는 머리칼을 매일 보고 심신이 점점 쇠잔해감을 느낄 수밖에 없는데 정말 행복해 질 수 있을까? 자식도 슬하를 떠났고 가까운 친지나 친구들과도 점점 멀어지며 가끔은 그들의 부고를 듣기도 하는데 나는 행복하다고 느낄 수가 있을까? 나의 절대적인 소멸을 받아들일 수밖에 없고 그 사실을 염두에 두며 생활할 수밖에 없는 그런 시기임대도 정말 행복해 질 수 있을까? 정열을 쏟아 노력할 수 있는 일이나 업이 없는데 그래서 진정한 의미의 성취감을 맛보기가 힘든데 정말 행복해 질 수 있을까?

더 불행해진 다른 사람들을 보며 나는 저렇지는 않아 다행이다 싶기는 하겠지만 그럼에도 나는 정말 행복하다는 생각이 들기는 힘들 것 같다. 그래서 그런지 요즈음은 노년행복이란 신기루라일 뿐이라는 생각이 든다. 평범한 사림의 노년은 다른 사람들에 비해 나는 그래도 낫다. 참 다행이다 싶은 안도감이나 자식들이나 손주들을 보며 가끔씩 즐거워하거나 기뻐하고 나의 존재가 이렇게 이어지는구나 하는 자기위로가 최선의 행복이 아닐까 하는 생각이 머리에서 떠나지 않는다. 이런 안도감이나 잠간 동안의 즐거움이나 흐뭇함을 굳이 말한다면 소극적 의미의 행복이라고 말할 수 있을지는 모르겠다.

그럼 어떻게 생각하고 대처하는 것이 현명할까? 행복 혹은 행복감이 어차피 잠간 동안의 흥분이고 불행 혹은 불행하다는 생각은 오랜 시간 지속되는 고통이라면 불행하지 않도록 혹은 덜 불행하도록 준비하고 노력하는 것이 바람직하다는 생각에 미친다. 장년기와 노년기에는 행복해지려는 노력보다는 불행하지 않도록 미리 대비하고 노력하는 것이 최선의 방안인 것 같다.요즈음은 나름대로는 이렇게 결론을 내리고 대비를 하고 있기도 하다.

예전에는 사대부 어른들이 자식이나 제자들에게 인생에 있어 4가지 불행을 말하며 이를 경계하도록 일렀었다. 부모님혹은 임금이 일찍 돌아가시는 것, 일찍 등과하여 세상의 어려움을 모르게 되는 것, 배우자와 사별하는 것, 그리고 말년에 가난한 것이 그것이다. 참 지혜로운 가르침이라는 생각이 든다. 부모님께 정성을 다해 효도하고 세상이 돌아가는 원리를 잘 파악하여 미리 준비하고 대처하여야 하며 부부가 건강하게 백년해로하도록 평소에 서로 위해주고 자기관리를 잘 해야 할 뿐만 아니라 말년에 경제적으로 쪼들리지 않도록 미리 대비하여야 한다고 가르쳤으니 현대인에게도 큰 울림이 있는 가르침일 것이다.

유교적인 집단적인 문화로 인한 한국적인 특수성 때문에 특히 남성들은 은퇴를 하고 나면 스스로 불행하다는 생각이 든다고 한다. 은퇴하고 나면 소속감을 상실하여 정체성의 혼란을 겪게 되기 때문이다. 그리고 가부장적인 문화에 젖은 남성일수록 가정에서의 대화나 생활 자체가 절대적으로 부족할 수밖에 없어 은퇴 후에는 가족들과 마찰을 빚기도 하고 박탈감과 소외감, 어색함 등으로 인해 스스로 마음의 상처를 많이 받기도 한다. 그런대 반해 서양 사람들은 학자금 상환, 주택할부금 상환, 20-40%나 되는 높은 복지관련 세금, 실업에 대한 공포 등으로 30-40년을 노심초사하며 살얼음판을 걷듯 생활하다가 은퇴하면 그것들로부터 모두 벗어나므로 그 해방감에 오히려 홀가분하게 느껴진다고 한다. 또한 서양 사람들은 특히 부부간에 대화가 일상화되어 있어 노년에 부부가 함께 한 공간에서 머물러도 어색함이 없다. 우리가 참고하여야 할 것들인 것 같다.

요즈음 많은 전문가들은 특히, 한국 남성들에게 이를 극복하기 위해서는 평생 같이 어울리고 놀 수 있는 친구와 오랜 시간 동안 몰입할 수 있는 취미 그리고 배우자와 잘 지내는 노력이나 연습이 필요하다고 한다. 행복을 위한 노력은 아무리 강조하여도 지나침이 없다는 생각이 든다. 그러나 거창한 계획이나 노력은 실패할 수밖에 없을 것이다. 실천하기 쉬운 것부터 아주 작은 것부터 실행에 옮겨보는 것이 어떨까? 매일 30분 이상 운동하기최소한 집안에서라도 30분 이상 걷기, 아내와 하루에 한 번 이상 눈 맞추고 대화하기, 매일 한 명이상의 친구와 연락하거나 만나기, 한 가지 이상의 취미생활 하기 등이 그것이다.

행복에 대한 관점을 조금 변경하는 것이 좋을 것 같다. 행복해야 한다고 행복할 자격이 있다고 생각하며 이에 집착하다가 보면 행복스트레스 때문에 오히려 불행해 질 수도 있고 앞서 말했듯이 순간순간 행복하다고 느껴도 일생이 불행할 수 있기 때문이다. 오랫동안 불행하다고 느끼지 않는 상태를 행복이라고 정의해보는 것을 제안하고 싶다. 그러면 내가 어떤 경우에 불행할까를 미리 생각해보고 그 불행을 막기 위해 지금부터 노력하는 것이 행복으로 가는 지름길이 된다. 그러면 최소한 덜 불행해질 수는 있다. 행복해지려고 노력하기 보다는 덜 불행해지도록 노력하는 것이 훨씬 효과적일 것 같다. 이렇게 행복에 대한 관점을 바꾸어보는 것이 어떨까?

해프닝

우연히 일어난 일이나 사건이 해프닝이다. 그래서 해프닝에는 별다른 의미가 없다. 그러나 대개는 가볍게 넘어갈 수 있어 나중에 웃으며 말할 수 있지만 때로는 관련 당사자들에게는 치명적인 상처를 입힐 수도 있다. 우리는 반대편에 서 있거나 의견이 다른 사람들에게 의도적으로 비열한 방법으로 혹은 아니면 말고 식으로 사건을 만들거나 여론몰이를 하여 특정인을 바보로 만들거나 파렴치범으로 만들어 놓고는 시간이 지나 사실이 아님이 밝혀지고 나서도 그냥 단순한 해프닝으로 치부해 버리는 경우를 많이 보아왔다.

그리고 사사로운 개인의 일상은 어쩌면 이런 해프닝의 연속인지도 모른다. 우리는 별다른 이유도 없는데 잠을 설치거나 늦게 일어나 허둥대다가 실수를 하기도 한다. 커피를 들고 걷다가 지나가는 행인과 부딪혀 커피를 쏟아 난처한 상황에 빠지기도 하고 지하철에서 옆사리에 앉은 사람의 전화 통화 상대가 아는 사람이라 그의 내밀한 비밀을 알게 될 수도 있다. 아내의 말을 생각 없이 흘려들었다가 나중에 된통 혼나기도 한다.

초등학교 동창생 중에 가끔 연락을 하거나 만나는 한 친구가 있다. 서너 달 전 어느 날 연락을 주고받은 지가 4개월이 넘었다는 생각이 얼핏 들어 그 친구에게 전화를 했더니 아주 반가워하며 점심을 같이 하자고 하여 서초동 법조타운에 있는 그 친구의 사무실을 찾아갔었다. 오랜만에 본 그 친구의 얼굴이 아주 좋아보였다. 학창시절 때부터 줄담배 골초에다 하루도 술을 먹지 않고 거르는 날이 없던 그 친구는 중년이 되자 늘 조금은 피곤해 하고 얼굴빛이 검은 편이었는데 그날은 그야말로 희멀건 얼굴에 귀티가 좔좔 흐르는 게 아닌가.

좋은 일이 있느냐고 물었더니 피식 웃으며 지난 4개월간의 해프닝을 이야기해 주었다. 건강검진을 받았더니 간이 이상하다며 입원시켜 놓고는 MRI를 찍고 조직 검사를 하는 등 여러 가지 검사를 하더니 간암판정으로 하더란다. 초기라 아주 작은 부분이므로 도토리 크기만큼만 잘라내면 된다며 개복수술을 하였는데 열어보니 암세포가 발견되었다던 그 부분에 아무런 징후가 없었으나 개복하였으니 그냥 둘 수도 없어 예비차원에서 간을 반이나 잘라버렸다고 했다. 그런데 간은 10%로만 남아도 원상회복이 빠르게 되기 때문에 40년 넘게 술과 담배연기 찌든 간을 잘라내고 그야말로 싱싱한 새로운 간으로 되어 오히려 더 건강해졌다고 하며 이참에 담배도 끊고 절주도 하겠다며 그 친구가 허허롭게 웃은 모습을 바라보며 이런 해프닝이 있을 수도 있구나 하는 생각을 했었다. 그런데 나에게도 그에 못지않은 해프닝이 발생할 줄이야!

지난달 초에 J대학병원 내과교수님이신 고등학교 선배님과 점심을 먹다가 '아침부터 왼쪽 가슴 윗부분에 약간의 통증이 있다'고 하며 '근육통인가 보다'라고 하였더니 미리 짐작하지 말고 동네병원이라도 가서 확인해 보라고 하셨다. 집으로 돌아오는 길에 선배님 말씀이 생각이 나서 통증클리닉에 갈까하다가 동네내과에 들었더니 젊은 의사가 아주 잘 오셨다며 심전도를 검사하고 가슴 엑스레이사진을 찍고는 별다른 이상이 없다며 근육통약을 처방해주어 가벼운 마음으로 집에 왔었다. 그런데 2시간쯤 뒤에 그 의사로 부터 전화를 받았다. 왼쪽 폐에 이상이 발견되었다며 병원으로 바로 나오라는 말에 웬일인가 싶어 바로 다시 옷을 갈아입고 병원으로 갔었다.

S대학병원에서 디스크수술을 할 때 찍은 엑스레이 사진과 비교해본 결과 다른 점이 발견되었으니 폐 CT촬영을 해 보아야 한다며 진료협진 의뢰서를 작성하여 주며 다음날 바로 S대학병원으로 가보라는 것이 아닌가? 다음날 오전에 호흡기내과 전문의를 만났더니 디스크수술 전에 누워서 찍은 사진하고 서서 찍은 사전하고 조금은 다를 수밖에 없는데 괜한 수고를 한다는 식으로 가볍게 말하며 동네병원의 의뢰도 있고 하니 건강진단을 해 본다는 마음으로 CT를 찍어보자고 하면서 처방을 해 주어 4시간이나 기다렸다가 폐 CT를 찍고 나서 CD를 받아 왔었다.

그 다음날 아침에 다시 한 번 더 동네내과로부터 다급한 전화를 받았다. 또 빨리 내원해 달라고 하였다. 갔더니 화면을 보여 주며 왼쪽 폐는 두개로 구성되어 있는데 위쪽 폐 안쪽 부분의 기관지 하나가 막혀 있어 그 윗부분 폐가 찌부러져 있다면서 이럴 경우 암일 확률이 높고 최선이 폐결핵이라고 했다. 그 말을 듣고 나니 머리가 하얗게 되었다. 암이구나 싶었다. 폐결핵이라면 그 정도의 병변이 생기려면 가래에 피가 섞여 나오거나 가래색깔이 주황색을 띤다니 암일 수밖에 없었다.

폐 내시경을 찍어보고 조직검사도 해야 한다며 자기 지도교수였던 호흡기내과 교수님께 외래진료를 보지 않는 날이나 부탁드려 놓았으니 바로 S대학병원으로 가보라며 진료의뢰서를 주었다. 동내병원을 나와 버스를 타고 S대학병원으로 가면서도 실감이 나지 않았다. 가장 치사율이 높은 암이 폐암이 아닌가? 그러다가 이제 죽게 되나 보다 하는 생각에 미치자 아내와 두 아들의 얼굴이 제일 먼저 떠올랐다. 큰소리는 늘 치지만 내가 옆에 없으면 아무 것도 하지 못하는 아내인데 이럴 어쩌나. 아직 결혼도 하지 않은 큰애와 결혼은 하였으나 아직 철부지 같은 작은

애에게 아직은 내가 필요한데 애들에게 미안해서 어쩌나 등등 갖가지 생각이 빠르게 지나가는데 차창에 비치는 낯익은 풍경이 너무나 낯설게 느껴졌다.

소개받았던 그 교수 분을 만났더니 CT를 보여주면서 동네병원에서 잘 발견하였다며 폐 내시경을 하려면 입원해야 한다면서 입원과 폐 내시경 처방을 하려 하길래 잠시만 시간을 달라고 하였다. 지금 당장은 해야 할 일이 있어 다음 주에 오겠다고 하고서는 밖으로 나와 J대학병원의 그 선배님께 전화를 드렸더니 바로 택시를 타고 오라고 하셨다.

선배님은 '그런 일이 있으면 바로 와야지 뭘 그렇게 꾸물거리고 있느냐'며 나무라시더니 폐내시경 같은 것은 쉽게 하는 것이 아니라며 진료의뢰서가 없는데도 순서조차 무시하시고는 호흡기내과 교수 방으로 내리고 가셔서 제일 좋아하는 후배이니 잘 보아 달라고 부탁을 하시고 '절차는 내가 알아서 밟겠다'고 하시며 나가셨다. S대학병원에서 찍은 CT와 엑스레이 사진을 찬찬히 살펴보던 그 교수는 아직은 관찰을 해야 할 단계이니 6개월 후에 CT를 다시 찍어보고 변화를 살펴 본 후에 그때 가서 다른 검사가 필요하면 하자면서 S대학병원에서 결핵까지 말했다니 객담검사만 해 보자는 것이 아닌가? 그러고는 선배님 방으로 나를 데리고 가더니 친절하게도 선배님께도 사진판독 결과와 문진내용에 대한 소견을 설명해주었다. 선배님은 의사란 심각한 병이 의심될수록 확진될 때까지는 병명을 말하면 안 되는데 그 병원에서는 왜 그랬는지 모르겠다시며 관찰과 간접검사방법을 우선해야 하는데 요즈음 왜 이렇게도 성급하게 그러는지 모르겠다고도 하셨다. 그리고는 병원 안에 있는 참치회집에 가셔서 특정식을 시켜주시며 너무 걱정 말라고 위로까지 해주셨다.

객담검사용 용기를 받아오고 잠도 설치는 나를 보고 다음날 아침에 눈치 빠른 아내가 가슴에 이상이 있느냐고 물었다. 사실대로 말할 수밖에 없었다. 대학병원에서 간호사로 일한 경험도 있는 아내라 섣불리 둘러댈 수가 없었다. 아무 말도 하지 않던 아내가 오후에 A병원에 가보자고 했다. S국립대학병원에서 아직 일하고 있는 후배 간호사와 상의해 보았더니 '그 분야에서는 A병원대학병원 의사 실력이 제일 좋다'고 하더라고도 했다. 그래서 바로 A병원에서는 15년 정도 거의 매년 건강검진도 하고 있어 건강검진센터를 통해 운 좋게도 소개받았던 교수님의 진료예약을 다음날로 바로 할 수 있었다.

A병원은 조금 달랐다. 경험 많은 간호사가 예비 진료를 먼저 하고 그 교수님 방에서 기다리니 한참 후에야 이름을 불러 방으로 들어갔더니 예전 건강검진 자료와 S대학병원에서 찍은 CT와 엑스레이 사진을 같이 화면에 띄워 놓고 하나하나 짚어가며 친절하게 그리고 자세하게 설명해 주었다. 현재로서는 기관지 하나가 막혀 있다는 사실만 확인할 수 있을 뿐 신체에 별다른 병변이 발견되지 않았다고 하며 2년 전의 가슴사진과 비교해 주면서 별다른 차이점이 발견되지 않는다고도 했다. 결론적으로 말하면 좀 더 지켜보고 차이가 발견되지 않으면 안심하여도 된다는 말이었다. 그래서 두 병원에서는 그렇게 다른 진단을 하여 너무 혼란스러웠다고 했너니 두 병원 다 맞는 말이라고 하면서 '걱정 많이 하셨지요?'라고 위로해 주며 이왕에 폐 내시경 말도 나왔으니 그것도 해 보아야 내가 안심할 수 있을 거라고도 했다. 폐 내시경도 해 보기를 권하고 싶다고 하면서 아침에 와서 오후에 바로 나갈 수 있고 하루에도 수십 명이 하고 있으니 걱정 말라고도 했다. 기관지가 이렇게 막혀 있어도 괜찮으냐고 물었더니 이상병변만 발견되지 않으면 사는데 아무런 지장이 없으니 걱정은 말라고 단정적으로 말하는 것을 듣고는 조금은 다행이다 싶었다.

한 주 뒤에 폐 내시경 촬영을 하고 그 다음 주에 담당교수를 만났더니 검사화면과 채치물검사, 조직검사, 객담검사 등 각종 검사결과지를 보여주면서 아무런 이상을 발견할 수 없었다고 했다. 그래도 확실하게 안심하기 위해서 당분간 정기적으로 관찰해 보기만 하자고 하는 것이 아닌가!

지난 한 달 동안의 이런 해프닝을 겪으면서 나도 참 약한 사람이라는 것을 알게 되었다. 죽음 앞에서는 약해질 수밖에 없다는 것을 다시 알게 되었다. '완벽한 가기소멸 앞에서 당당할 수 있는 보통사람이 어디 있겠는가?'라고 자위를 해보기도 하지만 친구들이나 후배들 앞에서 소위 말하는 '개똥철학'을 설파하면서 큰소리 쳤었던 나 자신이 부끄러웠다. 이제는 매사에 좀 더 겸손해지고 성실해야겠다고 마음먹었다. 그리고 가족과 친구 등 가까이 있는 사람들을 더 사랑하고 배려하야겠다고 다짐하기도 했다. 아내와 아들은 '나'라는 존재의 이유이고 의미이며 그 중요성은 어떤 말로도 다 표현할 수 없다는 생각도 들었다. 수백만 원의 비용이 들었고 다 표현할 수 없을 정도로 심적 갈등과 번민을 겪었지만 이번의 해프닝은 우연히 의미 없이 일어난 일이 아니라 내가 한층 더 성숙해 질 수 있는 의미 있는 계기가 되었던 같다.

고개를 들어 창밖을 보니 하늘이 오늘따라 더 맑고 높고 그리고 푸른 것 같다. 살맛난다는 말이 이런 거구나 싶다.

한국스토리문인협회 회원
문학공원 수필 동인

내 고향 진달래꽃 외 2편

양 창 자

진달래꽃이 피는 봄이면 나는 고향이 무척 그립답니다. 일 년 중 고향이 가장 그리울 때지요. 고향집 뒤로는 해발 1200m의 높은 산이 삼면으로 병풍처럼 둘러싸여 있지요. 그 산골짜기 가운데 아담하게 자리 잡은 70여 가구의 내 고향, 시골 동네 치고는 꽤 큰 동네랍니다. 앞으로는 길게 누운 어머니의 포근한 가슴과도 같은 나지막한 야산이 있답니다. 그 산은 진달래꽃동산이랍니다.

봄이 되면 단발머리 소녀들은 그 산에서 봄나물을 캐기도 하고, 진달래꽃을 한 아름씩 꺾어다 방안에 꽂곤 했지요. 저녁이면 진달래꽃 향기와 어머니의 포근한 향기를 맡으며 잠들곤 했지요. 초등하교 시절, 학교가 있는 읍내에서 우리 동네까지는 십 리도 넘는 먼 거리였지요. 학교 앞 신작로 길에는 일본강점기 때 심은 벚꽃나무가 있는데 고목이 되어서 꽃이 피면 너무나 아름다웠지요. 벚꽃이 서로 어울려 터널을 연상케 하였는데, 그 곳을 지나가노라면 마치 꽃 터널을 지나가는 기분이었어요. 바람이 불어 꽃잎이 흩날리면 두 팔을 벌려 그 꽃잎을 잡으로고 마음껏 뛰어다니던 생각이 납니다. 하굣길에는 배가 고파서 책 보따리를 허리에 매고 산으로 올라가서 진달래꽃을 마음껏 따먹고 나서 나중에 서로를 바라보며 깔깔거리고 웃었답니다. 입이 시퍼렇게 물들어 있었으니까요.

십리가 넘는 산길은 혼자서는 엄두도 못 낼 정도로 공포의 긴 거리였지요. 귀신이 나온다는 바위굴을 지나서 호랑이가 모래를 던진다는 산 모퉁이를 돌아서면 먼저 간 남학생들이 몰래 산 위로 올라가 모래를 던지지요. 그러면 우리는 호랑이가 나왔다고 얼마나 뛰고 달려 집으로 갔는지 모릅니다. 집에 도착해서 책 보따리를 풀어보면 강통 필통에 들어있던 연필심이 모두 부러져 있었지요. 추억이 많은 나의 유년시절이며 추억이 많은 나의 산길이기도 합니다.

우리 고장의 특산품은 산채랍니다. 봄이면 사람들은 산나물을 캐러 재 넘어 높은 산으로 가지요. 나물을 캐러 가는 날이면 소풍을 가는 기분이랍니다. 산 중턱 옹달샘 앞에서 떠오르는 맑은 햇빛을 안고 먹는 도시락 밥맛을 지금도 잊을 수가 없네요. 지금 어느 뷔페음식에 그렇게 맛이 있을 수 있을까요? 산 정상에 오르면 아지랑이가 아물거리고, 끝이 보이지 않는 넓은 초야에는 억새풀만이 '어서 오라' 손짓하며 우리를 반기지요. 바람결에 휘날리는 억새풀을 안으면서 우리는 '아, 목동아'란 노래를 목이 터져라 소리 내어 불렀답니다.

싱그러운 봄냄새와 맑은 공기를 마음껏 마시고 계곡으로 내려가면 바위틈으로 피어난 산수유꽃, 진달래꽃, 진달래꽃, 산목련꽃이 만발한 그곳에서 우리는 카메라가 없어도 몸과 마음, 손가락으로 포즈를 취하면서 사진 찍는 시늉을 했답니다. 진달래꽃을 꺾어서 가슴에 한 아름 안고 하, 둘, 셋! 구령에 맞춰 포즈를 취했답니다. 바위에 눕기도 하고 폭포에 떨어지는 물을 껴안으면서 가짜 사진을 많이도 취했지요. 그곳에서 우리는 모두가 모델이었고 사진작가였답니다. 실제 사진은 한 장도 없지만 지금도 봄이 되면 그곳이 생각나 가슴에 설레고, 마음으로는 하루에도 몇 번씩 갔다 오곤 한답니다. 꿈에라도 좋으니 그때 그 시절로 되돌릴 수만 있다면 얼마나 좋을까요?

얼마 전, 고향을 찾아볼 기회가 있어서 갔었답니다. 읍내에서 동네로 들어가는 길은 경부고속도로의 통도사 인터체인지가 생겨서 길이 없어졌고, 고향으로 가는 길을 알 수 없는 우리 일행은 물어물어 찾아갔답니다. 조용하고 아담한 고향 동네에는 외지에서 몰려든 이방인들이 이층 삼층 양옥집을 지어 동네를 차지하며 별장으로 쓰고 있더군요. 터를 지키던 고향 사람들은 뿔뿔이 다 떠나고 몇몇 터줏대감만이 고향을 지키고 있었납니나. 발전된 고향을 보면 한편으로는 좋지만, 아름다운 꿈과 추억이 담긴 고향 풍경이 없어져서 마음 한구석이 쓸쓸했답니다. 먼 훗날 고양의 모습은 또 어떻게 변할까 생각해보는 하루입니다.

눈 덮인 산사

창문을 열고 내다보니 밤새 눈이 많이 왔다. 어디가 마당이고 어디가 찻길인지 구분이 안 될 정도로 많이 와서 지나가는 차들이 거북이걸음을 하고 있다. 등굣길에 아이들은 시간 가는 줄 모르고 눈을 한 줌씩 쥐고 서로 던지며 깔깔거리며 신이 나서 어쩔 줄을 모른다. 이런 광경을 물끄러미 바라보면서 나는 잠시나마 동심으로 돌아가 옛날 생각을 떠올린다. 내 고향 경상도는 눈이 잘 오지 않던 곳이었다. 그래서 어쩌다 눈이 오면 그 눈을 받아먹으려고 입을 벌리고 하늘을 쳐다보며 마당에서 빙빙 돌다가 발이 돌부리에 걸려 넘어져 웃곤 하던 생각이 난다.

절에 봉사를 하러 가는 날이라 서둘러 집을 나섰다. 버스에 몸을 싣고 창밖을 바라보고 있노라니 어제는 메마른 땅과 앙상한 나뭇가지가 오늘은 눈 덮인 창밖의 풍경이다. 스쳐가는 풍경은 어디가 어딘지 구별하지 못할 정도로 눈 세상을 만들어놓았다. 바람이 불면 눈가루가 햇볕에 반짝거리며 날아가는 풍경 또한 보는 사람의 마음을 즐겁게 만든다. 길 옆 배나무 가지엔 누가 눈을 한 줌씩 올려놓은 모양으로 눈꽃을 피우고 있다. 소나무 잎은 눈이 쌓여 수탉의 벼슬모양으로 늘어뜨리고 땅만 보고 다소곳이 고개를 숙이고 있다.

눈 덮인 길을 헤치고 버스는 잘 달려 금방 종점에 도착하였다. 나는 절에서 나온 차에 올라탔다. 산사로 가는 계곡 옆 눈 쌓인 바위는 하얀 눈꽃이불을 덮고 침묵을 지키며 말없이 우리를 반기고 있다. 절 입구의 연못 위 포대화상 부처님은 어린 동자부처님을 안고 세상을 품에 안아볼 모양으로 팔을 벌려 눈웃음을 지으며 오고가는 중생들의 마음을 다 안다는 듯 자비롭게 미소를 짓고 있다.

땡그랑땡그랑, 풍경소리에 맞춰 골 패인 기와지붕 위에서 눈이 한 줌씩 떨어지면 그 눈을 쓸어내느라 스님들은 바쁜 하루를 보내고 있다. 봉사하려고 온 도반들 또한 눈에 비친 얼굴표정이 맑아 보인다. 열심히 불기를 닦아서 부처님 전에 올려놓고 참회의 기도를 하고 있다. 내가 살아가는 동안 죄짓는 일도 남에게 해가는 일도 하지 말아야겠다고 생각하면서, 저 흰 눈처럼 소박하고 하얀 마음을 지키고 살 수 있는 불자가 되기를 스스로 노력해본다.

외도와 한산섬 여행

잔뜩 찌푸린 날씨다 싶더니 금방 비가 오기 시작하였다. '어제까지 날씨가 좋았는데 왜 하필이면 오늘 비가 오나' 생각하면서 예약해놓은 차편이기 때문에 우리들은 하는 수 없이 차에 올랐다. 우리가 탄 차는 비 오는 길을 미끄러질 듯 달려 중부고속도로로 가다가 내부순환도로에 올랐다. 비가 오는 고속도로라 마음이 약간 긴장된다.

한두 시간 정도 내려가니 비가 그쳤다. 스쳐가는 창밖의 풍경은 녹색으로 빛이 난다. 막 피어나는 풀잎과 꽃잎을 안개구름이 왔다 갔다 하더니 살짝 덮기도 한다. 석양이 질 무렵, 어느 외딴 산촌 초가집 굴뚝에서 몽글몽글 피어오르는 연기처럼 산골짜기마다 피어오른다. 실안개는 마치 선녀가 머리를 풀고 하늘로 올라가는 것처럼 아름답다. 한 폭의 그림 같다.

다시 비가 오기 시작한다. 몇 시간을 달려 우리들은 통영의 선착장에 도착하였다. 한산섬으로 향하는 배는 한 시간에 한 번씩 있단다. 우리 일행들은 드디어 배에 올랐다. 배는 버스와 자동차도 같이 싣고 갈 수 있는 여객선이었다. 맑고 깨끗한 하얀 파도를 헤치며 3~40분 앞으로 나아가니 한산섬 선착장에 도착하게 되었다. 비가 점점 내리더니 이젠 제법 많이 쏟아진다. 우산을 쓰고 굽이굽이 바닷길을 따라 걷는 기분은 몸은 늙었어도 마음은 낭만적이었다.

때늦은 동백꽃과 제철에 막 피어난 철쭉꽃을 안고 사진을 찍으면서 우리는 이순신 장군께서 1,340일 동안 머물면서 병사들과 사용했다는 우물가에 도착했다. 우물물을 떠 한 모금 마시면서 나는 신기하다는 생각이 들었다. 바다와 길 하나 사이에 있는 우물이 바닷물이 스며들어 짠 맛이 날 것도 같은데 물맛은 보통 우물의 물맛과 같았다. 가이드는 400년이 지난 지금도 당시의 물맛이 그대로란다. 맑디맑은 우물을 내려다보면서 마치 수학여행을 온 소녀처럼 갑옷을 입은 이순신 장군의 모습을 떠올려본다. 수루에 올랐다. 임진왜란 때 충무공이 이곳을 자주 올라왔다는 수루 일종으로 만루라고 하였다. 이순신 장군은 왜적의 동태를 살피고 왜적을 물리치며 나라를 구해달라고 기도하며 우국충정의 시를 읊기도 했다고 한다.

한산섬 달 밝은 밤에 수루에 혼자 앉아
큰 칼 옆에 차고 깊은 시름 하는 차에
어디서 일성호가는 남의 애를 끊나니

조선 선조 임진왜란 때 90여척의 배로 왜적 500여철의 배를 물리친 해전 사상 길이 빛나는 한산대첩이 있던 유서 깊은 곳이었다. 시간이 좀 더 주어졌으면 구석구석 돌아보면서 이순신 장군께서 나라를 위해 남기신 업적을 기리고 싶은 생각이 들었다. 이순신 장군의 우국충정을 마음에 되새기면서 보잘것없는 국민의 한 사람으로 후세에 길이길이 남으리라 생각하며 서둘러 배에 올랐다.

우리 일행은 몽돌해수욕장이라는 곳에서 하룻밤을 보내고 철썩철썩, 파도소리와 함께 수평선 넘어 붉게 떠오른 태양을 안으면서 외도로 향하는 배에 올랐다. 망망대해에 하얀 파도를 헤치며 3~40분가량 달려가니 천혜의 비경 해금강에 도착하게 되었다. 나는 한려수도의 경치에 취해 눈을 뗄 수가 없다. 앞에 보이는 크고 작은 섬들은 한 폭의 그림으로 다가온다. 해금강의 하이라이트 격인 십자 동굴 안으로 배가 쑥 들어갈 때 사람들은 배 난간에 서서 환호성을 질러대고, 사진을 찍느라 분주하다. 우리들도 포즈를 취하며 몇 장의 추억을 남겼다. 아름다운 동화 속으로 들어온 느낌이다. 두꺼비가 죽어 바위가 되었다는 두꺼비 바위와 하늘로 올라가기 위해 두 손 모아 기도를 하였다는 선녀바위를 뒤로한 채 배는 외도로 향하고 있다.

외도는 해상공원이었다. 설립자인 이창호 씨는 여고 교사와 동대문시장에서 의류사업을 한 이력의 사업가라 하였다. 우연히 바다낚시를 하러 왔다가 바위섬을 개발하여 지상의 낙원으로 만들었다고 한다. 공원에는 840여종의 꽃과 선인장들이 마치 조각 작품처럼 잘 다듬어져 있다. 정상에는 그분의 비석에 남편을 그리며 쓴 부인이 쓴 글이 새겨져 있었는데 읽는 사람의 가슴이 찡하게 만든다.

님께서는 가파른 외도에 땀을 쏟아 거품이 되게 하시었고
애정을 심어 꽃들이 피고지게 하시었고
거칠은 숨결은 바람에 섞이시어
하고픈 말씀은 침묵 속에 남겨 두시고
주님의 품으로 가시었으니
님은 울지 않은데도 우리는 울고 있고

평범한 학교 선생님이었던 그분의 뜻은 외도를 찾는 수많은 사람들에게 또 후손들에게 길이길이 남을 거라 생각하면서 다음 목적지로 향한다.

전 하 라

계간 <스토리문학> 시부문 등단
계간 <수필춘추> 수필부문 등단
한국문인협회 회원
한국스토리문인협회 회원
문학공원 동인
계간 <스토리문학> 편집장

창문을 열며 외 1편

전 하 라

6시 알람소리에 잠을 깨 비몽사몽으로 간 기억 없이 다녀온 화장실, 이내 또다시 잠이 들었다. 1시간 45분 만에 깜짝 놀라 눈을 떴다. 아들을 학교에 보내야하기 때문이다. 늦체가 오래도록 내려가지 않아서 밤늦게까지 마사지와 지압을 해준 반쪽에게 고마움도 잠시 짜증 섞인 목소리로 투정을 한다.

"내가 체기와 생리통이 있을 때는 애 좀 깨워야지 잠만 자는 거야!"

몸은 쌓아 놓은 돌산에 짓눌린 것처럼 무겹다. 머리는 띵하고 코는 맹한 상태에 정신을 차릴 수가 없다. 다만 렘넌트remnant[2] 아들을 학교에 보내기 위해 정신을 차려야했다. 어젯밤 아들이 '엄마, 내일 아침에 토스트해 줘!'해서 '알았다.'고 말했는데 만들면 늦을 것 같아 '빵을 구워서 잼을 발라줄 테니 먹고 가!'라고 말했다. 토스트를 만드는 사이에 아들은 옷을 입고 있다.

아들에게 미안함도 잠시다. 아들은 학교에서 받아온 안내장을 이제야 꺼내놓았다. "해강아, 제발 좀 준비물이나 안내장 같은 것은 학교 갔다 오면 바로 꺼내 놔! 그래야 엄마도 준비할 시간이 있지!"

몇 년 전부터 그렇게 잔소리하며 외쳤건만 소용이 없다. 어제도 제 누나 앞에서 약속한 말은 어디가고 학교에 가려고 신발을 신다 말고 안내장을 꺼내놓았다. 학교에 다녀오면 가방을 제자리에 가져다놓고 교복을 벗어 걸어야 하는데, 그 3초를 견디지 못하고 옷을 아무렇게나 벗어 던지고 게임을 시작한다. 그런 아들이 놀·토에 학교에서 배드민턴을 배우고 싶단다. 초등학교 이후 놀·토에 뭐 좀 배우라 해도 단 한 번도 동의하지 않던 아들의 마음이 달라짐에 내심 기뻤다. 입술 밖으로 튀어나오는 말은 '저녁에 미리 주라니까 왜 또 아침에 주네!'하면서도 자신의 건강을 위해 무엇인가 해야겠다는 변화한 모습에 미세한 감동을 받는다. 그렇지만 그것도 잠시 가방 가득 '판타지소설'을 채워 넣고 있다.

"해강아, 돈이 너무 많이 들어가니까 주말에만 읽으라니까! 판타지소설을 그만 읽고 도서관에 가서 명작 좀 대출해서 읽어!"

"학생증이 이삿짐 속에 있어서 못한단 말이야!"

---

2) 렘넌트remnant : 기독교 언어로 '흩어진 자, 숨겨둔 자, 남은 자'라는 말로 미래를 살리기 위해 준비된 하나님의 일을 감당할 자임.

작년 8월부터 학생증이 없어서 그렇다고 말하더니 아직도 학생증을 재발급 받지 않아서 도서 대출을 못 하고 있다. 며칠 전에도 '얼른 사진 찍어서 만들어!'라고 하니까 '학교에 가면 자꾸 까먹어.'라고 대꾸를 한다.

조금 부끄러운 이야기지만 남편의 사업이 어려워 큰 집에 살다가 작은 집으로 옮겨오면서 남은 이삿짐을 이삿짐 컨테이너 속에 두고 되찾아오지 못한 지 1년이 지났다. '남편은 늘 곧 된다, 된다.'하고 아이들과 나는 언제 이삿짐을 찾아오느냐 남편에게 안달하다가 아이들도 나도 이젠 자포자기한지 오래다.

"그럼 폰 놔뒀다가 뭐 하려고 그래. 문자 보내놓으면 되지, 제발 판타지 소설 그만 읽고 좋은 책 좀 읽어봐! 판타지 소설을 쓴다고 했으면 써야지 쓰지도 않으면서 매일 그것만 읽고 있냐?"

그 말에 아들은 내게 대꾸했다.

"도서관에는 읽고 싶은 게 없으니 도서관에서 안 읽고, 책방에서 빌리려고 하면 엄마가 자꾸만 돈 없으니 빌리지 말라는 부정적인 말을 하니 돈이 안 들어오지!"

그 말에 나는 할 말을 잃었다. 어젯밤에 나 역시 보디가드에게 다그쳤다.

"언제나 짐을 찾아올 거야! 언제쯤 여름옷을 꺼낼 수 있는데?"

그에게 말하고 나면 내면에서 실망감이 부글부글 끓어올라왔다.

"언제까지 이러고 살아야해! 더 기다리면 또 내가 어떻게 변할지 모른단 말이야!"

나는 남편에게 협박 같은 경고를 했지만 사실 내게 보내는 경고 같은 말이기도 했다. 한계에 도달해서 잊고 넘어섰다가도 욱 치밀어 오르고 숨이 막혀 미칠 지경이다. 계속 늦체기 속에 있어서 스트레스가 극도로 오른 상태다. 어제는 버스에 올라서 껌을 씹는데 침이 순간 기도로 넘어갔는데 그사이 막힌 숨을 어떻게 해결해야 할지 몰라서 당황스러웠다. 이리저리 움직이며 호흡 회복을 했지만 이러다 쓰러져 죽을 수 있다는 직감에 뭔가 모르는 한숨이 나왔다. 겉은 화장하니 멀쩡해 보이지만 망가진 마음 곳곳을 어떻게 설명하기 곤란하다. 아들의 말처럼 나의 부정적 생각이 아침에 파장을 일으킨 것 같다. 내가 이정도로 곤란하다면, 어쩌면 아들도 감정이 매우 곤란한 상태일 거라는 생각과 좌절에 빠져있을지 모른다는 생각을 하며 서로의 입장에서 상처를 주지 말아야겠다는 생각을 해본다.

아들에게 '돈이 없다'는 말을 하며 계속 방치시킨 결과일까? 아니면 태생적으로 그런 걸까? 이제는 미래를 보며 자신의 비전을 찾아가야하는데 여전히 게임과 판타지 소설에 묻혀 사는 아들을 보면 안타깝기만 하다.

'왜 이렇게 살아야 하는지, 왜짐을 못 푸는지, 왜 저런 남편만을 믿으며 기다려야하는지…….' 생각해보면 너무나 속이 상한다.

물론 남편을 사랑한다. 사랑이 중요하기도 하지만 사랑이라는 말로 포장되어 이러지도 저러지도 못하는 현실의 짐 앞에서 나는 갈등한다. 신앙적 양심과 여자로서 그를 선택한 것이 실수가 아니었음, 후회하지 않고 책임지고 싶음을 발버둥치고 있는지도 모른다. 그런데 인내하고 또 기다리고 또 단련하며 자신을 내려놓고 다독여도 여전히 우리 상태는 집 없는, 짐이 컨테이너에서 자고 있는 상태에 마음이 처절하게 무너진다. 다들 '잊어버리라고, 어쩔 수 없으니 포기하고 있으라'고 말하지만 '내 자녀의 추억과 우리의 모든 게 그 속에 있는데…….'라는 생각에 잡히면 좌절의 늪에서 칼끝에 찢기는 고통스런 수모와 부끄러움에 치가 떨린다. 부모로서 역할을 다하지 못하는 괴로움으로 얼굴을 들 수가 없다.

그나마 출근할 수 있는 스토리문학 출판사 사무실이 있어 나에게 구원의 장이 되고 있는 것 같다. 일을 할 때는 기쁘고 행복하다. 그러나 겉은 웃고 다니지만 내 몸은 우울로 인한 기관이 막히고 있다. 그래서 걱정이 된다. 지하실 방에서 살자니 가슴이 답답하다. 창을 열어젖혀도 숨이 막힌다. 폐쇄공포가 밀려든다.

어차피 그분 곁으로 갈 때 아무것도 가져갈 수 없는데 왜 물건에 연연하고 있는가? 믿는 자녀가 이렇게까지 고민할 필요는 없는 것 같다. 컨테이너에서 꺼내지 못한 이삿짐-여름옷, 생활용품-에 스트레스 받아서 내가 더 고통스러움에 빠져서 헤어 나오지 못함을 발견한다. 이렇게 네 식구가 함께 할 수 있다는 것만으로도 얼마나 큰 행복인가? 건강한 아들에게 야단칠 수 있는 것만으로도 얼마나 행복한 일인가. 우리 부모 세대는 먹는 것 하나만을 위해 남의집살이를 해야 했다고 한다. 견디자. 사랑으로 견디고 이겨내자. 나만 견디면 모두가 행복해질 수 있다. 딸아이 유진도 자기 방이 따로 있어 좋다고 하고, 해강이도 전혀 동요하지 않고 있다. 남편의 사업도 긴 터널을 빠져나오고 있는지 점점 좋아지고 있다.

눈물 나는 아침, 창문을 연다. 아침이라 그런지 한 줄기 시원한 바람이 들어온다. 그분께서 특별히 보내시는 바람인 것 같다. 나는 오로지 그분에게만 매달릴 수밖에 없다. <기도수첩>에서 노아의 사명체험[3]을 읽으며 원조의 축복을 받는 나임을 감사한다.

3) 노아의 사명 체험 : 노아의 방주

바이올린 연주를 들으며

컴퓨터를 통해서 바이올린 연주 소리가 들린다. 느린 템포로 켜는 만큼 아림으로 들린다. 탱고를 추는 슬픔의 선율이 발등에 쌓인다. 나는 매일 신설동이라는 곳에 있는 사무실로 출근을 해서 퇴근으로 마무리 한다. 하지만 숱한 경계에 놓인 나의 삶이 파장을 가져오고 있다.

터질 듯 심장이 오그라드는 아픔의 경계에서 눈물이 날 지경이다. 아이들은 나름 각자의 위치에서 잘 지켜내자 했던 시간들이 지금의 선상에서 뭔가 모르는 아픔으로 흑흑거린다. 슬프다는 말로 표현할 수 없는 유리방황 속에서 헤어나지 못하는 눈물새가 되어버린 느낌이다. 그렇게 사랑하고 지켜내려 한 나의 가정과 가족에게 하나의 짐이 되어버린 위치, 뭔가 해내고 승리의 깃발로 서고 싶은데 시간은 계속가고 기다리는 말만 하는 그가 이제는 미워지고 지겨워진다. 정말 때때로 나를 죽이고 싶듯이 그와 함께하고 싶지 않은 전 가족 몰살을 꿈꾸는 어리석은 침몰을 연상하는 어리석은 배를 타고 있다. 아프다. 아파서 서 있고 싶지 않을 정도로 내면의 어느 쪽 선에서 미쳐가고 있다. 아프다. 너무 아파서 웃고 싶지 않을 정도로 굳어버린 감정이 나의 심장을 멈추게 하고 있다.

경계를 늦추며 믿음이라는 관점으로 애쓰나 지침이라는 저울 위에 있다. 누워도 일어서도 생각 속에 자리한 실패의 노예 컨테이너에 갇힌 추억과 나의 옷들만큼 답답함으로 숨이 막혀서 설 수가 없다. 이상 현상으로 나를 이끌고 있다. 다시는 겪고 싶지 않은 충격으로의 길, 벗어난 줄 알았던 무덤 같은 고통이 육체를 타고 온다. 더 이상 가정, 가족이 어려움에 자극받고 싶지 않은데 나를 놓지 않는 상황들이 나를 목죄고 있다. 산자의 행복을 누려야 하는데 전혀 행복하지 않다. 내가 갇힌 나의 것들을 찾고 싶은데 열지 못하는 문안의 나! 어떻게 해야 자유로울 수 있을까! 그 어떤 것도 자유롭지 못하다 나를 이 지경까지 몰고 온 것들에 숨이 막힌다.

바이올린이 나를 위로한다. 나의 감정을 다스리며 나를 세워준다. 어쩌면 나는 바이올린이 되어 연주하고 싶었는지도 모른다. 바이올린 속의 글을 쓰는 시인, 바이올린을 켤 때마다 아름다운 세상이 나오고, 아름다운 미소가 다가오고, 좋은 사람들, 행복으로 찬란한 태양을 바라보는 아름다운 해변의 여인이었는지 모른다. 바이올린의 증폭이 나의 생을 올리고 리듬 속에 어둠을 숨기고 활기찬 햇살 밭으로 안내하는지도 모른다. 요즘은 간혹 내가 원하던 삶이 무엇인지 잊는다. 내가 행복한지도 모르기에 내게 행복이라는 말이 사치스럽고 소비적으로 느껴지는 것은 덜된 인간이라 그럴까? 칙칙한 밤이 오는 만큼 나의 인생은 회색지대에서 종을 울리지 못하고 있다. 다만 갇혀있는 공간을 도는 공허한 메아리 같다.

나는 글을 쓰는 일을 택했다. 그것은 주변의 수많은 만류에도 불구하고 내가 택한 직업이다. 이제 내 글에 대한 독자를 찾아야 한다. 나의 최대 독자는 나이다. 나의 최고 독자 또한 나이다. 나 스스로를 가장 사랑하는 사람이 되자. 나를 아끼고 나를 부축하며 나를 최고로 만들자. 그러기 위해서 나는 날마다 고독해져야만 한다. 나를 궁지로 모는 물질의 문을 닫고 영혼의 문을 개방해야 한다. 그리하여 1%의 긍정으로 99%의 부정을 눌러야 한다. 소크라테스의 아내는 정말 악독한 처였다고 전한다. 나도 그런 악독한 경제 환경을 만났다. 사사건건 물고 늘어지는 환경이 나를 옥죄지만 사무실로 출근하면 나는 해방된다. 글을 만나면, 문인들을 만나면 나는 모든 상황을 내려놓고 문학의 숲에서 지저귀는 한 마리의 카나리아가 된다.

어떻게 하면 아름다운 소리를 내며 카나리아처럼 세상을 날 수 있을까? 어떻게 하면 예배당의 종소리처럼 상쾌한 아침을 만날 수 있을까? 어떻게 하면 바이올린처럼 아름다운 소리를 내며 다른 사람의 심금을 울릴 수 있을까? 타인의 가슴을 울리기 전에 나의 가슴을 울릴 뭔가를 발견하고 싶다. 답답한 내 가슴을 치유해야 남의 가슴도 울리며 치유할 것 아닌가? 그래서 나는 글을 쓴다. 어느 작가는 "내 마음을 알아주는 한 사람의 독자를 만나기 위해 글을 쓴다."고 했다. 나도 한 사람의 독자를 만나기 위해 나만의 '시 바이올린'을 연주를 위한 훈련에 돌입한다. 한 사람의 독자는 곧 백천만 사람의 독자가 될 테니까.

이 영 하

<문예춘추> 등단, 공군사관학교 22기 졸업, 연세대학교 행정대학원 석사, 예비역 공군 중장, 주 레바논 특명전권 대사 역임, 남대학교 겸임교수 및 호원대학교 초빙교수, 계간 <문예춘추> 문인회 이사, 한국군사학회 부회장
한국스토리문인협회 자문위원, 자작나무수필 동인
대통령 표창 외 다수

북한산 등산과 인생의 특별 보너스 외 2편

이 영 하

구기동 쪽으로 난 북한산 둘레 길을 따라 꼬불꼬불 걸어 올라갔다. 연와정사를 지나 감람산 기도원을 지나가니 마치기독교인 지역과 불자 지역을 순례하는 기분이었다. 지난주에 갔던 똑같은 길이지만 느낌은 또 달랐다.

산을 올라가는 사람들이 너무 다양하다.

어린이를 동반한 어버이, 나이가 꽤 많이 드신 할아버지, 서울을 사랑하는 모임 회원들, 등산로의 쓰레기를 줍는 착하신 아주머니 등 오늘은 유난하게 사람들이 많다. 바야흐로 봄기운이 완연해지고 있기 때문인 것 같다.

그러나 산은 여전히 겨울을 머금고 있었다. 계곡에는 얼음과 눈이 쌓여 마치 겨울옷을 입고 있는 것 같아도 산바람은 계속 봄을 실어 나르고 있었다. 이름 모를 새들도 이제 봄을 노래하는 듯 맑고 밝은 소리 일색이었다. 청담샘까지 가는 길은 지난 3년 전이나 다름이 없었다. 약수를 마시면서 지난 3개월을 되돌아보았다.

산이 내뿜는 봄의 기운을 담뿍 안고 하산하기 시작했다. 서울 시가지가 한 눈에 들어 왔다. 세상을 향해 '야호!'하고 소리쳐 보았다. 정다운 메아리가 귓전을 울렸다. 내가 살아 있음이 행복한 아침이었다. 북한산 계곡을 흐르는 물소리에 내 소중한 사랑을 띄워 보낸 아침이 닫혀지고 있었다.

0월 0일 아침. 지난 주말에 이어 또 북한산을 찾았다. 산자락에 발을 들이자마자 온 누리가 백색의 페스티벌을 벌이는 것 같았다. 세속을 떠나 한 백여 미터 올라왔는데 세상은 별천지 같이 변해버렸다. 사철나무를 포함하여 고목나무의 팔위에 눈꽃이 만발하였으며, 여기저기서 이 봄 속에 맞은 겨울모습을 담아놓기 위해 카메라의 셔터소리가 요란하게 들려왔다. 어린아이 어른 할 것 없이 온 산을 점령하고 있는 겨울손님에 대한 환호성이 대단들이다.

고도의 차이가 이렇듯 계절까지도 바꿔 놓는데 대해 다시 한 번 놀라움을 느꼈다. 마치 내가 에베레스트의 등정코스에 와 있는 착각을 갖게 해주었다. 눈을 밟는 소리가 뽀드득뽀드득 어린 시절로 나를 안내해 주었다. 겨울에 눈이 무릎까지 쌓이는 날이면 초등학교 인근 산으로 토끼몰이 다녔던 추억이 아련히 떠올랐다.

세속은 봄이 온다고 사람들이 춤을 추고 야단들인데 지금 여기는 한겨울을 연출하고 있으니 대자연의 오묘한 조화를 이처럼 실감나게 느끼기가 쉽지 않을 것 같다. 특히 바위와 길과 낙엽과 이끼까지도 뒤덮어 온통 백색으로 채색해버린 조화로움이 너무 믿어지지 않았다. 그리고 한 이틀 비가 와서 그런지 계곡 물소리가 폭포수 쏟아지듯 한 울림을 만들고 있었다. 지난주에 왔을 때와는 실로 다른 상황을 연출하고 있었다. 이제 그동안 가물었던 대지를 어느 정도 해갈해 준 것 같았다.

대성문에 올라 서울 시내를 내려다보았다. 눈이 쌓여 가지가 견디기 어려운 신음을 하고 있는 듯한 나무들 사이로 내려다보이는 세상은 전혀 아무것도 변함이 없는 것처럼 조용하였다. 나는 오늘 인생의 특별 보너스를 받은 느낌이었다.

봄 철 등산에서 생각하지 못했던 백색의 설원이 주는 상쾌함과 맑은 공기, 오색 등산복이 눈 세상에 만들어 내는 인간과 자연의 교감, 3시간여의 등산을 했는데도 전혀 피곤을 느끼지 못하는 특이한 체험의 시간들 때문이 아니었을까? 아직도 북한산은 겨울의 점령군이 위세를 부리고 앉아 있었는데 사람들은 어른 아이 할 것 없이 속세로부터 부지런히 봄을 실어 나르고 있었다.

아마도 다음 주에 북한산에 다시 가면 인간들의 열화와 같은 정성으로 화사한 봄 얼굴이 우리를 반갑게 반길 것이라 기대해 본다.

O월 O일 아침, 일어나 아파트 뜨락을 거닐다가 북한산이 나를 부르고 있다는 생각이 들었다. 바로 등산복을 차려입고 밖으로 나서니 어제 밤부터 불었던 세찬 바람이 겨울만큼이나 아직도 살아 있었다. 큰 나무들은 그래도 점잖게 든든하게 서 있었으나, 가지가 많은 작은 나무들은 제발 살려달라는 애원이라도 하는 것처럼 바람에 그냥 휘둘리고 있었다. 자연에 무기력한 생명체들의 비애를 보는 것 같아 서글퍼졌다.

오늘은 북한산 자락 어귀에 있는 명상길을 등산하기로 했다. 형제봉과 북악하늘길로 연결되는 길이라서 왠지 가보고 싶었다. 하늘길은 내가 전투조종사로서 33.5년간 걸었던 길이니 어찌 가보고 싶지 않았겠는가?

명상길로 들어서자마자 그 세찼던 바람은 길을 잃었는지 온데 간데 없었다. 계곡으로 요리저리 구부러진 길은 왜 명상길로 불리게 된지를 쉽게 알 수 있게 해주었다. 너무 평화롭고 조용한 길이었다.

한 참을 올라갔는데 오색 딱따구리 부부가 서로의 애정표시인 듯 부지런히 상대를 향해 구애를 하고 있었다. 오랜만에 딱따구리 가족을 보았으니 오늘 분명 기분 좋은 일이 생길 것 같다. 새들도 우리 인간들도 사랑이 없다면 얼마나 무미건조할까? 하는 생각을 해보게 되었다.

오가는 등산로에서 "나무야!! 내가 지켜줄 께!!"라고 쓰인 캠페인 광고가 맘에 와 닿았다. 모든 등산객이 정말로 심각하게 산불 조심에 동참했으면 하는 간절한 마음이 생겨났다.

여기저기 갈래 길로부터 등산객들이 모여들어 좁은 길이 꽉 차 보였다. 다양한 색깔이 온 산에 가득해지니 이제 정말 봄이 온 것이 분명했다. 아침에 땀을 쏟고 내려오니 온 몸이 날아갈 듯이 가벼워졌다.

새롭게 시작된 4월을 힘차게 열기 위한 북한산 등산이 내게 주는 행복감이 너무 큰 아침이었다.

정원과 바다가 어우러진 남도기행

2013년 5월 6일 밤은 유난히 부산떨고 잠이 잘 오지 않았다. 마치 초등학교 학생시절에 운동회나 소풍 전날처럼 가슴이 설레이고 기대감이 밀려오기 때문인 것 같았다.

하룻밤만 자고나면 그동안 자주 만나보지 못해, 보고 싶었던 고등학교 동기동창들과 그 부인들을 만나서 남도기행을 떠나는 날이었기 때문이었다. 1박 2일의 짧은 일정이긴 하지만 부부가 함께 가는 여행이다 보니 준비물도 많아지고 가방부피도 커질 수밖에 없었다. 모든 떠날 채비를 다 하고 난 뒤 밤 12시경에야 가까스로 잠을 청하였다.

우리는 새벽 5시에 자명종을 맞춰놓고 잠자리에 들었으며, 아름다운 여행 꿈을 꾸어보려는 마음으로 눈을 감았다. 레바논에서 대사직을 마치고 귀국한지도 어언 1년 반의 세월이 흘렀으니, 여러 가지로 바쁘다는 핑계로 부부가 같이 여행해본 기억이 별로 없어서인지 집사람도 대단히 기대가 큰 모양이었다. 솔직히 아들부부와 함께 4인 가족여행을 두어 번 했었지만, 우리 부부끼리 오붓한 여행은 참으로 오랜만이라, 가슴 한켠에는 미안한 마음도 자리하고 있었는데 동창회 모임이 나의 이 미안함을 해소시켜주는 기회를 마련해주었다는 생각이 들어서 특별히 강상백 회장과 양재열 총무에게 감사하는 마음을 전하고 싶어졌다.

우리 일행은 아침 7시30분에 사당역 인근 르메이에르 스포츠센터 앞에서 기다리고 있는 '제로쿨 투어' 45인승 관광버스로 쇳가루가 자석에 끌려오듯이 하나 둘 모여들었고, 친구 개개인이 열정과 인내와 도전정신을 가지고 사회와 국가발전에 역량을 모아가고 있는 중후한 멋들을 아직도 그대로 지니고 있었다. 참으로 건강하고 반가운 얼굴들이었다.

서로들 따뜻하고 정감 넘치는 인사들을 주고받으며, 안부를 묻기에 바빴다. 고교동창이 아니면 어떤 모임이 이처럼 부담 없이 친밀한 감정으로 만날 수 있을까? 하는 생각이 들었다. 관광버스는 남쪽으로 길게 뚫린 고속도로를 따라 옅게 낀 안개터널 속을 달리고 또 달렸다.

동창회에서 준비한 김밥과 감미품을 먹으며 고향을 향해 달려가는 포근함에 젖다보니 차창 밖으로 스쳐지나가는 풍경자체가 시심을 자극하기도 하였다.

"여기저기서 생명이 약동하고 소생하는 계절의 하루하루가 이토록 고마울까 싶다"며 오고 있는 봄날을 노래한 이 해인 시인의 시구詩句가 아니더라도, "나무에 새싹이 돋는 것을 어떻게 알고 새들은 먼 하늘에서 날아올까" 라고 노래한 김광섭 시인의 시구를 빌리지 않더라도, 보름마다 한 번씩 바뀜을 하는 절기의 이름곡우, 입하을 통해서 우리는 바쁜 일상가운데서도 찬란한 봄이 오고 있음을 온 몸으로 느끼게 되는 것이 아닐까?

산 너머 남촌으로부터, 도심의 골목에서부터, 3월까지도 쌀쌀함을 실어다 주었던 겨울바람이 봄을 심어놓고 총총히 사라져간 지가 꽤 오래된 것 같다. 지난 3월 5일이 개구리가 겨울잠에서 깨어난다는 경칩이었다. 개구리는 봄을 알리는 전령이자 우리에게 친근한 동물이라서 그런지 개구리와 관련된 속담이 많은데, 그 중에서 "우물 안 개구리"라는 말이 생각이 났다. 우물이 세상의 전부인 줄 알고 살아가는 개구리에게는 세상은 우물에서 보이는 동그란 모양일 뿐이다. 우리는 지구라는 커다란 별에서 살아가고 있지만 우리의 생각은 그 보다 훨씬 작은 세상 안에 멈춰져있기 마련이다.

그래서 우리가 더 큰 세상을 살아가기 위해서는 개개인이 "자기를 보는 눈, 남을 보는 눈, 세상을 보는 눈"이 세 가지 눈을 필요로 하며, 우리가 여행을 하는 가장 큰 목적과도 일치한다는 생각을 해보게 되었다.

우리일행은 부부동반 10쌍과 단독 10명으로 총 30명이었는데 45인승 관광버스가 훌륭한 평생교육장소 역할을 해주었다. 우리 동창 중에 김 광인 치과 원장이 대단히 해박한 지식을 다양하게 갖고 있어서 한반도를 종으로 가로질러 순천으로 향하는 동안에 '버스 속 현장 특강'을 해주었고, 우리 일행은 여행의 즐거움과 함께 다양한 상식을 넓히는 좋은 계기가 되었다. 주로 우리일행의 여정에 관련된 상식들이어서 사전지식을 가지고 여행지를 이해할 수 있게 되었고 모든 친구들의 뜻을 모아 이 자리에서 고마움을 표하고자 한다. 그가 우리 일행에게 해 준 귀중한 이야기들은 '거문도의 영국군 불법점유에 관련된 역사적 사실' '고흥의 옛 이름중 하나인 흥양 이야기' '백제계 석탑과 신라계 석탑의 특징과 차이점' '고려청자중 최우수품을 만들어낸 강진의 도요도자기가마' 등으로 고고학자급 정도의 전문적인 역사적 사실들을 이해하기 쉽게 설명해주었다.

특히 그는 중국의 한 시에 관심이 많다고 하면서 우리들에게 들려준 '강설江雪(눈내리는 강)'은 이제 60이 넘은 인생의 제 2막을 살아가는 우리들에게는 자주 음미해볼 필요가 있을 것 같아 여기에 옮겨 보기로 했다.(작자 정종원柳宗元)

천산조비절千山鳥飛絶 온 산에 새 나는 것 끊기고

만경인종멸萬徑人蹤滅 모든 길에 사람자취 없는데
고주쇠립옹孤舟蓑笠翁 외로운 배에서 도롱이에 삿갓 쓴 노인이
독조한강설獨釣寒江雪 눈 내리는 차가운 강에서 홀로이 낚시질하고 있네

우리는 고속도로 휴게소에 두 번 정도 휴식을 하면서 4시간 반 동안을 달려 순천시내에 있는 향토음식 맛집인 "지리산식당"에 도착하였다. 장시간의 여행피로도 잊은 채 고고학적 상식 확장과 한시에 대한 새로운 이해를 하면서 부지런히 머리회전을 해서인지 모두들 시장기를 느끼면서 고향의 맛에 흠뻑 빠져드는 표정들이었다. 나도 오랜만에 남도 음식을 먹으면서 고향의 정을 물씬 느꼈다.

우리 일행은 점심을 끝내고 순천 정원박람회를 둘러보게 되었다.

'지구의 정원 순천만'이라는 주제로 금년 4월 20일부터 10월 20일까지 6개월간 순천시 풍덕동. 오천동 일원과 순천만에서 개최되는 "2013 순천만 국제정원 박람회(ECOGEO 2013)"를 돌아보게 되어 참 좋은 기회를 잡았다는 생각이 들었다.

본 박람회는 미래의 다양한 정원문화 기술을 전시·공유하는 장으로서 유럽 등 선진국에서는 이미 150년 전부터 보편화된 박람회로 그 시대의 모든 기술을 총체적으로 활용하여 도시개발 및 환경계획의 일환으로 적용되고 있으며, 개최 후 시설물을 모두 철거해야 하는 산업박람회와는 달리 시간이 지날수록 수목이 울창해지고 그 가치가 높아지는 미래형박람회이기 때문에 지금은 비록 조성초기의 미비함이 있을지라도 앞으로 4~5년이 지나면 대단한 명소로 탈바꿈하게 될 것이라는 전망들이 대부분이었다. 이번에 가보지 못한 우리 친구들도 시간을 내어 대한민국 최고의 생태와 문화체험의 현장을 꼭 한 번 방문해보기를 적극 권장하고 싶다.

박람회 주최 측에서 추천하는 관람동선은 2시간 코스, 3시간 코스, 5시간코스, 8시간코스로 구분되어 있었는데 우리는 다음 일정 때문에 2시간 반 동안 한국정원, 철쭉정원을 지나 꿈의 다리를 건넜고, 프랑스정원, 이탈리아정원, 영국정원, 터키 정원, 태국정원, 바위정원, 실내정원을 둘러보고 아쉽지만 김종률 친구가 기다리고 있는 그의 파프리카 농장으로 향하였다.

김 종률 친구의 농장에서는 토마토와 파프리카를 재배하고 있었는데, 동양최대의 2만평 유리온실을 구비하고 있었다. 대단히 성공적인 영농 전문가로 변신해 있는 김종률 친구의 설명을 들으면서 "이 세상에서 절대로 쉬운 일은 없다"는 생각을 하게 되었다. 파프리카는 전량 외국으로 수출한다고 하며, 토마토는 국내 하나로 마트에 공급한다고 하였다. 우리나라 국가경제발전에 크게 기여하는 친구가 자랑스러웠다. 우리는 농장견학을 마치고 고흥 녹동항에 소재한 횟집에서 저녁식사를 하게 되었다. 김종률 친구가 준비해 준 남도의 멋진 생선회 잔치가 벌어지게 되었다.

오랜만에 지방에 사는 친구와 서울에서 내려온 친구간의 만남은 누구도 떼어 놓을 수 없을 만큼 정감이 넘치고 화기애애한 분위기 속에서 술잔이 돌고 세속 축배사가 이어졌다. 감칠맛 나는 회를 충분히 먹고 니니 포만감이 게으름을 불러왔고, 새벽부터 출발하면서 연유된 잠 부족 현상과 함께 정원박람회를 구경하느라 2시간 반을 걷느라 생긴 피로가 엄습해왔다. 우리는 미리 예약해 둔 모텔로 이동하여 공동숙박을 하면서 친구로서의 결속을 더욱 튼튼하게 다지는 기회가 되었다. 모두들 피곤한지 이야기가 무르익지도 않았는데 금방 꿈나라로 떠나가기 시작했다. 새벽 5시부터 저녁 11시 반까지의 긴긴 하루가 그렇게 서서히 역사 속으로 사라져갔다.

벌써 유리창에는 어둠이 걷히며 아침을 알리고 있었다. 새벽 5시인데도 이 현우 친구는 벌써 아침산책을 나갔다가 온다고 했고, 항상 새벽 4시에 기상한다고 했다. 그야말로 전형적인 아침형 인간이라는 생각을 했다.

6시에 모텔을 출발하여 미리 예약된 식당으로 이동하여 아침식사를 마친 우리 일행은 제2의 나로대교를 통해 섬이 육지로 변한 나로도의 나로항 선착장에 도착하였다.

거문도에서 성공적인 인생을 살고 있는 김길생 친구를 만나기 위해 거문도행 배를 승선하기 위해서였다.

아침 8시 10분 나로항을 출항한 쾌속선은 228톤 중량에, 43노트시속 80키로, 정원 311명의 제원을 가진 선박으로 거문도까지 두 군데의 기항을 거쳐 1시간 30분후인 10시 40분경에 거문도항에 도착하였다. 김 길생 친구의 따뜻한 영접을 받으며 거문도에 입항한 우리 일행은 참으로 오랜만에 만났는데도 불구하고 정담도 별로 나누지 못한 채 바로 거문도 관광길에 나서게 되었다. 거문도에서 동백나무 숲길 1.2 킬로가 조성된 수월산 등대로 가기 위해 소형선박에 몸을 실었다.

천상의 비경을 숨기고 서 있는 섬……. 거문도는 동도, 서도, 고도 세 개의 섬으로 이루어졌으며 바다 한가운데 병풍처럼 둘러쳐져 있고 그 중앙에 백만 평 넓이의 넓은 천해의 항구가 형성되어 있었다. 남해안 어업기지로 어선이 몰려들고 있으며, 아름다운 수월산에 자리 잡은 거문도 등대1905년 점등는 동양 최대, 남해안 최초로 등대가 설치된 이력을 갖고 있었다.

등대 옆 관백정에서 바라본 남해의 풍광은 장관을 이루었고, 등대가 자리한 수월산에는 해양성 기후의 영향으로 동백나무, 구실잣 밤나무, 풍란이 자생하고 있으면서 그 자태를 뽐내고 있었다. 남해를 항해하는 선박들에게 40키로 까지 어둠을 밝혀주며 따뜻한 길라잡이 역할을 하는 거문도 등대를 돌아 본 우리일행은 다시 고도로 돌아와서 김길생 친구가 정성껏 준비해준 거문도 민어회로 점심식사를 하면서 그 간의 정담을 나누는 자리가 되었다.

우리는 점심을 한 후 약간 휴식을 취한 다음 백도 관광을 위해 다시 쾌속유람선에 올랐다. 바람이 조금씩 세어지자 파도가 높을까 봐 걱정도 하면서 멀미약을 구하려는 친구들도 있었다. 배가 거문도 외해로 나가니 멀미가 걱정될 만큼 롤링 피칭이 심해졌다. 집사람이 유난히 배 멀미를 하는 사람이라 걱정이 되었으나 잘 참아내고 있어 다행이라는 생각이 들었다. 섬이 희게 보이고 섬이 백 개 된다 해서 백도라 하였으며, 이는 수만 년의 세월 속에 태풍과 거센 파도가 깎아놓은 천태만상의 변화무쌍한 조각공원과 같은 섬 백도, 하늘이 선물한 신비의 섬 백도는 거문도항에서 동쪽으로 28 키로 떨어져 있으며, 쪽빛 바다와 어울려 상백도, 하백도로 나누어져 있는 39개의 무인도 섬으로 나누어져 있었다. 스님, 수녀님 등 온갖 인물들의 조각과 온갖 동물과 어류의 모양을 가진 기이한 형상을 보면서 자연이 깎아놓은 환상적인 자태에 매료되어 탄성이 쏟아져 나왔다.

내가 오래전부터 가보고 싶었던 섬이었기 때문인지 느낌으로는 아마 무인도 섬 중에 가장 아름다운 섬이 백도라는 생각이 들었고 그 절경이 지금도 눈에 아른거린다. 우리나라 다도해 해상국립 공원에는 400개의 섬유인도 79개으로 이루어져 있으며, 편의상 7개 지구로 나누어 놓았고 그 중에 하나가 거문도. 백도 지구라고 한다. 여기에서 거문도. 백도 지구의 아름다운 풍광을 관광하도록 주선해 준 김길생 친구와 동창회 회장단께 감사를 드리고 싶다.

2시간 반 가까운 시간동안 이루어진 백도 관광이 끝나고 우리는 다시 안전하게 거문도 고도항에 상륙하였고, 김길생 친구가 작별이 아쉽다고 마련한 포장마차집에 옹기종기 둘러앉았다. 거기서 우리는 자연산 홍합에다가 김길생 친구가 준비한 특별 주와 막걸리, 소맥주 등으로 아쉬움을 달래었다. 시간은 어김없이 떠나야 할 시간을 알리고 있었다. 만날 때 이별의 아쉬움을 모르는 것은 아니지만, 참으로 오랜만에 이루어진 재회의 기쁨이 이렇게 짧게 소멸되리란 생각은 누구도 미처 생각하지 못한 것처럼, 또다시 만나자는 다부진 다짐의 함성들이 거문도항을 가득 채우고 있었다.

비늘처럼 부서져 내리는 봄볕에 억새들은 이리 저리 뒤척이는데, 오갈데 없는 추억들이 바닷가 빨래 줄에 매달린 생선이 되어 푸른 하늘과 파도소리에다 그리움의 나래를 펼치고 있었다. 오후 4시 30분, 금빛 햇살이 푸른 파도에 어우러지는 남해안 바다를 가르면서 우리가 타고 있는 "오가고 호"는 나로도 항을 향해 힘찬 출항을 시작하였다. 김 길생 친구와의 헤어짐을 아쉬워하는 마음으로 손을 열심히 흔들면서 거문도를 떠난 우리 일행은 오후 6시경에 나로도항에 도착하였다. 나로도항구에서 대기하던 전세 관광버스에 타고 벌교까지 이동하여 저녁식사를 마친 후 서울 사당역을 향하여 출발하였다. 이렇게 해서 우리 여행이 순조롭게 끝나가고 있었다. 온갖 정성과 애정을 가지고 우리 일행을 위해 바쁜 시간을 할애하고 각종 편의를 제공해준 양재열, 김종률, 김길생 친구에게 다시 한 번 고맙게 생각하며, 특히 파프리카와 토마토 선물박스를 주어 귀가를 힘들게 해준 김종률 친구에게 감사를 보낸다.

기행문을 끝내면서 세계 3대 오페라 테너가수로 유명한 플라시드 도밍고 의 일화가 떠올랐다. 어느 날 지인 한사람이 "이제 쉴 때가 되지 않았느냐?"고 질문하자 "쉬면 녹이 슨다: 늙는다(If I rest, I rust.)"고 말하면서 "열심히 하는 마음가짐(busy mind)"이야말로 "건강한 마음

(healthy mind)"이라며 젊음을 과시했다고 한다. 인생의 제 2막을 살아가고 있는 우리 친구들이 도밍고와 같은 '열정과 할 수 있다는 자신감'으로 가슴 뛰는 삶을 살아갔으면 하는 바램을 전하고 싶다.

일고 44회 동기 동창 친구 여러분들의 힘찬 도약을 위하여! 파이팅!

행복한 삶은 '자기긍정'으로부터

흔히 말하기를 네잎클로버가 '행운'의 상징이라면 풀밭에 흔하게 널린 세 잎 클로버는 '행복'을 뜻한다고 한다. 그만큼 행복은 일상적이고 가까운 곳에 있으며, 손을 내밀기만 하면 잡을 수 있다는 것이다. 그리고 풀밭에 널린 세 잎 클로버를 자기행복으로 만드는 것은 단지 자기 자신을 긍정적으로 생각하는 '태도의 변화'만으로도 가능한 일이다.

몇 년 전 긍정심리학자인 미국의 '소냐 류보모스키' 교수는 "행복을 가져다주는 것은 삶에 대한 긍정적 자세이며, 그로 인해 행복해진 사람들은 생산성이 높고 면역체계도 더 건강하며 돈도 더 많이 벌고 있다"는 주장을 제기해 세인의 관심을 모았다. 그는 부자나 성공과 같이 통상적으로 행복의 원인으로 지칭하는 요소들을 '행복의 원인'이 아니라 '행복의 결과'라고 주장한다. 그는 행복의 원인을 크게 3가지로 제시하였다. 긍정적이고 낙관적인 기질 등 유전적 성향이 50%이고, 환경이나 조건 요인이 10%, 그리고 행복하겠다는 의지와 노력이 40%라고 설명했다. 이는 자신의 노력 여하에 따라 행복을 증대시킬 수 있는 가능성이 40%가 된다는 주장이다. 아울러 50%를 차지하고 있는 긍정적이고 낙관적인 기질도 마음먹기에 따라 얼마든지 자기화할 수 있다는 점을 강조하고 있다.

오늘날 긍정심리학에서 중요하게 제시되는 일상에서의 행복의 열쇠는 친절이나 낙관적인 태도, 그리고 자신이 좋아하는 일하기 등 이라고 한다. 대학 졸업앨범 사진 분석 시 활짝 웃는 학생일수록 행복한 결혼생활을 하고 있다는 조사 결과나 수녀원에서 공동 생활하는 수녀님들이 매일 똑같은 음식을 먹고 똑같은 일정표에 따라 생활하고 있지만 낙관적인 수녀님이 훨씬 오래 산다는 결과가 나오는 것은 긍정심리학의 이론을 검증해주는 좋은 사례가 된다고 할 수 있다.

한편, 미국의 일리노이드 대학에 근무하는 에드 디에너 교수의 "긍정이 개인성과에 미치는 영향"에 대해 조사 연구한 결과를 살펴보면, 긍정적 성격이 개인의 일생동안 지속적으로 영향을 끼치고 있음을 알 수 있게 된다. 이 연구결과에 따르면 대학입학 당시 성격의 긍정도와 대학졸업 19년 후의 개인수입에 관한 상관관계를 분석했더니 긍정적인 학생과 부정적인 학생간의 연봉차이가 평균 15,000달러나 되었다고 한다.

또한, 심리학자이자 기업 컨설턴트인 마셜 로사다의 연구 결과에 의하면, 긍정적인 단어를 많이 사용할수록, 타인을 배려하는 말을 많이 할수록, 상황을 변호하기보다 개선하려는 말을 많이 할수록, 그 조직의 성과도 높게 나타났다고 한다. 이는 곧 긍정이 개인의 성과뿐만 아니라 조직의 성과에 미치는 영향도 매우 크다는 사실을 증명해 주고 있는 것이다.

그럼, 이와 같은 긍정의 힘은 어디에서 나오는 것일까?

만족감, 충만감, 흥미, 호기심, 애정, 감사하는 마음, 기쁨 등에서 긍정의 힘이 시작된다고 한다. 사람이 긍정적 생각을 품으면 그 사람의 인생은 긍정적인 방향으로 흘러가게 된다. 그러나 부정적 생각에 사로잡혀 있는 인생은 일이 꼬이게 마련이고 패배와 실패를 걱정하면 잠재

의식도 우리를 그쪽으로 몰아가게 된다. 따라서 우리가 행복한 삶을 살아가려면 가장 먼저 해야 할 것이 '부정보다는 긍정에 바탕을 두는 생각의 변화'에서 출발해야 한다.

이와 같은 견지에서 우리 주변의 어려운 조건과 환경에서 성공한 사람들을 살펴보면 자신이 처한 상황을 진정으로 받아들이고, 긍정적 생각으로 열심히 노력한 결과에 따라 성공적인 인생을 살고 있음을 알 수 있게 된다. 한 예로 '자기 긍정'으로 인생을 새롭게 살고 있는 대표적인 인물인 미국의 '조엘 소넨버그'를 들 수 있다. 생후 20개월의 어린나이에 트럭의 연쇄추돌로 조엘은 전신 3도의 중화상을 입게 된다. "너 외계인이지, 이제 그 가면을 벗는 게 어때?"라는 철없는 또래의 아이들이 그에게 던진 놀림조의 말은 조엘에게 그가 입은 화상보다도 더 큰 상처를 주었다.

조엘은 질식할 것 같은 타인의 냉대와 따가운 멸시의 시선과 모진 말들로 시련을 겪던 중 '나는 누구인가?' '나는 어떻게 해야 살 수 있는가?'라는 혼자만의 고민 속에서 '자기 긍정'이라는 해답을 찾게 된다. 더 이상 잃을 것이 없을 정도로 많은 것들을 잃는 과정에서도 오히려 자신에게 남아 있는 것이 더욱 많다는 '자기 긍정'의 결론에 이르게 된 것이다. 그리고 사람들에게 '있는 그대로의 자신'을 보여주게 된다. 손과 발가락이 없지만 농구와 축구 선수로 열심히 활약했고, 수많은 사람과 사귀면서 학생회장에 당선되기도 했다. 모든 세상이 자신을 버렸던 힘든 여건에서도 '자기 긍정'의 에너지를 발견하고 이를 통해 자신의 삶을 아름답고 가치 있게 일구어 냈던 조엘의 이야기는 우리들에게 '긍정의 놀라운 힘'을 다시 한 번 깨닫게 해주고 있다.

오늘 우리는 조엘의 특별한 인생에서 많은 것을 배워야 한다. 그의 일화는 지금 이 순간 자신이 얼마나 행복하고 평안한 삶을 살고 있는지를 체감으로 느끼게 해준다. 행복이란 누군가가 가져다주는 쉽게 얻을 수 있는 선물이 아니라 자신이 몸소 만들어 가는 창작품이며 진솔하게 배워가야 하는 고급기술인 것이다. 따라서 행복하게 살 것인가, 불행하게 살 것인가는 자기 자신의 선택의 결과이며 자신의 노력 여하에 달려있다고 볼 수 있다. 왜냐하면 행복한 삶은 분명히 '자기 긍정'으로부터 시작된다는 사실이 분명한 진리이기 때문이다.

강 해 련

방송통신대학교 국문과 졸업
월간 <스토리문학> 수필부문 등단
크로마하프 지도 강사
한국 문인협회 회원
한국스토리문인협회 회원, 문학공원수필 동인
광나루 문학회 회원
홈페이지 http://cafe.daum.net/sukyung43
이메일 youstina51@hanmail.net

목련화 필 때 외 2편

강 해 련

하얀 목련이 피는 계절이다.

목련화가 필 때면 온 누리는 연둣빛으로 물들어 간다. 춥고 삭막하던 대지 위에 희망의 물결이 일렁이는 봄, 얼었던 내 마음도 따스한 햇볕에 사르르 녹는다. 지금 주위는 하얀 목련화가 은은한 향내를 뿜으며 화사한 미소를 보낸다. 우아한 자태, 고결한 여인의 모습처럼 아름답고 신선하다. 봄의 여신이 꽃으로 화해서 오는 것은 아닐까! 해가 갈수록 봄을 맞는 내 마음은 자연에 대한 경외심으로 가득 찬다. 얼었던 대지 위에 목련이 꽃망울을 맺을 때면 내 마음은 푸른빛으로 물들어가고, 봄 햇살이 포근히 비칠 때 고난의 삶에도 희망이 넘치리라.

우리 집에는 큰 목련나무가 세 그루 있었다. 마루와 안방에서 보이는 나무는 무성한 초록 잎으로 봄에서 가을까지 숲 속에 있는 느낌이다. 꽃이 필 때 우리 집은 축제 분위기로 즐겁다. 집 전체가 하얀 꽃으로 뒤덮여 동네마저 환해지는 것 같다. 남편 생일이 봄이라 거의 목련이 필 때가 많다. 나는 집에 친구들 모임을 꽃이 필 때쯤 잡기도 한다. 은은한 향기가 나는 꽃도 좋지만 나는 잎을 더 좋아한다. 꽃은 며칠 피다가 떨어지지만, 초록색 잎은 가을까지 시원한 그늘로 보는 이를 즐겁게 한다. 손님들이 집에 오면 별장에 온 것 같다는 말을 많이 했다.

목련화처럼 빨리 떨어지는 꽃도 많지 않을 것 같다. 어느 순간 잠시 피었다가 떨어지면 대빗자루로 쓸며 아쉬운 마음이 된다. 꽃이 지고 연둣빛 잎이 나면 우리 집에는 새들의 모임 장소가 된다. 저녁 무렵이 되면, 수많이 새들이 목련나무에 와서 합창하는데 그 소리가 웅장한 오케스트라 같다. 나는 천상에서 들리는 듯한 새들의 노랫소리가 참 좋았다. 안방과 마루에서 푸른 잎들을 보니 늘 녹음 속에 사는 기분이었다. 조용한 시간 홀로 앉아 고운 새소리를 들으며, 나무와 무언의 대화를 나누면 진잔한 평화가 밀려오곤 했다. 나무는 정다운 친구 같았고, 한 그루 나무가 이처럼 기쁨을 주는 존재인지 몰랐다.

우리 집 마루 천장은 무척 높고 위에 유리창은 스테인드글라스로 되어있어 작은 성당에 온 것 같은 분위기였다. 우뚝 솟은 높은 천장은 동화 속의 집처럼 느껴져 목련나무와 스테인드글라스로 창을 한 우리 집을 나는 무척 좋아했다.

내 나이 30대부터 50대 후반까지 그 집에서 살았다. 결혼한 큰아들이 초등학교를 그 집에서 들어갔으니 되돌아보면 참 많은 세월이 흘렀다. 아이들도 옛날 집을 생각하면 그때가 무척 그리운가 보다. 우리 집에는 포도나무가 한 그루 있었다. 파란 포도송이가 송골송골 맺히면 눈으로 보는 것만으로도 먹은 것 같은 느낌이 들었다. 포도를 따 먹으면 여름 내내 피로를 모르고 지냈고, 포도가 몸에 좋은 줄 그때 알았다.

아들이 중학교에 들어갈 즈음 우리 집 가까운 곳에 성당을 짓기 시작했다. 성당 옆에 사는 것이 내 평생소원이었는데 그 소망이 이루어진 것이다. 성당이 한 층 한 층 올라갈 때마다 내 기쁨도 커졌다. 나는 자주 나가서 성당이 지어지는 광경을 즐거운 마음으로 바라보았다. 아름다운 성당이 완공되던 날 내 평생 그렇게 기쁜 날이 없을 정도로 행복했고, 여기서 오래오래 살리라 생각했다.

어느덧 두 아들이 대학을 들어갈 무렵, 재건축한다는 소문이 돌았다. 그 시절 재건축 붐이 한창일 때의 일이다. 우리 집은 방배동인데, 조용하고 깨끗한 동네라 건축하는 사람들이 큰 관심을 두고 있었다. 나는 좋은 집들을 헐고 아파트를 짓는 것은 국가적으로도 큰 손해라고 생각했다. 우리 동네를 떠나고 싶은 마음이 아예 없었기에 나는 은근히 걱정되었다. 소문은 사실이 되어 건축업자들이 동네 사람들을 부추기는 날이 많아졌다. 모처럼 성당 옆에서 살게 된 이때에 재건축이라니….

이곳에 초대형 80~90평의 고급 아파트를 짓겠다는 것인데 나는 반대했다. 그동안 희로애락을 나누며 정들었던 이 동네를 떠나면 못 살 것 같은 마음이 들었다. 집을 팔고 나가는 조건인데, 떠나는 사람들이 점점 많아졌고, 건축업자들이 우리 집을 찾아와 사정하는 날이 계속됐다. 사람들이 거의 다 떠났을 때 건축회사에서는 주인이 떠난 집들을 부수기 시작했다. 흐르는 물살을 내가 어찌 막을 수 있으랴! 이곳을 떠나려고 생각하니 처음 이사 오던 날, 멋진 집 모습에 감격하여 밤새 잠

못 이루던 내 모습이 떠올랐다.

내 젊은 시절 어린 두 아들과 남편, 시어머님 모시고 고통도 많았지만 기쁨도 많았던 세월, 집을 팔고 떠나게 되니 가슴이 너무 아팠다. 오랫동안 정든 순수한 마음의 이웃들과의 이별이 더욱 내 마음을 쓰리게 했다. 그윽한 향기 속에 목련이 화사하게 필 때 얼마나 기뻤던가! 만추의 계절 잎이 마당과 길가에 무수히 떨어져 매일 쓸면서도 그저 즐겁기만 한 나날이었다. 시원한 그늘과 싱그러운 공기, 초록빛 꿈을 준 목련나무, 낙엽마저도 사랑스럽게 보였던 시간이 이제는 추억이 되어 내 가슴을 울렁이게 한다.

목련이 필 때면 내 젊은 날의 희로애락이 담긴 그 집이 생각난다. 세월이 순식간에 지나가 버렸기에 너무 허무한 마음이 든다. 이사를 하면 못 살 것 같았던 마음도 사당동으로 이사 와 조금씩 정을 붙이니 여기도 좋은 분들이 많음을 알게 된다. 어디든 살다 보면 고향이 되는가 보다. 뒷동산으로 올라가면 국립현충원으로 들어가는 뒷문이 있어 순국선열의 위대한 넋이 주위를 채우는 듯하다. 지금 산과 들에는 연둣빛 물결을 이루고, 벚꽃은 꽃비가 되어 춤추듯 떨어진다. 하얀 목련이 피는 요즘, 옛날 그 집이 눈물겹도록 그립다. 혼신의 열정으로 살던 내 젊은 날 추억이 그리워서이리라.

현충원의 봄

겨우내 고요하던 국립서울현충원에 봄이 왔다.

국립서울현충원은 우리나라의 순국선열과 호국 영령이 영면하고 계신 민족의 성전, 숭고한 넋이 서린 호국 공원이다. 새봄은 적막하던 이곳에 화려한 꽃을 피운다. 국립서울현충원에는 세 분의 대통령과 애국선열, 호국영령 등 16만 5천여 기의 영령이 모셔져 있는 민족정기의 요람이며 성스러움이 깃든 청정공원이다. 나는 자연이 그리워지고 마음을 맑히고 싶을 때 현충원을 찾곤 한다. 청정한 공기와 울창한 숲, 수려한 경관은 내 마음을 평화롭게 한다.

이곳에는 소나무, 잣나무, 은행나무 등 73종의 침엽수와 활엽수가 싱그러움을 더해 주고 무궁화, 철쭉류, 진달래 등 관목이 43종을 이루며 할미꽃, 작약, 비비추, 옥잠화, 민들레 등 야생화가 호국 영령들의 넋을 위로하는 듯하다. 자연은 겨울잠에서 깨어나 갓 피어난 새잎은 햇빛을 받아 연둣빛 광채가 난다. 온 누리가 연초록 물결을 이루는 가운데 푸른 잎 단풍나무에는 또 다른 신선감이 흐른다. 현충원의 넓고 깊은 숲은 어머니의 품처럼 포근하고 풍요로움을 준다.

자연은 이렇게 황홀한 봄을 준비하려고 혹독한 추위와 처절한 고독을 이겨내고 찬란한 봄을 우리에게 선사한다. 이곳의 많은 나무는 싱그러운 잎을 자랑하듯 실바람에 춤을 춘다. 잔디 위에는 작은 민들레꽃이 노란빛을 띄우며 무리지어 피어 있고 그 위로 흰 나비가 살랑살랑 날고 있다. 참 아름답고 평화로운 풍경이다. 우람한 이팝나무에 하얀 꽃이 탐스럽게 피었다. 넓게 펼쳐진 이팝나무 가지마다 하얀 꽃들이 화려한 봄을 노래하고 있는 듯하다. 봄도 이곳에 잠든 영령들을 위로하려고 더욱 아름다운 꽃을 피우리라.

많은 새의 아름다운 노래 소리가 들려오는 현충원의 봄날, 나는 환희에 잠긴다. 새소리가 어쩌면 저리도 다양할까! 저 작은 몸에서 그토록 고운 소리가 나다니 감탄이 절로 나온다. 새들도 이 빛나는 봄을 찬미하는 것 같다. 이곳에는 꾀꼬리, 파랑새, 소쩍새, 오색딱따구리 등 26종의 새들이 살고 있다. 나는 새처럼 훨훨 날아 자유롭게 온 우주를 날아다니고 싶을 때가 있다.

이 청명한 날, 가장 높은 언덕에 있는 장군 묘역 돌 의자에 앉아 시원한 바람을 맞으며 저 멀리 동작대교와 유유히 흐르는 한강을 바라본다. 순국선열과 호국 영령들의 비석 앞에 놓인 오색의 꽃들의 바라보며 깊은 상념에 잠긴다. 이 비석 하나하나마다 얼마나 애절한 사연이 담겨 있을까 생각하니 마음이 숙연해진다. 오늘 우리가 누리는 행복은 여기에 잠들고 계신 위대한 영도자와 순국선열, 호국영령들의 희생으로 이루어진 것임을 마음 깊이 느끼게 된다. 동작대교를 지나가는 차들을 보며 저 차를 타고 가는 사람마다 삶의 애환을 가지고 열심히 살아가고 있으리라 생각하니 이 시대 함께 살아가는 우리의 자화상이 보이는 듯하다. 가는 길가 양지바른 곳에 김대중 대통령 묘소가 있어 갈 때마다 들려서 참배한다.

현충원 안에는 이 봄을 즐기려고 많은 사람이 산책 한다. 이곳의 숲에는 연둣빛 물결로 넘치고 새들의 고운 합창은 계속해서 들려온다. 현충원의 하루하루 나무색이 달라 보인다. 젊은 부부가 아기를 안고 사진을 찍는다. 내가 아기에게 인사를 보내니 젊은 부부가 환한 미소로 답례 한다. 참 행복한 젊은 부부의 모습이다. 나도 언제 저런 때가 있었던가. 내 젊은 시절은 시어머니 모시고 두 아들을 키우며 남편 사업 돌보면서 바쁘게 지낸 날이었다. 두 아들이 어느새 장성해 결혼할 나이가 되어가니 세월이 쏜살같이 지나감을 실감하는 날이다. 나는 나이가 들어가지만 마음은 늘 청춘이다.

비온 뒤의 물을 흠뻑 먹은 나무는 더욱 신선한 연초록색을 띄우고 잎은 빛을 받아 광채가 난다. 싱그러운 초목과 청명한 하늘에 흰 구름이 떠가는 모습을 보며 이 화사한 봄이 나를 행복으로 환호하게 한다. 봄이 되면 좋은 일들이 생길 것 같아 가슴은 마냥 희망으로 부픈다. 봄은 어찌 이토록 나를 황홀하게 하는가! 나는 세상에 부러울 것이 하나도 없을 것 같아 마음은 한없이 풍요로워진다. 봄에는 이 아름다운 우주를 창조하신 하느님을 저절로 찬미하게 된다. 모두에게 기쁨의 인사를 나누고 마음 깊이 축복해 주고 싶은 마음이다. 이 찬란한 봄, 내 마음은 기쁨과 희망을 안고 푸른 하늘을 훨훨 날아간다.

페이스북 친구들

페이스북이 인류에게 새로운 세계를 열었다.

미국의 젊은이들이 만든 웹사이트가 페이스북(Facebook)이다. 세계의 다양한 사람들, 남녀노소, 인종, 국가를 초월해 친구를 맺을 수 있는 공간이다. 페북에 들어가니 진귀한 사진들과 수많은 정보들이 넘쳐나는 신세계新世界가 열리고 있다.

세상이 한 가족처럼 느껴지고 세계 각국 다양한 직업의 사람과 문학, 음악, 미술 등등 문화 예술을 하는 사람들을 만나 많은 것을 배운다. 페북의 바다에서 전 세계 네티즌과 실시간 정보를 공유하고 대화하며, 서로서로 친구가 될 수 있으니 얼마나 신기한 세상인가!

우리 가족 모두 각자 컴퓨터가 있고 사용에 능숙하다. 큰아들이 N 포털사이트 프로그래머로 있기에 컴퓨터와 더욱 친숙하게 지내는지 모른다. 인터넷 카페와 페이스북을 하는 나를 아들은 IT 엄마라고 말한다. 페북에서 세계인들을 만나 대화를 하는데 지금 친구가 오천 명이다. 친구를 오천 명까지만 사귈 수 있는데, 지금도 친구 신청하는 사람이 많지만 더 이상 친구 수락을 할 수 없어 죄송한 마음이다.

내 생일날에는 세계 각국 친구들이 축하해 주어 답글을 쓰느라 하루가 모자랄 정도였다. 나는 요즘 페북에서 세계 곳곳의 아름다운 경치를 감상하고, 세계의 많은 사람을 만나 내 시야가 무척 넓어진다. 문화 예술계의 전문가들 담벼락에는 신선한 내용과 사진들이 넘쳐난다. 나는 주로 풍경 사진과 그림, 음악들을 자주 감상하며 내 페북에 올린다. 하루에 좋은 글 한 편과 아름다운 풍경 사진 한 장, 그리고 음악 한 곡 모두 세 작품을 올린다. 바쁜 일상에서 잠시 휴식하며, 마음을 치유하는 작품들을 선별해서 올린다. 많은 사람이 담벼락에 와서 좋은 작품들을 올려줘서 고맙다는 인사를 하고 간다.

페북 친구인 O화가는 담벼락에 365일 매일 단상과 그림을 올리는데 그림을 보고 전 세계의 많은 사람이 참여해 멋진 댓글을 올려주었다. 나도 그의 아름다운 그림을 감상하고 간단하게 댓글을 쓰기도 한다. 예술은 우리의 영혼을 치유하고 품위 있는 삶으로 초대한다. O화가는 댓글들이 매우 아름답고 없애기에 너무 아까워 그 글들을 모아 『아름다운 댓글문화』란 책을 출간했다. 전 세계인이 참여하여 만든 책이다. 호텔에서 멋진 출판기념회를 했는데 남녀노소를 초월해 페북에서 댓글로 미리 만났기에 친한 친구 같은 마음이 들었고, 지금 3집이 출간되었다. 그동안 악성 댓글로 아까운 사람들이 세상을 떠났고 상처를 받은 사람이 수도 없다.

고운 말은 고결한 마음에서 나오고, 정겨운 말과 글은 세상을 치유하고 평화로운 사회를 만든다. 이 '아름다운 댓글문화'가 국어순화운동이 되어 '바른댓글실천연대'로 태동했다. 창립총회를 2013년 8월 3집 출판기념회와 함께 열려 참석했다. 요즘 속어, 비어가 난무하고, 아름다운 우리말과 글이 빛을 잃어가는 중에 댓글을 통한 국어순화운동이 일어나 참 다행이라는 생각이다.

페북을 하다 보면 글을 통해 세상을 치유하고 많은 사람의 영혼을 깨우는 사람이 있다. 그런 사람의 글을 보면 직접 만나지 않아도 인격의 그윽한 향기가 전해진다. 프랑스에 거주하는 세계적인 J 화가가 그런

분인데 어느 날 고국에 와서 그림 전시회를 한다는 글이 페북에 올려졌다. 페북에서 영적인 글로 감동을 주던 분이 고국에서 전시회를 한다니 무척 반가웠다. 화가라기보다는 현대의 영적 지도자 같은 느낌이 드는 분이다. 장마철 장대비가 쏟아지는 날, 그림보다 그분의 대화를 듣고 싶어 친구 이 여사와 함께 일산에 있는 그림 전시회에 갔다. 전시회서에는 생명, 씨앗에 대한 그림이 전시되었고 J 화가는 우리를 무척 반가워했다.

클래식 음악이 잔잔히 흐르는 전시장을 돌며 우리는 그림에 대한 해설을 들었다. 씨앗이 생명을 잉태하는 과정을 그림으로 감상하며, 생명의 경이로움을 새롭게 느끼는 시간이었다. 나는 예술가의 생각과 노력 삶에 대한 이야기들, 소유와 믿음에 대해 진지한 대화를 나누며 많은 것을 깨닫는 날이었다. 다음날 페북에 들어가서 나는 깜짝 놀랐다. J 화가가 우리의 담화 내용과 함께 내 얼굴 그림을 올려놓은 것이 아닌가!

세계적인 유명 화가의 솜씨로 그린 내 모습을 보며 작은 정성에 크게 보답하는 그분의 관대한 마음이 감동으로 전해 왔다. 그 분이 쓴 A4용지 두 장의 글 중에 몇 구절을 올려본다.

우중 정담雨中情談,

중략-

정이란 샘솟는 우물과 같아 매일 퍼올려야 하는 것이며, 우물 뚜껑을 닫았을 때, 더 이상의 샘물이 솟아오르기를 멈춘다는 사실을 빗속 정담에서 느꼈습니다.

실로 우정이란, 크든 작든 희생이 전제되어야 하는 것이며, 미리 작정하지 않은 선한 행동이란 애초부터 생기지 않는 것임을 또 깨닫게 되는 것입니다.'라는 글과 함께 폭우에 찾아준 감사함을 그림으로 보답하는 화가의 마음이 존경스러웠다. 페북 친구의 귀한 선물은 내 삶의 책갈피 속에 소중하게 오래도록 남아있으리라. SNS를 통해 동시대를 살아가는 세계인들과 새로운 우정을 나누고, 삶의 깊은 진리를 깨달아 가는 지금이 내 인생의 황금기가 아닐까!

정 이 산

정이산鄭以山 프로필
호號는 다원茶園
한양대학교 법학과 졸업
2004년 8월호 <스토리문학> 등단
한국스토리문인협회 회원, 문학공원 동인. 자작나무수필
동인 시마을 동인
홈페이지 주소 :http://cafe.naver.com/isan

소매물도 여행기 외 2편

정 이 산

2012년 5월 29일 통영의 새벽 아침은 밝게 빛나고 있었다. 나는 통영 바닷가에 위치한 숙소에서 새벽 5시 30분에 일찍 잠에서 깨어 푸른 바다를 바라보며 소매물도로 떠나는 여행으로 설렘으로 부풀어 있었다. 나는 통영은 임진왜란시 이순신 장군의 빛나는 한산대첩의 얼이 서린 곳이며, 한국의 나폴리에 비유될 정도로 아름다운 항구이기에 마음에

항상 사랑하는 곳이다.

전날 미륵산 정상을 케이블카를 타고 올라 가 바라본 아름다운 한려수도 바다에 펼쳐진 섬들은 나에게는 어머니가 애기를 품고 있는 것처럼 정겨운 마음이 들고 이곳이 호수인지 바다인지 분간하기도 어려웠다. 한산도 제승당과 수루를 멀리에서 바라보는 모습은 처연함과 숙연함마저 깃들어 있고 이순신 장군의 우국충정의 얼을 느낄 수 있었다.

"매물도"라는 섬의 이름은 말의 형상을 하고 있다는 뜻으로 마미도라 불리었고 마미도는 매미도로, 매미도가 훗날 매물도라고 부르게 되었다고 하며, 대매물도, 소매물도, 남매바위를 비롯한 기암과 등대섬이 있으며 청정해역으로 해산물이 아주 풍부하다.

소매물도나 등대섬은 어디랄 것도 없는 천혜의 갯바위 낚시터이다. 봄여름에는 참돔, 농어, 볼락 등이 많으며 1870년경 김해김씨가 소매물도에 가면 해산물이 많아 굶지 않는다는 말을 듣고 입주하여 정착하였다고 한다.

아침 7시에 통영 여객선터미널에서 소매물도로 가는 정기유람선에서 나는 어느 동화 속으로 빠져 들어가듯 하는 마음이 들었다. 한산도를 뒤로하고 비전도를 지나 망망대해로 향하고 있었다. 저 멀리에는 내가

모르는 마법의 성이 있을 것만 같았다. 통영을 떠나 1시간을 가니 멀리 바다 위에 작은 바위섬들과 대매물도, 소매물도가 희미하게 보였다.

통영에서 1시간 반 만에 소매물도 선착장에 도착하였다. 선착장에서 반겨주는 것은 바다 갈매기와 청정한 푸른 바닷물에 헤엄치고 있는 이름 모를 물고기들이었다. 내가 생각했던 소매물도는 바닷가에서 천천히 산책이나 하고 이국적인 감상에 잠겨 볼 생각이었으나, 소매물도 선착장 수변은 가파른 언덕위에 멋진 펜션과 민박집만 보일 뿐이있다. 그리고 독도처럼 커다란 바위섬과 산이 앞을 막고 있었고, 사진으로 보던 등대섬은 하나도 보이질 않았다.

우리 일행은 선착장부터 펜션 마을을 거쳐 계속 산으로 오르기 시작하였다. 왜냐하면 등대섬은 이 산을 넘어 가야 볼 수 있기 때문이었다.

"내가 등산을 하러 온 것인지……. 섬에 온 것인지 이해 할 수 없구먼!"

이런 넋두리 같은 푸념을 늘어놓으면서 가파른 산언덕을 계속 오르기만 하였다.

한참을 올라가니 “소매물도”라는 안내판이 있는 쉼터까지 도착하니 남해의 망망대해가 눈앞에 펼쳐져 있어 잠시 휴식을 하기로 하였다. 이곳에서 통영 쪽을 바라보니 내가 배를 타고 온 한려수도의 푸른 바다가 푸른 융단처럼 펼쳐져 있었다. 하지만 이곳에서도 등대섬은 보이지 않았다. 그래서 우리는 휴식을 끝내고 웅장한 숲속 길을 지나 한참을 지나가니 드디어 푸른 바다위에 멀리 초원위에 등대가 보였다. 이국적인 멋이 가득한 등대섬 전경은 소매물도의 가장 멋진 풍경이었다. 그저 바라보는 것만으로도 여행의 참 맛을 느낄 수 있게 해준다.

나는 소매물도 등대섬을 보고 시 한 수를 지었다

소매물도 등대섬

쪽빛 남해 바다 저 멀리
외로이 솟아오른 소매물도 등대섬
너는 조물주가 빚어낸 아기섬
너를 잘 보살피라고
소매물도가 엄마처럼 서있구나!

푸른 바다가 너에게 반해
긴 세월 동안 부딪히며
얼마나 어루만졌는지
몽돌밭 해변을 만들어
너를 가까이 갈수 없게 만들었구나!

남국의 짙푸른 초원 위에
폭풍우 치는 어두운 밤
너의 정수리에 등댓불을 밝히니
길을 잃고 헤매는 뱃사람들에게
삶의 이정표가 되어 빛나는구나!

등대섬을 지켜주는
서불과차徐市過此 글씽이굴
용바위 처바위 촛대바위야!
다시 올 날 그날까지
변치 말고 사이좋게 있어다오
밤하늘 비추는 등대만이 외롭구나!

금강산 여행기

금강산 육로관광 집결지인 강원도 고성으로 가기 위해 2004. 6. 23. 07시에 출발지에 도착하여 도로에 주차해있는 관광버스에 올랐다. 우리 일행은 총81명이어서 2대의 관광버스로 나누어 출발했는데, 나는 2호차에 승차했다. 우리가 탄 버스는 서울시내 88도로를 지나 미사리, 청평대교를 건너 홍천을 벗어나 한참 가다 휴게소에서 잠시 휴식을 취했다. 그리고 인제, 진부령을 거쳐 마침내 동해 푸른 바다가 넘실거리는 송림을 지나 고성에 있는 금강산 콘도에 도착하였다. 그곳에서 우리는 금강산관광증과 남북한 통과에 필요한 서류를 받았다. 버스를 타고 20여분 더 북쪽으로 올라가니 남한의 통일전망대가 보이고 바로 옆에 동해 출입국사무소에는 일찍 도착한 북측 금강산 관광객들이 줄을 지어 서있었다.

까다로운 통관 절차를 끝내고 나가니 "금강산 관광"이라고 글이 쓰인 33인승 버스가 주차장에 도열해 있었다. 우리는 설레는 마음을 안고 관광사에서 정해준 번호대로 버스에 승차하였다. 맨 먼저 반겨주는 사람은 현대아산(주) 관광 대행사 직원인 남한 측 여직원이었다. 그녀는 아직 미혼인 것 같았는데 북한 출입에 필요한 주의 사항을 여러 가지 이야기하고 관광 일정과 코스를 상냥한 말씨로 미소를 머금고 이야기 해주어 긴장이 다소 풀리었다. 그녀가 한 이야기 중 가장 머리에 남는 것은 차가 북한 땅을 넘어 숙소에 도착할 때까지 사진 촬영은 일체 할 수 없다는 것이었다. 그리고 관광버스 기사는 벌써 6년이 넘는 베테랑 기사로서 중국 조선족 동포이었다.

우리가 탄 버스가 비포장 임시 도로를 거쳐 흙먼지를 날리며 동해 바다 쪽으로 계속 가니 군사분계선 철책이 보이고 비무장지대 출입문 앞에서 우리 국군들이 반갑게 맞이하여 주었다. 50년 이상 막혀있는 남북한 비무장지대에 나있는 임시 관광 도로를 지나니 저 멀리에 북한군이 보였다. 나는 태어나서 처음으로 북한 땅과 북한 군인을 바라보니 가슴이 뛰기 시작했다. 그러나 우리를 태운 버스는 아무런 일도 없는 것처럼 북녘 땅으로 계속 올라갔다.

남북한 비무장지대를 지나며 문득 일제 침략의 아픔을 노래한 이상화님의 시 "빼앗긴 들에도 봄은 오는가?"의 한 구절이 머리를 스쳐갔다.

나는 온몸에 햇살을 받고
푸른 하늘 푸른 들이 맞붙은 곳으로
가르마 같은 논길을 따라 꿈속을 가듯 걸어만 간다.
입술을 다문 하늘아, 들아
내 맘에는 나 혼자 온 것 같지를 않구나!
네가 끌었느냐, 누가 부르더냐? 답답해라! 말을 해 다오
중략

반세기 동안 아무런 왕래 없이 모든 것이 정지되어 버린 것 같은 비무장지대에도 봄은 어김없이 왔다 갔고, 이름 없는 들꽃도 이곳저곳에 피어 있었으며, 벌써 초여름의 짙은 녹음이 우거져 있었다. 그 곳을 지나가면서 내 눈에 인상 깊게 한 것은 지뢰 위험 표시이었다. 임시 개통

된 관광 도로 밖 남북한 비무장지대 곳곳에 지뢰가 매설된 것처럼 생각이 들었으며 만약 혼자 그 속으로 걸어 들어간다는 것은 상상할 수도 없었다. 향후 통일이 되었을 때를 대비하여 우리 군인들이 다치지 않고 지뢰를 제거할 수 있는 기술을 지금부터라도 독자적으로 연구 개발하여야 좋으리라고 생각되었다. 국토 분단의 아픔을 온 몸으로 느끼며 북으로 올라가다 보니 동해안쪽으로 강원도 고성에서 금강산까지 철로와 고속도로 건설이 한창이었다.

관광 안내원의 이야기로는 올해 안으로 기차나 자동차로 금강산 여행을 다녀올 수 있도록 좋은 소식이 있을 것 같다니 참으로 기뻤다. 북한 땅에서도 남한과 똑같이 동해안 철로와 고속도로 건설에 땀을 흘리고 있었다. 하지만, 이미 이야기 했듯이 함부로 사진 촬영은 절대 할 수 없었다. 금강산 관광에 가지 않은 사람들은 몰래 사진을 찍으면 될 것으로 생각하실지 모르지만, 이미 북한에서는 50~100M 간격으로 군인을 사전에 배치시켜 북방한계선 주변의 군사시설물을 무단으로 촬영하는 것을 철저히 감시하고 있었으며, 만약에 남한 관광객이 사진 촬영으로 적발될 경우에는 바로 연락하여 검문검색이 이루어지고 사진기 몰수뿐만 아니라 북한 당국의 처벌도 받게 된다는 것을 관광 안내원이 미리 주의사항으로 알려주었다.

내가 탄 버스가 비무장지대를 벗어나 한 이십 분정도 새로 난 폭 6m 정도의 차선이 전혀 없는 아스팔트 포장 도로를 따라 금강산 쪽으로 올라 가다가 잠시 북한군 검문 장소에 멈추었다. 나는 판문점의 북한군 병사들이 좌우로 팔을 흔들며 걷는 모습을 남한 TV.에서 자주 보았는데, 금강산으로 가는 검문 장소에서 내 눈으로 북한군이 걷는 모습을 직접 보게 되니 북한 땅에 와 있다는 것을 실감할 수 있었다. 그들은 관광버스 속에 위험물이 있는가를 검색하기도 하고 인원수도 확인하였다. 그리고 북한군 병사는 한결 같이 미소나 웃는 모습을 전혀 보이지 않고 딱딱하고 무표정하게 검문검색만을 하여 같은 민족으로서는 씁쓸하고 아쉬운 마음이 들었다. 다시 차가 출발하여 북방한계선 주변의 나무가 없는 민둥산을 바라보기도 하고 차창으로 비쳐지는 북한의 농촌 모습을 이곳저곳 살펴보았다.

남한에서 60년대 중반에 새마을 운동으로 바꾼 스레트 지붕처럼 비슷한 오래되고 낡은 회색 스레트나 기와지붕으로 덮여진 집단 촌락이 금강산에서 가까운 북한 농촌 모습이었다. 낡은 나무로 된 전봇대도 보여 심각한 전력난을 쉽게 알 수 있었다. 그곳 농촌 집 방에 60와트 정도의 전구가 켜있는 모습도 멀리서 보였고, 건축 자재 및 건축술이 남한에 비해 훨씬 뒤떨어져 5층짜리 아파트도 슬럼화 된 것처럼 보였다. 이러한 환경은 농촌 일에서도 마찬가지였다. 농사일이 집단 농장으로 이루어져 동네 사람들이 한 군데 모여 경운기나 트랙터 한 대 없이 모두 사람의 손으로 일하는 것처럼 보였다. 꽤 넓은 들판이 보였는데 남한에서는 모내기가 6월초까지 다 끝났으나, 이제야 모내기를 손으로 하고 있었다. 그렇게 늦게 모내기를 하면 북한이 추위가 일찍 찾아와 남한에 비해 단위 면적당 수확이 훨씬 줄어 식량난이 생기게 된다는 것은 예견되는 일이었다. 그리고 아직도 누런 소들이 들판에서 자주 보여 60년대 남한의 농촌 모습을 보는 것처럼 생각되었다.

남한의 군사분계선을 넘어 북쪽으로 출반한 지 약 50분 만에 외금강 입구의 온정리 마을에 도착할 수 있었다. 그곳에서 조금 더 올라가니 온정각이 보였고 바로 옆에는 원형 지붕으로 된 체육관처럼 생긴 건물이 있었다. 온정각은 금강산 관광사업 시작으로 최근에 지은 것으로 외국풍의 건물이었는데, 그 곳은 관광객 식당과 휴식코너, 기념품 판매장, 면세점 등이 있었다. 바로 옆의 원형 건물은 금강산문화회관으로 주로

"평양 모란봉 교예단" 공연 장소로 이용되고 있었다.

우리는 다시 타고 온 버스를 타고 출입국 절차를 거치기 위해 장전항으로 향하였다. 온정각에서 10여분 동해 바다 쪽으로 가니 보름달처럼 둥글고 잔잔한 바다가 있는 항구가 보였는데, 그곳이 활시위를 길게 벌린 모양 같다고 하여 이름 지어진 장전항이 있었다. 항구 뒤로는 그림같이 금강산 줄기가 병풍처럼 높이 둘러쳐져 있고 멀리 바닷가 해수욕장에는 백사장이 펼쳐져 있어서 어머니 품같이 아늑한 천혜의 아름다운 항구이었다. 그리고 장전항 부두가 선상에 떠있는 호텔이 눈에 보였고, 바로 옆에 북한 측 출입국관리사무소가 있었다.

우리 일행은 북한 측 출입국 직원들에게 외국인 입국 절차와 똑같이 관광증을 통한 신원 확인과 소지품 검사를 거쳐야 했다. 통관 절차를 마치고 숙소인 선상 호텔 해금강으로 들어서니 남한 측 여직원들이 많이 나와 "어서 오세요" 반갑게 인사를 하며 우리를 맞이하였다. 외국에서 빌려왔다는 선상 호텔이었지만 숙박하기에는 별로 불편이 없을 정도로 시설이 깨끗하였다. 숙소인 호텔방 키를 받아 방에 들어가니 오후 3시 반이 넘어가고 있었다. 나는 가져온 짐을 풀어 놓고 잠시 휴식을 취한 후, 간소복으로 갈아입고 관광 일정을 살펴보았다.

금강산 관광 첫 일정으로 오후 4시부터 온정각에서 온천을 하기로 하였으나, 사정상 "평양 모란봉 교예단" 공연부터 관람하기로 하였다. 이번 금강산 여행으로 방북한 관광객 대부분이 금강산문화회관에 입장한 가운 데 공연이 시작되었다. "반갑습니다!" 노래가 흐르는 가운 데, 교예 단원과 아리따운 한복을 입은 여자 사회자가 무대에 나와 특유의 북한 사투리로 금강산 관광객에게 환영 인사를 하였다. 남한의 서커스 공연처럼 북측이 자랑하는 1급 남여 교예 단원들의 공연이었는데, 곤봉 묘기, 원통 위 물구나무서기 묘기, 줄 철봉 묘기, 그물 위 공중회전 묘기 등 공연이 이어졌다.

그와 같은 공연을 하기 위해 얼마나 많은 시간 동안 피나는 연습을 거듭해 왔는가를 안보고도 알 수 있었다. 나는 그 공연을 보고 눈시울이 뜨거웠다. 왜냐하면, 우리와 똑같은 한민족인 북녘 동포인 데 인간으로서 감히 흉내 낼 수도 없는 고난도 육체적 묘기를 보여주기 위해 그 동안 얼마나 많은 땀방울을 흘렸으며, 그리고 공연 때마다 얼마나 많은 긴장하며 지내야 하는가를 가만히 생각해 보면 누구나 연민의 정을 느낄 수 있기 때문이다. 우리는 공연이 끝나고 곧바로 지하 200M이상을 파서 현대식 건물을 지어 개발한 온정각의 온천으로 갔다. 온정리溫井里라는 마을 이름은 옛날 임금님이 온천욕을 하기 위해 찾아 왔을 정도로 좋은 온천수가 나왔다는 데서 유래한다고 한다.

나는 그곳 온천수가 금강산 입구 지하에서 나오는 물이라 그런지 몰라도 남한의 유명한 온천수보다 좋다고 느껴졌다. 온천장 유리창을 통하여 금강산 모습이 손에 잡힐 듯이 가깝게 보였다. 원래 금강산은 음기가 강하므로 온천욕으로 양기를 보충하는 것이 피로 회복에 도움이 된다고 한다. 우리 일행은 온정각에서 저녁 식사를 하고 숙소가 있는 호텔 해금강에 돌아왔다. 장전항에 비친 푸른 달빛이 어딘지 모르게 슬프게 느껴지는 저녁이었다.

이튿 날2004. 6.24. 나는 아침 6시에 일어나 일찍 식사를 하고 금강산 산행 준비를 서둘렀다. 해금강 호텔에서 바라보는 아침의 고요한 장전항 바다를 바라보니 날씨가 맑으리라 여겨져 기분이 좋았다. 왜냐하면 금강산 관광을 잘하려면 우선 날씨가 좋아야 천하제일의 명산이라는 말하는 진면목眞面目을 볼 수 있기 때문이다. 현재 북한에서 금강산 관광으로 허가한 곳은 외금강 쪽만 제한적으로 개방하여 남측 여행객은 외금강 일부만 관광하는 실정인데, 외금강 관광은 구룡연, 만물상, 해금강 코스로 3가지 나누어 이루어졌다. 나는 구룡연, 만물상, 삼일포 관광 코스를 선택하여 먼저 구룡연 산행에 나섰다.

구룡연 관광은 온정각에서 구룡폭포까지 올라가는 산행 코스로 건강한 젊은이들이 왕복 5~6시간 정도 소요된다. 구룡연 코스로 가면서 거치는 중요 관광지는 술기넘이 고개, 신계사 터, 앙지대, 금강문, 옥류동, 연주담,비봉폭포, 구룡폭포, 상팔담 등이다. 먼저, 온정각에서 소형 관광버스로 출발하여 북서쪽으로 10여분 올라가다 보면 술기넘이 고개에 이른다. 이 고개는 옛날 고개 너머에 있는 창고에 양곡과 물자들을 술기수래로 싣고 넘어갔던 곳으로 이름이 지어졌다고 한다. 술기넘이 고개를 넘다 보면 남한에서는 거의 보기 어렵고, 껍질에 붉은 색을 띠고 있으며, 수령이 3~4백년 이상 넘게 꼿꼿하게 자란 소나무 숲을 보게 되는 데, 이 소나무를 홍송紅松, 적송赤松, 금강송金剛松, 미인송美人松 등으로 불린다. 조선 시대에 왕궁을 지을 때 이 소나무를 이용하기도 하였다는 데, 금강송을 베기 위해서는 임금님의 윤허가 있어야 했을 정도로 엄격히 관리하여 보호하였다고 전해진다. 지금도 북한에서 잘 관리하여 관광객들이 오래된 송림松林의 모습을 그대로 볼 수 있어 금강산의 보배라고 생각되었다.

그 곳을 지나서 가다 보면 솔밭 사이로 신라 법흥왕 시절 보운선사가 세운 절인 신계사 터가 보이는 데, 이 절은 6. 25. 전쟁 때 아깝게도 전소되었다. 현재 남한의 불교계에서 신계사 재건을 하기 위해 북측과 협상이 잘 이루어지고 있어 앞으로 옛 모습을 볼 수 있게 된다니 다행이라고 생각되었다. 다시 계속 올라가니 넓은 주차장이 있었고, 관광 안내원은 우리 일행에게 차에서 내리면 화장실에 가서 꼭 일을 보고 오라고 말한다. 왜냐하면, 이곳부터 구룡폭포까지는 화장실이 하나도 없으며 아무 곳에나 용무를 볼 수 없기 때문이란다. 옥류동 계곡의 맑은 물은 고기가 살지 못할 정도의 1급수 이상 되는 깨끗한 물로서 하류 온정리로 흘러 내려가 그 곳 주민의 식수로 그대로 이용되며, 또한 온정각 관광객의 식수로 이용되기 때문에 북측에서는 계곡 물 관리에 철저하였다.

만약에 남한의 관광객이 몰래 아무 곳에나 대, 소변 일을 보다 적발될 경우에는 아마 북측 당국에 소환되어 무거운 벌금을 물어야 하고 처벌도 받게 될 것이다. 구룡폭포 인근에 화장실이 하나 있는 데, 이곳은 주차장과 멀리 떨어져 있고 차량 진입이 전혀 안 되는 곳이어서 사용요금으로 1~2불을 지불하여야 출입이 가능하였다. 남한 국립공원의 경우는 북측의 금강산처럼 철저히 산의 계곡물 관리하는 곳이 없다고 생각되는 데, 앞으로 이러한 자연보호는 남한에서 꼭 배워서 실천해야 할 것으로 여겨진다. 주차장을 출발하여 조금 올라가 다리를 건너가니 목란관이라는 쉼터가 소나무 속에 아담하게 지어져 관광객들을 맞이한다. 여기는 여러 가지 음료와 북한산 소주, 막걸리 등을 마실 수 있게 준비되어 있었다. 금강산의 기암괴석에는 예로부터 전설이 많이 내려오고 있다.

앙지대에는 코끼리, 거북이, 도마뱀, 악어 모습의 바위들이 있는 데, 그 바위들은 그들이 비로봉을 올라가다 굳어져 변하였다고 하지만 옛 사람들이 지어낸 이야기라고 여겨지며, 금강산은 중생대 약1,000만 년 전 이후부터 현재까지 진행된 풍화, 침식 작용에 의하여 만들어진 바위 덩어리가 오랜 세월을 지나면서 기기묘묘한 형태로 변하여 관광객들에게 각기 다른 형태로 보일 뿐이라고 생각된다. 이어서 외금강 구룡 계곡을 보려면 금강문을 지나야 하는 데, 이곳은 조그만 집채만큼 큰 바위가 갈라지고 구멍이 뚫려 길이 나서 어른 한 명이 간신히 지나갈 정도의 문처럼 보여 붙여진 이름이다. 금강문을 지나 좌측으로 흐르는 계곡의 물소리와 크고 흰 바위들을 보면서 한참을 오르다가 서쪽 방향의 계곡으로 들어서면 옥류동 계곡이 눈앞에 펼쳐진다.

옥류동은 옥玉구슬 같은 맑은 물이 흐른다고 하여 붙여진 이름인 데, 말 그대로 옥같이 깨끗한 물이 옥류담으로 흘러 내려 수심 6M정도의 초록빛 바닥까지 보일 정도이었다. 옥류담 바로 밑에는 넓은 무대 바닥처럼 생긴 바위가 있는 데, 이곳을 옥류동 무대바위라고 한다. 나는 무대바위에 서서 아름다운 금강산 옥류 계곡을 바라보니 신선이 사는 나라에 온 것으로 착각되었다. 그 곳은 예로부터 많은 문인과 화가들이 찾아와 금강산의 아름다움에 감탄하여 시를 노래하고 그림을 화폭에 담았던 유서 깊은 장소이다. 나는 그곳에서 옥류담에서 흘러내리는 맑은 물을 받아 마시고 시 한 수를 지었다.

옥류동 무대바위에서

비로봉에 걸친 구름이
아름다운 금강에 취해 머물다
비를 내리나니
봉래산 맑고 깨끗한 계곡을
흐르고 흘러
새악시 손처럼 고운
흰 바위와 돌을
어루만지고 구르고 굴러서
이곳 옥류동에 이르러
마침내 옥구슬로 변하여 떨어져
푸른빛 옥류담이 되었구나!

너의 맑은 물에 놀라
산천어조차도 살지 못하나니
내 어찌 감히 너를 범할 수 있으랴.
아! 금강의 아름다움은
바위와 돌과 물에 있노라!

옥류 계곡을 따라 비경에 빠져 올라가다 보면 옥류담 절벽 위에 붉은색 단청을 한 무지개 모양의 옥류다리(무지개다리라고도 함)가 관광객을 기다린다. 이 다리를 건너 오른쪽으로 난 길을 따라 조금 더 올라가면 구룡계곡이 시작되는데, 바로 이 때 좌측 계곡에 초록색 물감을 풀어 놓은 것 같은 맑은 물을 담고 있는 2개의 연못이 고리로 이어 놓은 것처럼 눈에 보인다. 이곳을 연주담이라고 한다. 옥류담보다는 크기는 훨씬 작고 물도 적지만 수정같이 깨끗한 계곡물을 담아 놓은 모습이 한 폭의 동양화를 보는 것 같았다. 연주담은 구룡연 코스의 중간 정도 되는 지점으로 등산객이 잠시 땀을 식히고 쉬었다 가기 좋은 장소라고 생각된다.

구룡 계곡을 따라 산행을 다시 시작하여 올라가면서 왼쪽 절벽을 바라보면 봉황이 날아가는 듯 한 바위 언딕 위에시 가느다랗게 물이 떨어지는 폭포와 마주치게 되는 데, 이것을 비봉폭포飛鳳瀑布라고 한다. 여름철 비가 내려 폭포수가 많을 경우에는 장관을 연출할 것이라고 생각되었으나, 봄철에 비가 많이 내리지 않아 폭포의 물줄기가 가늘어서 서운하였다. 비봉폭포를 뒤로하고 계속 북쪽으로 오르다 보면 금강산 최고봉인 비로봉을 가로막고 있는 바위산들이 나를 압도하며 호령하듯이 서 있었다. 층층암벽이 금강석처럼 빛나는 황홀경에 빠져 오르다 보니 어느 덧 구룡폭포九龍瀑布가 앞을 가로 막고 있었다. 구룡폭포는 개성의 박

연폭포, 설악산의 대승폭포와 함께 우리나라 3대 폭포의 하나로서, 옛날부터 시인묵객詩人墨客의 마음을 사로잡을 정도의 명승지이었다.

이름 그대로 폭포 밑의 깊은 못에는 아홉 마리의 용이 살았다는 전설이 전해지는데, 연못의 수심은 13m나 되고 유량이 많을 때 폭포의 길이는 120m나 된다고 한다. 한 가지 궁금한 것은 구룡폭포 위는 바위로 이루어진 높은 산인데, 금강산 산마루 어디에 흰 비단결같이 깨끗하고 맑은 폭포수를 몰래 숨겨 놓았다가 하루도 쉬지 않고 내려 보내는가를 생각해보니 신기하기만 하였다. 나는 그 곳에서 한참 동안 넋을 잃고 떨어지는 폭포수를 바라보다가 시 한수를 읊었다.

구룡폭포

금강석같이 단단한 바위 속
그 어디메 숨겨놓고
억만 개 진주알을 쏟아 놓은 듯
하얀 면사포처럼
깨끗한 폭포수를
하루도 쉼 없이
천 길 낭떠러지에 펼쳐 놓은 듯
구룡연에 내려뜨리는가!
저 멀리 날아가는 새들도
너의 아름다움에 반해
잠시 쉬었다가는구나!
아! 봉래산 꼭대기에서
처음 너를 만났으니

나 이제 가면
언제 또다시
너와 해후邂逅하리오!

구용연의 마지막 코스이고 구룡 계곡과 상팔담이 한 눈에 바라다 보이는 비룡대를 오르기 위하여 흔들거리는 연담교를 건넜다. 비룡대는 가파른 돌계단 철계단으로만 오르고 또 오르게 되어 있는데, 노약자는 되도록이면 등산을 피하는 게 좋으리라 생각된다. 우리 일행 중에는 사오십이 넘어 보이는 중년 여자 분들도 평생에 한번 오기 어려운 여행이라고 말하며 가파른 바위를 포기하지 않고 오르고 있었다. 나는 가쁜 숨을 고르며 등산을 계속하여 마침내 비룡대에 섰다.

구정봉 정상인 비룡대는 바위로 되어 있었는데, 금강산의 아름다운 계곡과 상팔담이 한 눈에 보이는 전망대이었다. 야호! 야호! 소리치니 금강산이 반갑게 메아리로 반겨주었다. 그리고 이제까지 흘렸던 땀방울과 피로가 한 순간에 없어지는 듯하였다. 상팔담은 비룡대에서만 볼 수 있는 데, 구룡 계곡의 위 산골짜기에 파여서 파란 옥수를 담고 있는 8개의 연못이다. 이곳은 우리가 초등학교 시절에 배운 "나무꾼과 선녀"의 전설이 전해오는 것처럼 때 묻지 않은 처녀지이어서 신선들이 노닐다 가는 곳으로 여겨졌다. 나는 상팔담의 연못을 눈으로 세어 보며, 그 옛날 나무꾼과 살았전 선녀의 모습을 마음속으로 그려보았다.

비룡대를 내려오며 구룡연 코스의 아쉬운 하산길이 시작되었다. 나는 그곳을 내려오며 이런 생각이 들었다. 비룡대를 개방하여 금강의 아름다움을 관광객의 눈으로 직접 확인할 수 있어 좋은 여행이 되겠지만, 남한의 많은 관광객이 계속적으로 등산하다 보면 현재와 같이 잘 다듬어지지 않고 위험한 철계단으로 이루어진 등산로가 훼손되어 예기치 못한 등반 사고가 발생될 수도 있으므로 안전한 산행이 되도록 많은 투자와 정비가 필요하다고 생각되었다. 나는 구룡연 산행을 마치고 다시 온정각으로 내려와 점심 식사를 하고 금강산 온천 노천탕에서 온천욕을 즐기며 오전 산행의 피로를 풀었다.

오후에는 해금강 관광의 하나인 삼일포 관광에 나섰다. 조선 시대에 관동8경의 하나로 이름 높은 삼일포는 온정리에서 동남쪽으로 12㎞ 떨어진 후천북강의 왼쪽에 자리 잡고 있다. 호수가의 둘레는 8㎞이며 넓이는 0.87㎢이라고 한다. 우리는 삼일포 입구에 북한에서 지은 위락시설인 단풍관이라는 곳에 도착하여 2층으로 올라가니 호수가 한 눈에 들어왔다. 호수 주변에는 해금강으로 가는 산들이 병풍처럼 둘러쳐져 있어 아늑한 기분이 들었는데, 삼일포는 옛날 바다였으나 침식작용으로 점차 호수로 바뀌었다고 한다. 호수 가운데에는 공중에서 바라보면 소가 누운 것 같은 형상이라는 와우도라는 섬이 있는 데, 그 섬은 푸른 소나무 숲을 이루고 있었으며 관광객 출입은 허용되지 않았다. 삼일포라는 이름은 옛날 임금님이 관동팔경을 유람하면서 다른 곳은 하루씩만 머무르고 갔는데, 이 곳 삼일포에 와서는 호수의 아름다움에 취해서 삼일을 머물면서 관광을 즐겼다는 데서 유래한다고 한다.

현재는 낚시는 물론 유람선 하나 찾아 볼 수 없었으며, 자연 그대로 잘 보존되고 있어서 보기에 좋았다. 삼일포 주변에는 호수가 한눈에 바라보이는 장소에 누각이 있는 데, 그 중에서 장군대와 봉래대가 유명하다. 그리고 호수 위로 솟아 오른 큰 바위 위에 정자가 하나가 세워져 있는 곳을 사선대라고 하는데, 이곳은 옛날에 네 신선이 삼일포에 와서 놀고 간 것을 기념하여 세웠다고 한다. 삼일포는 호수 전체를 돌 수 있도록 주변에 길이 없으므로 눈으로 보는 것만으로 만족하고 발길을 돌려야 하니, 명승지로 이름난 것에 비하여 아름다운 비경으로 관광객들이 감탄할 정도의 호수는 아니었다.

금강산 여행의 마지막 날(2004. 6. 25.) 아침에 일찍 잠에서 깨어짐을 챙겨 놓고, 호텔 해금강 선상에서 식사를 하며 장전항을 절벽으로 가로막고 있는 외금강의 산들을 바라보며 만물상 산행을 위한 마음의 준비를 하고 있었다. 만물상을 보기 위해서는 먼저 온정각에서 통천 방향으로 온정령 고갯길을 소형 관광버스를 타고 만물상 입구 주차장까지 올라가야 하는 데, 온정령으로 가는 고갯길은 백 개도 넘는 용龍처럼 구불구불한 시멘트 포장도로이었는데, 버스 한대만이 간신히 다닐 수 있는 폭 5~6m정도의 길이었다. 고갯길 양편으로는 수령 4~5백년 이상 되는 금강송이 줄을 지어 서있었는데, 마치 그 모습이 군대에서 병사들이 사열을 받는 것처럼 적송, 홍송, 미인송들이 서로의 자태를 뽐내며 도열해 있었다.

만물상을 보아야 외금강을 여행하였다고 이야기할 수 있을 정도로, 만물상은 세상의 모든 형태의 모양을 한 기암괴석이 어우러져 한 폭의 동양화를 펼쳐 놓은 듯 한 명승지이다. 만물상 입구 주차장에서 정상인 천선대까지 왕복 4시간 정도 소요되는 산행 코스인데, 처음 10분정도의 삼선암까지는 누구나 올라갈 수 있으나, 그 후 귀면암鬼面岩, 칠층암七層岩, 절부암折斧岩, 안심대安心臺, 전선대'天仙臺에 이르는 길은 노약자가 쉽게 올라갈 수 없는 험난한 산행 길이므로 단지 어렵게 금강산에 와서 만물상을 보고 싶은 욕심으로 무작정 등산을 하다가는 예기치 않은 사망 사고를 당할 수도 있으므로, 남한에서 자식들이 부모님에게 효도 관광으로 금강산 여행을 보내실 때에는 만물상 주차장 입구에 있는 만상정萬相亭의 서늘한 그늘 밑에서 쉬다가 가까이에 있는 만상천萬相泉의 물을 마시고 하산하시도록 당부 드리는 것이 진정한 효도라고 생각한다.

만물상은 오랜 세월 동안 풍화작용을 거쳐 수직으로 수백 길 넘게 서

있는 바위들이 즐비하여 신이 자연을 통해 만든 예술 작품 중에 최고의 걸작이라고 생각되며, 바위산으로 만들어진 하모니의 극치이다. 화가가 금강산의 사계를 아무리 잘 그린다고 하여도, 감히 만물상의 자연을 따라갈 수 없다고 단언할 수 있다. 나는 90도 경사의 철계단을 수없이 올라 기둥바위 4개가 둘러선 가운데 10 명이 설 수 있는 천선대天仙臺에 올랐다. 이곳은 하늘에서 선녀들이 내려와 놀았다고 하여 천선대라고 불리어진다. 천선대는 온통 돌로 되어 있고 아래는 천 길 낭떠러지가 둘러 서있는 데, 만물상 한복판에 자리 잡고 있어 만물상에 있는 동양화 같은 경치를 눈으로 직접 볼 수 있는 전망대와 같은 곳이었다. 나는 천선대에서 내 눈 앞에 펼쳐진 비경을 떨리는 손으로 카메라에 몇 장을 담고, 바로 안심대安心臺로 내려와 숨을 고르고 있었다.

잠시 후 나는 갑자기 가을 단풍이 곱게 물들 때 만물상에 오르고 싶은 마음을 추스르며 천선대를 뒤로한 채 만물상을 내려오고 있었다. 만물상 관광을 끝으로 2박3일의 금강산 여행을 무사히 마치고 남한으로 향하는 버스에 몸을 맡겼다.

이번 여행을 하면서 마음속에 깊이 느낀 것이 하나 있는 데, 우리 한반도가 이념과 정치 체제 때문에 남북으로 분단되어 지금은 아픔을 안고 살지만, 앞으로 남북이 평화통일을 이루어 백두대간에서 태백산맥을 거쳐 금강산, 설악산을 합하여 세계적인 관광지로 가꾸어 나가면 틀림없이 유럽인이 자랑하는 알프스보다 더 나은 곳으로 만들 수 있다고 믿는다.

보행자와 자전거의 천국을 만들자

여섯 살 어릴 적 내가 살던 고향에서 십오 리 정도 떨어진 성당의 프랑스 신부님은 우리 마을 공소에 미사를 집전하러 올 때면 빨간색 딱정벌레 같은 폭스바겐 방개차를 타고 오셨다. 나는 그 차가 온다는 소리를 들으면 소꿉동무들과 함께 놀던 것을 즉시 멈추고 방개차를 구경하려고 달려갔다. 그 차를 볼 때마다 나는 동화 속의 나라에 온 것 같은 착각에 빠져 신부님의 자동차를 신기한 듯 손으로 어루만지기도 하고 유리창 안으로 보이는 자동차 내부를 자세히 살펴보기도 하였다. "아! 나는 언제 이런 차를 타볼 수 있나?"하는 부러움을 간직한 채 탄식어린 독백을 나도 모르게 하곤 하였다.

사십여 년이 지난 지금 한국은 자동차 선진국에서도 호평 받고 외국인들도 갖고 싶어 하는 성능 좋은 자동차를 생산하고 있으며, 대도시뿐만 아니라 중소 도시까지 도로에 자동차 홍수를 이루며 살고 있다. 한마디로 상전벽해桑田碧海라고 할 정도로 자동차는 중요한 생활필수품으로 자리를 잡았다. 요즈음 한국은 내가 어릴 적에 그토록 신기하게 여겼던 방개차보다 더 디자인이 예쁘고 아름다운 자동차를 만들고 있으며, 경제력만 있으면 나의 어릴 적 꿈은 쉽게 이룰 수 있게 되었다.

내가 바라던 꿈은 이루었다고 생각되지만, 자동차 산업의 발달로 아름다운 자연 환경은 파괴되고 깨끗한 공기의 오염과 오존층을 파괴하여 인류의 재앙이 예견되고 있으며, 하루도 매연에서 벗어나 살 수 없을 정도로 환경이 악화되어 몸살을 앓고 있다. 그리고 주 5일제와 생활양식이 바뀌면서 우리나라와 같이 좁은 국토에서 자동차의 폭발적인 증가로 토·일요일, 연휴일連休日에 나들이나 레저를 위한 자가용차 운행을 선호한다면 지방도, 국도, 고속도로는 많은 정체 비용을 지불하여야 할 것이다. 이러한 견지에서 살펴보면 호사다마好事多魔라고나 할까 우리는 바라던 꿈보다도 더 크고 많은 것을 잃어버리게 될 것이다.

21세기는 전기나 공기, 물로 가는 자동차로 매연이 전혀 없는 환경친화적인 자동차 개발이 이루어지고 있지만, "소 잃고 외양간 고치기" 하는 교통정책을 버리고 미래를 위하여 자가용 운행을 줄이고 대중교통을 장려하는 세상을 만들어야 할 것이다. 왜냐하면, 현재와 같은 물질만능이 지배하는 자동차의 무분별한 운행은 우리가 살고 있는 지구의 오존층을 더욱 빠르게 파괴시켜 결국에는 인류 파멸의 길에 이르게 만들 것이다.

그리하여 점진적으로 도로에서 자가용 이용을 억제하는 정책을 추진하여 2020년 이후에는 도시에서 비상시 이외에는 자가용차 운행을 최대한 줄이고 많은 사람이 버스나 전철 등 대중교통을 애용하며, 안전하고 편리한 자전거 도로를 만들어 이용하도록 유도하여야 할 것이다. 이러한 정책은 인간의 자유와 재산권을 억제한다는 논리로 강력히 반대하는 사람이 있겠지만, "차 없는 거리"를 늘리고 "보행자와 자전거 이용자의 천국"을 만든다면 그 만큼 공기도 깨끗하게 정화되고 국민의 건강과 체력을 향상할 수 있어서 일석이조一石二鳥의 성과를 거둘 수 있다고 본다.

이미 선진국에서 소탐대실小貪大失을 경험하고 개선을 하고 있는 자동차 위주의 교통정책을 과감히 버리고, "자가용차 이용을 최대한으로 줄이자."라는 구호만을 외치기보다는 "보행자와 자전거 이용자의 천국"인 도시로 다시 태어나야 한다는 것을 강력히 주장하는 바이다.

김 태 연

<문학저널> 수필 등단, <스토리문학> 시부문 등단
고려대학교 평생교육원 시, 수필창작과정 수료
한국스토리문인협회 이사, 문학공원 동인
고려대학교 평생교육원 시창작과정동문회 부회장
시집 『봇물 터지듯』, 『마음의 등대』
수필집 『징검다리』

공포의 하얀 벽 외 2편

김 태 연

지난해 검진표가 날아왔지만 차일피일 미루다가 해를 넘겼다. 12월 5일 망설이던 건강검진을 받기위해 병원으로 향했다. 해를 넘길 수 없어 보험공단의 신청을 했다. 주섬주섬 챙겨주는 준비물을 챙겨들고 병원을 나선다.

4일 저녁, 6시부터 500cc 물에 분말을 섞어 30분 간격으로 마신다. 지시대로 3시간 동안에 무려 여섯 통이나 되는 물을 모두 마셨다. 남산

만한 배가 쿨렁댄다. 임산부 같은 몸으론 누울 수도 없고 걸어 다니기도 힘이 들었다. 금식하고 10시 검사를 시작했다. 소변을 받아 건네고 키를 재고 체중을 확인. 심전도검사를 거쳐 피를 뽑는다. 혈관이 잘 안 뜬다며 갸우뚱거리는 간호사가 눈치를 살핀다. 다인실로 안내되어 침상에 누이곤 손목에 링거를 꼽는다. 약 20분이 지나서 지금부터 수면에 들어 갈 거라며 링거 줄에 주사기를 꽂는다. 지하 2층 내시경실로 안내되었다. 대장내시경에 들어간다며 별로 쓰잘데기 없는 질문을 던졌다. 나름 대답을 잘 한 것 같은데 모두 끝났으니 정신을 차려보란다. 대장내시경은 그런대로 시작했을 기억한다. 헌데 위 내시경은 정말 한 것일까 궁금했다.

입안이 달달할 뿐 아무런 느낌도 나질 않았기 때문이다. 겁먹었던 수면 내시경은 의외로 너무 싱거웠다. 검진 결과 대장과 위장은 이상 없고 심한 변비는 치핵 때문이라고 했다. 오랜 세월 날 괴롭히던 애물단지를 제거하기로 마음먹고 16일로 수술 예약을 잡았다. 간단한 수술이라기에 고민을 접고 예약을 잡은 것이다. 처음 접한 수면 내시경은 생각보다 쉬웠지만 치핵 수술은 척추마취로 한단다. 은근히 걱정스럽다. 스스로 위로하고 할까 말까로 고민하며 손가락을 꼽던 수술이 내일로 닥쳤다. 역시 아침을 굶고 친구가 부른 택시로 병원행이다. 혈관이 신통치 않아 어렵다면서도 또 피를 뽑아간다. 다짜고짜 링거로 날 구속한다. 빨리 지나갔으면 좋겠는데 예정된 수술 시간이 30분이 지나도록 소식이 없다. 45분, 자~수술실로 옮겨갑니다. 소지품은 모두 보관함에 두고 아무것도 몸에 지니지 말란다.

2003년 맹장수술을 받긴 했었지만 그땐 이미 터진 상태로 응급실에 실려 간 것이다. 그러니 아무런 두려움도 없이 얼떨결에 받은 수술이었다. 웬만하면 치질수술은 받지 말아야 한다고 겁을 주는 주변사람들이 약속했었다. 머리가 엉키는 것 같은 느낌으로 링거를 밀며 지하2층 수술실로 향한다. 온통 하얗고 넓은 방 가운데 뜀틀을 닮은 나무 계단이 놓여있다. 초록색 가운 두 분이 양쪽으로 서고 특진 담당인 원장님이 중앙에 자리했다. 그 위로 3단계로 나뉜 밤색 수술대. 담당의 허리 높이에 맞춘 곳까지 계단을 오른다. 나이 지긋한 사감 같은 안경 낀 여인이 들어섰다. 어리둥절한 내게 저분이 유명한 마취 과장이라고 소개한다. 한 의사가 밤색 고무 베개를 안겨준다. 자~마취 들어갑니다. 배꼽에 얼굴을 묻고 허리를 활처럼 구부리세요. 허리를 피하면 두 번 고생해야 하며 마취약이 샐 수도 있습니다. 인상만큼이나 위협적이고 냉철한 한 마디가 뒤통수에 꽂힌다.

따끔하게 꽂히는 바늘은 그런대로 참을 만 했다. 서늘한 액체가 등줄기를 타고 내린다. 잠시 뒤 발가락 끝까지 열이 난다. 마치 난로 앞에 선 듯 발가락이 가려웠다. '왜 그러느냐'고 묻는다. '발이 더워서'라고 답하자 네~마취가 되는 겁니다. 이제 침상에 엎드려보세요. 하고는 무언가를 자꾸 물었다. 순간 그들의 질문보다는 731부대의 생체실험이 머리를 스쳐간다. 본인의 의지와는 상관없이 갖은 고문과 부분 실험을 당했다던 그들의 고통이 그려졌다. 심지어는 동상을 입혀 균을 주입하고 독이 든 만두를 먹였다던 만행. 그저 상상의 글로만 알았던 내용이 양심선언과 생생한 증언으로 사실임이 밝혀진 사건 속 마루타. 마취에 들어가면서 오가던 책갈피를 벗어나기까지는 대체 얼마나 시간이 흘렀을까? 간간히 말소리가 들린다. 벽에 걸린 시계가 오후 1시를 넘어간다. 스스로 푸푸거리며 답답한 숨을 내쉬는 소리도 들렸다.

차츰 정신이 들어간다. 하반신만 마취시킨다 했는데 왜 아무것도 모를까? 그것도 9시 45분에 들어간 수술이 무려 세 시간 반 만에 깨어나다니 어찌된 영문일까 의아했다. 옆자리 45세 여인은 11시 5분에 수술

들어가 11시 45분에 병실로 오면서 지혜야~엄마 수술하고 왔다면서 활짝 웃는다. 순간 수술 하지 않고 돌아온 것으로 알았다. 무통 약 덕분인지 큰 아픔은 모르지 만장시간 걸린 나와 비교가 된다. 어리병병한 상태로 3일 만에 퇴원한다. 6~7일이 되면서 많이 괴로웠다. 내색도 못하고 모임을 빠지니 질문이 빗발친다. 출판식과 동인지 글 준비로 동동거리는 11년 막바지를 맞는다.

모내기 하던 날

모내기철이 되자 동네가 분주하다. 논에 물을 채우기 위해 몇 몇 날 전부터 새벽잠을 설친다. 머리 맞대고 빡빡한 일정으로 모내기 날을 잡는다.

금요일부터 일요일까지 삼일 간 연달아 일손을 정한다. 아버진 아버지대로 못 춤 찌는 사람, 못 춤을 날라 올 사람, 모를 심을 사람, 못 줄잡이, 이렇게 몫을 정한다. 워낙 오랜 세월 되풀이 해오던 터라 손발이 척척 맞아 새참 무렵엔 논 한마지기 모내기를 끝내고 다음 논으로 옮겨 간다. 이때 아녀자들은 때를 맞추기 위한 새참준비로 발을 동동거린다. 오일장날에 멸치 새우 강달이 등 국거리 찌개 거리를 사다 놓았으니 만들기만 하면 되는 것이다. 모심는 날은 잔심부름으로 어린 동생들까지 덩달아 바쁜 날이다. 할머니가 큰 솥 아궁이에 불을 때신다. 마른 솔가지가 활활 불꽃을 이루면 매캐한 연기는 머리 풀고 하늘로 오른다. 검정콩 섞인 밥이 가마솥으로 한 가득이다. 광에 걸어둔 바가지 꾸러미가 들려나온다. 안마당에 놓은 큰 다라에 텀벙 집어넣지만 바짝 마른바가지가 불쑥불쑥 물 밖으로 기어 나온다. 물 한바가지 들이마신 펌프가 삐걱대며 앙살하다가 마신 량의 열배 백배로 콸콸 토해낸다.

광주리 움켜쥔 엄마 뒤를 고종사촌 올케가 바짝 따라 붙는다. 나또한 감자조림 가득 담긴 들통을 들고 낑낑거리며 뒤따라간다. 이미 일손 놓고 논둑에 나앉은 농군들 담배 피워 물고 잡담에 빠져있다. 각자 감자조림 듬뿍 담긴 종고라기 하나씩 챙겨들곤 밥도 반찬도 푸짐하게 그 위에 올린다. 열여섯이라 했건만 어찌된 사연인지 종고라기 두 개가 남았다. 어찌나 맛있게 먹든지 그 옆에 껴 앉아 들밥 한 술 먹고 싶은 생각 간절하다. 게 눈 감추듯 뚝딱 그릇을 비운 그들이 한걸음 뒤로 물러앉았다. 빨리 챙겨가지고 가자는 엄마를 먼저 가라며 눈치 볼 것 없이 자리를 잡았다. 밥도 남았고 강달이 듬뿍 섞인 감자조림이 남았다. 그 두 가지면 더 바랄게 없었다. 빨간 양념이 고스란히 물든 바가지가 입맛을 부추겼다. 저만큼 혼자서 모내기하던 친척도 한 식구 보탠다. 그 동안에 서둘러 논에 들어간 사람들 일손이 바쁘다.

못줄 감아쥔 이 두 발짝 뒷걸음질로 느슨하게 못줄 풀어 길게 선 그어주면 듬성듬성 던져놓은 모춤 챙겨든 이 허리 꺾고 손놀림이 바쁘다. 그들이 더듬고 지나간 흙탕물로 군데군데 모춤을 던진다. 무더기로 몰려 자란 탓에 떨어지려 들지 않아 씨름을 한다. 어깨넓이로 버티고 선 채 좌우로 열 두 개씩 모를 꽂는 듯하다. 단발머리 산발한 채 낯선 곳으로 이사 한 잔챙이들 수렁 속을 비틀거린다. 물찬 새집이 기호에 안 맞는 모양이다. 이쯤에 또 한 마지기 모내기를 끝낸다. 흙투성이로 가쁜 숨 몰아쉬며 논둑에 오른 농군들 권련 한 대씩 꼬나물고 휜 허리를 편다. 행여 점심시간 놓칠세라 똬리 위 큼직한 광주리 조심스레 잡고 종종걸음으로 논길을 달린다. 한손엔 주렁주렁 종고라기 매달고 삐뚤삐뚤한 논둑길을 외줄타기 하 듯 걷는다. 개미 득실대는 논둑에 아무렇게나 둘러앉았다.

걸쭉한 막걸리와 풋풋한 생절이 곁들인 들밥을 논둑에 펼쳤다. 강달이 듬뿍 섞인 감자조림은 구수한 냄새로 시장기 부추기며 군침을 돌게 한다. 넉넉한 시골인심 묻어나는 신토불이 들밥을 바라만 봐도 배가 부르다. 봄 입맛 돋우고 허기 달래주는 강달이 조림은 막걸리 안주로도 제격인 듯했다. 제각기 욕심껏 퍼 담은 바가지만 봐도 배가 불뚝 일어날 것만 같다. 모심을 날 먹기 위해 몇 날을 준비한터라서 부족할 건 없다. 하지만 하루 네 차례 밥을 해 나르는 아낙들은 죽을 맛이다. 들에 다녀와서 다음 음식을 준비해 내가려면 뛰어다녀도 시간에 쫓긴다. 아낙은 밤늦도록 치워야 자리에 들 수 있지만 모심기 끝낸 그들은 집으로 돌아가 씻고 누면 그만이다. 언제나 잔일이 많은 시골살림으로 고달픈 아녀자들이다. 종가에 태어나고 자란 맏딸의 눈엔 해도 해도 끝이 없는 게 농사라 여겨진다. 일곱 남매 맏며느리 인 엄마의 삶 자체가 고달픔의 연속이기 때문이리라.

내일 찬거리를 챙겨놔야 열시 반 새참에 늦지 않을 것이다. 매일 같은 음식은 금물로 알고 있다. 누구네 집은 뭐가 어떻고 맛이 있느니 없느니 말이 낳다. 조금만 소홀히 해도 안 되고 맛이 없어도 안 된다. 생선이나 고기를 준비하지 않으면 자칫 그들의 입방아에 오를 수도 있다. 조금만 더 신경 쓰고 더 챙겨주면 흡족한 반응을 보이는 순수한 시골사람들이다. 또 그렇게 해줘야 다음 일이 수월하게 마련이다. 한 참 바쁜 모내기철엔 선금을 주어도 일손이 모자란다. 같은 품삯 일 바엔 입맛에 맞는 집을 골라 다닌다. 고로 최선을 다해 음식을 장만하게 마련이다. 흙색이던 들판이 며칠 사이에 파랗게 물 들어간다. 벌써부터 가을바람에 물결치는 황금들판이 보이는 듯하다.

부모님 은혜

엄마는 머리에 계란 보따리를 이고 다니며 파는 행상이었다. RM 따라 아홉 살 난 어린 딸은 엄마와 동행을 했다. 어느 부잣집 큰 쓰레기통이 있어 모녀는 그 위에 계란 보따리를 내려놓고 잠시 쉬고 있는데 마침 그 집 가정부가 대문을 열고 나오더니 비켜 달라며 금방 긁은 듯한 누룽지 한 조각을 버리고 들어갔다.

모녀의 눈이 마주쳤다 딸은 무의식적으로 그걸 주워들었고 엄마는 보자기를 풀어 그걸 쌌다 냉수 한사발로 아침을 때운 모녀에겐 그건 밥 같은 식량이었다. "엄마, 그 보따리 내 머리에 이어 줘." 그러나 보따리를 이자마자 딸은 주저앉는다. "그래도 오늘은 네가 있어 힘이 난다." 무거운 임질을 하면서도 빙그레 웃는 엄마 어느 구멍가게 앞 엄마는 건빵 두 봉지를 샀다 그런데 그 가게 주인은 건빵 봉지 입구를 가위로 자르더니 물을 부어준다 딸이 깜짝 놀라 엄마를 쳐다본다. "배도 부르고 목이 메지 않아 먹기도 좋다."며 "너도 먹어보라."고 한다.

엄마는 늘 이렇게 퉁퉁 불은 건빵으로 허기를 채우곤 했다. 다소 부끄럽지만, 위에든 모녀의 이야기는 남의 이야기가 아니고 바로 내 어머니와 그 맏딸인 내 이야기이다.

셰익스피어는 '여자는 약하다 그러나 어머니는 강하다.'라고 했다.

나는 지금도 어머니를 '어머니'라고 안 부르고 '엄마'라고 부른다. 엄마는 이렇게 살림에 보태려고 어린 딸 원피스를 사주려고 머리 정수리가 헤져 대머리가 되도록 당신의 고개가 한쪽으로 이상하게 기울어지도록 행상을 하시며 늘 이렇게 어렵게 사셨다. 내가 초등학교 1학년 때다 나는 어쩌다 홍역에 걸려 앓게 됐는데 그때 우리 아버지는 나를 매일 학교까지 업어다 주시고 학교가 파할 무렵이면 다시 오셔서 집까지 업어 오셨다.

그 난로 같이 따뜻하고 바다같이 넓은 고마운 아버지의 등을 나는 지금도 잊을 수 가 없다. 내 어렸을 때 너무 곱디고운 어머니의 모습, 한 번은 어머니가 반다지 옷장 앞에서 왠지 눈물을 흘리셨다 "엄마 왜 울어?" 하고 내가 물으니까 "네 왜 할머니 생신에 입고 갈 옷이 없어서 그런다."

엄마의 그런 대답을 듣고 어린 내 소견에도 변변한 옷 한 벌 없는 어머니의 가난이 얼마나 가슴 찡했던지 솔직히 나는 어려서 아버지가 속옷만 입은 모습을 한 번도 본 적이 없기에 아버지는 잠도 안 주무시고 일만 하시는 분으로 알았다.

그렇게 담배 한 대 술 한 잔도 멀리한 채 허리띠 졸라매시고 불개미 같이 일만하신 아버지, 생각하면 지금도 너무 송구스럽고 또 존경스럽다. 내가 결혼하던 날, 우리 어머니는 딸을 보내는 서글픈 마음 탓인지 "애, 결혼식장에서도 우리 서로 보지말자!" 이런 말을 하셨다 "원피스도 싫어요. 호떡도 싫어요, 빨리 계란 팔고 집에 가요." 이렇게 보채던 철부지 딸이 커서 아무리 결혼을 한다고 하여도 고운 정 미운 정이 들대로 든 맏딸과의 이별은 너무 큰 슬픔이요, 충격이기에 엄마는 이런 말씀까지 하셨을 것이다.

그런 어머니에게 불효막심한 딸은 효도는 고사하고 자식까지 낳아서 키워달라고 맡겨 드렸으니, 이건 자식으로서 잘못을 해도 한참 잘못한 일이 아닌가 싶다, 그래도 어머니는 아무런 내색도 안하시고 외손을 잘만 키워주신 할머니시다.

내 어릴 적에는 유독 우리 집만 그런 것도 아니지만, 대부분은 다 가난하게 살았다. 그렇게 가난했어도 우리 부모는 자식들 앞에 결코 거짓말을 하시거나 자식들 앞에 부끄러운 일을 하신 적이 없으셨다. '장군 아버지 밑에 장군 아들 나온다,'고 이렇게 거짓 없는 진실로 인생을 사시고 귀감이 될 만한 행동으로 본보기를 보여주신 어버이 덕분에 지금도 우리 남매들은 올곧게 자신들의 삶을 꾸려가고 있다고 본다.

솔직히 부모님 사시는 곳이 멀어서 자주 못가는 것도 아닌데 이상하게 바빠 친정 근처에까지 가도 부모님을 뵙고 오지 못할 때도 있다. 최근에 시를 공부해서 시인으로 등단한 딸이기에 그 딸이 쓴 시를 들고 가서 부모님을 한 번씩 껴안아 드리고 그 시를 한 두 편이라도 읽어 드리면 그렇게 좋아 하시는데 그 일도 뜻대로 자주 못 한다. 어쩌다 친정에 가면 부모님은 큰 딸에게 시를 지도해 주시는 선생님교수님이란 말보다 선생님이란 표현을 더 좋아하신다.이 너무 고맙다고 하시며 그 얼마 안 되는 노령 연금에서 "선생님 뭐 사다드리라,"고, 그리고 "네 학비에 보태라," 고 돈을 쥐어주신다. 그러니 부모는 세월이 가도 자식 앞엔 바다 같은 어버이 마음 그대로시다.

반포지효反哺之孝란 말이 있다 까마귀 새끼가 커서 늙은 어미에게 먹을 것을 물어다준다는 데서 나온 말로, 자식이 커서 늙은 부모에게 봉양하는 효심을 말한다. 아직 부모에게 용돈이나 타 쓰는 이 딸은 언제나 그런 효성스런 새가 될 것인지 정말 부끄럽다.

"내리 사랑은 있어도 치사랑은 없다,"는 말처럼, 아무리 부모의 은혜를 갚아본다고 해도 자식은 그 백분의 일, 아니 천분의 일도 갚기 어려울 것이다. 러니 자식들에게 부모님 보다 더 훌륭한 하늘로부터 받은 은총은 없다고 본다. 나이도 드셨지만 너무 수척해지신, 또 가끔은 앓아누우시는 부모님, 그래서 번쩍 안아 드려도 너무 가벼워지신 두 분을 뵐 때 마다 지난 세월이 너무 야속하고 그 크신 은혜에 가슴이 저리고 눈물이 난다.

'어버이를 사랑하지 않으면서 타인을 사랑하는 것은 어긋난 덕이요. 어버이를 공경하지 않으면서 타인을 공경하는 것은 어긋난 예이다. 효경孝經한자에 있는 말이다,

일찍이 부모님 덕분에 세상을 살아가는 올바른 걸음걸이가 무엇인지를 배운 나. 마침, 내일은 그 학교에 가는 날이다 그러니 아직 철이 덜난 이 딸은 공부하고 나서 오후에는 사랑 꽃 한아름이라도 안고 부모님을 꼭 찾아뵈어야 하겠다.

심 상 열

한양대학교 사범대학 졸업, 건국교육대대학원 졸업
민주평화통일자문회의 교육홍보위원장
신상중학교 교장 역임
한국스토리문인협회 회원

내 고향 포항이 자랑스럽다 외 2편

심 상 열

살아오면서 '부모', '친구', '가족'과 같은 단어에 흐뭇함을 느낀다. 하지만 고향을 뒤로한 나로서는 가장 그립고 정겨운 단어는 바로 '고향'이라는 단어가 아닐까 싶다. 오죽하면 '수구초심'이라든가 '까마귀도 고향 까마귀가 반갑다'는 말까지 나왔을까. 내 가슴속에 아로새겨진 내 고향 포항은 송도해수욕장과 구룡포 해수욕장, 호미곶 상생의 손과 죽도시장으로 대변된다 해도 과언이 아니다. 송도해수욕장은 6~70년대 우리나라 최고의 여름 휴양지로 모두와 함께했고, 죽도시장은 동해안 최대의 전통어시장으로 수산물 유통의 본산이다.

민족의 큰 명절 추석을 맞아 고향을 다녀왔다. 무척이나 길고 무더웠던 지난여름의 기억을 멀리하고 선선한 바람과 함께 예년보다 빨리 찾아온 추석이 더욱 반갑게만 느껴졌다. 특히 이번 추석은 '더도 말고 덜도 말고 한가위만 같아라.'라는 말처럼 풍요롭고 넉넉한 한가위 보름달처럼 우리와 우리의 고향 포항이 넉넉히 살아가는 모습을 볼 수 있어서 행복했다.

어린 시절, 더 넓은 동해를 바라보며 꿈과 희망을 키웠던 몸과 마음의 고향. 38여년을 교직에 있으면서도 어느 하루도 잊어본 적이 없는 어린 시절의 추억이 고스란히 남아 있는 송도해수욕장은 오래전에 자취를 감추고 없어졌지만, 동빈내항 복원이라는 이름으로 그동안의 막혔던 물길이 열린단다. '포항운하'로 이름 붙여진 사업이 한창이다. 오는 11월이면 40여 년간 막혔던 물길이 트인단다. 어릴 적에 멱 감던 송도 인근에는 관광객들을 실어 나르는 유람선이 떠다닐 거란다. 세계적인 아름다운 항구를 목표로 개발을 서두르고 있다. '내 고향 포항이 세계적인 아름다운 항구가 된다.' 벌써 설렌다.

포항의 하루를 여는 죽도시장은 어둡고 침침했던 옷을 벗고 현대식 시장으로 탈바꿈하고 있다. 그리고 이제 사람과 자연이 어우러지는 경쟁력 있는 21세기형 국제적 도시로 거듭나고 있다. 이는 누구보다 맡은 바 자리에서 최선을 다해온 박승호 시장을 비롯한 2천여 포항 공직자들의 노력 덕분이 아닐 수 없다. 또한, 고향을 사랑하고 지키는 사람들의 단합된 힘과 추진력이 지금의 고향 발전의 원동력이 된 것에 감사한다.

실개천이 흐르는 중앙상가에서 느끼는 활력, 전국 처음으로 세워진

해상전망대인 '영일대'가 자리한 전국 최대의 해수욕장인 영일대 해수욕장의 아름답고 시원한 전경, 미래인 글로벌 포항을 그러나갈 든든한 영일만항, 회색 도시의 색깔을 바꾼 거리 곳곳의 녹도, 폐철도부지에 들어선 아름다운 녹색 공원, 도심 곳곳을 아름답게 장식한 스틸 예술들, 내 고향 포항은 이제 내 마음속만의 자랑이 아니었다. 비록 몸은 고향을 떠나 있지만, 고향을 지키는 선후배와 친구들 덕분에 타향에서도 고향을 자랑하고, 고향 덕분에 힘이 실린다. 고향을 지키고 있는 모든 분이 고맙고 든든하다.

이제 앞으로 또 무슨 일이 나로 하여금 우리 포항을 자랑스럽게 할 것인지 벌써 기대가 된다. '영일만 르네상스'를 향해 달려가는 '포항호'의 선장 박승호 시장과 2천여 공무원과 묵묵히 고향을 지키고 사랑하는 사람들이 참 고맙다는 생각이 몇 번이고 드는 것은 비단 나만의 마음만은 아닐 것이다. 내 고향 포항이 자랑스러운 도시로, 그래서 53만 시민 모두의 마음이 풍요로웠으면 좋겠다.

나의 사랑하는 아들에게

너에 편지를 받고 얼마나 반가웠는지 엄마의 출장관계로 답장이 늦어 미안한 마음이다.

"무적 태풍 부대 훈련소"라 하기에 먼저 마음이 불안했지만 태풍 부대 이홍우 신병교육대대장님께서 자상한 마음으로 친절하게 위로와 격려의 편지를 보내주신 것에 대하여 조금은 마음이 편안해.

요즘은 군대가 인격적인 대우와 상호 존중과 배려하는 문화 정착을 위해 힘쓴다는 말에 시대에 따른 군 생활의 변화인가 하고 감동을 하였지.

소중한 아들 주헌아.

엄마가 군인에 입대할 때 한 말 꼭 기억하지.

" 무슨 일을 할 때는 꼭 엄마를 먼저 생각하고 경솔하지 않게 매사에 조심하라고."

할머니도 항상 사랑하는 손자를 생각하고, 엄마도 나름대로 공부 열심히 하고 꿈을 가지고 생활하고 있으니 아무 걱정하지 말고 씩씩하게 교육훈련 잘 받도록 하느님께 간절히 기도 할게.

그리고 늘 동료들이나 주위 사람들에게 네가 먼저 진실과 사랑의 향기를 기는 마음으로 지낸다면 나로 하여금 옆의 사람이 행복해지고 그 향기를 통해 또 내가 더욱 향기롭게 성장하는 우리의 군인생활, 우리의 사회, 우리의 가정이 되기를 엄마를 진심으로 바라고 있어.

사랑하는 주헌아

엄마는 내 생명보다 너를 사랑한다.

훈련이 힘들지만 엄마의 아들로 씩씩하게 잘 지내기를 기원해요.

대한의 자식 사랑하는 우리아들 잘 하자.

"최선이란"

한 소년이 끙끙대며 무거운 돌을 들어올리고 있었다.

소년은 있는 힘을 다했지만 돌은 꿈쩍도 하지 않았다

풀이 죽은 소년에게 아버지가 물었다.

"최선을 다 했니?"

"그럼요"

"정말 할 수 있는 걸 다했다고 생각하니?"

"도움을 청하지 않았잖아"

– 마이클 린버그 <너만의 명작을 그려라> 중에서

- 2007. 1. 25. 엄마가

우리들의 아름다운 만남

-정년퇴임사

철학자 안병욱은 그의 수상 집에서 '인생은 만남'이라고 했습니다.

같은 하늘 아래 그리고 이 땅 위에서 우리는 만났습니다. 학생 여러분과는 교장 선생님으로 사제지간의 만남이었고, 나와 선생님들과는 동료로서, 인생의 선후배로서, 교육동지로서, 가까이는 윗분으로서의 만남이었습니다. 나는 이 만남이, 인생의 도상에서 만난 많은 분과의 만남 중에서 진정 아름다운 만남, 축복된 만남, 보람된 만남이라고 자신 있게 말할 수 있습니다. 우리가 맑은 하늘을 만나고, 푸른 나무를 만나고, 정다운 친구를 만나는 것처럼 말입니다.

내가 아끼고 사랑하는 우리 신상중 학생 여러분!

그간 아름답고 맑고 싱그러운 여러분들과 생활하면서 여러분들이 바르고 건강하게 자라며 꿈을 키우고 있는 모습에서 큰 보람을 느꼈습니다. 또한, 나는 그간의 교직 생활을 통하여 사람을 길러내는 일이 얼마나 신성한 일이고 정성을 기울여야 하는지, 또 많은 사람의 능력과 정성이 조화롭게 어우러져야 하는지를 알게 되었습니다.

그런 마음들을 담아 여러분에게 당부하고 싶은 말이 두 가지 있습니다.

첫째 효孝입니다.

효는 백 가지 행실이 근본이라 했으니 사람이 살아가는데 꼭 필요한 도리인 것입니다. 뜨거운 열정을 가슴에 품고 저 푸른 수목처럼 건강하게 자라고 열심히 공부하여 부모님을 기쁘게 해드리는 효도하는 자랑스러운 자녀가 되기를 바랍니다.

둘째 충忠

나라 사랑하는 마음을 심어 나가야 하겠습니다. 건전한 국민 정신으로 나라와 이웃을 생각하는 정성이 나라 사랑을 실천하는 작은 애국이요 겨레 사랑의 길입니다. 나라 사랑하는 마음이 거창한 것이 아니라 길에 쓰레기 버리지 않기, 공공시설 아껴 사용하기, 국산품 애용하기, 물 · 전기 아껴쓰기, 자연 보호하기 등 우리가 일상으로 할 수 있는 모든 일이 바로 나라 사랑하는 마음의 시작이 될 것입니다.

고생과 기쁨을 함께해온 교직원 여러분!

학교는 가야 하는 곳이 아니라 가고 싶어 하는 곳이어야 합니다. 교육의 궁극적인 목적은 개인은 물론 사회 구성원 모두가 마음에 맞는 역할을 맡아서 즐거운 삶을 누릴 수 있도록 인간으로서 갖추어야할 지적, 도덕적, 신체적, 정의적 능력과 소망을 가르치고 배우는 것입니다. 한 나라, 한 민족 번영의 원천인 교육을 담당하고 계시는 교직원 여러분, 어렵고 힘든 일이 있더라도 참고 견뎌 우리 아이들을 훌륭하게 키워내 존경받는 '스승'의 자리에 오르게 되기를 기원합니다.

나는 비록 이 자리에서는 떠나지만, 마음은 이 신상중학교를 생각하면서 이 학교가 발전하는 모습을 지켜보게 될 것입니다. 그동안 모든 분들과 함께했던 여러 가지 좋은 추억들을 마음속에 간직하고 남은 인생을 살아갈 것입니다.

그 소중한 만남을 이젠 정녕 마무리해야 할 시간입니다.

이제는 하늘과 바람을 함께하는 즐거움도 맛보고 그 동안 미뤄 두었던 삶의 또 다른 보람을 일구어 나가고자 합니다.

다시 한 번 그동안 사랑과 정성을 다해 교육해 주신 선생님들과 학업에 정진하고 있는 학생들, 많은 성원을 해주신 학부모님께 진심으로 감사를 드립니다.

신상중 학생 여러분 여러분은 나의 소중한 제자이기 때문에 여러분들과의 아름다운 만남을 영원히 기억할 것입니다.

박 연 희

아호는 혜정(蕙亭), 인화 작가, 시인
전남 무안 출생
2009년 월간 <한맥문학> 등단
한국문인협회, 한맥문학가협회, 대한문학협회, 한국문학방송 회원, 한국스토리문인협회 이사
한국미술협회, 한국문인화협회, 경남여성작가회, 경남 미술협회, 창원미술협회 회원
경남미술, 성산미술 문인화 초대작가
시집 『삶의 밑그림』

눈을 보고 이야기하고 싶어 외 2편

박 연 희

내 아이는 내가 걸어 온 길을 그대로 걸어가려 애를 씁니다. 어른이 되기 위해 조금 돌아간다거나 스쳐 지나도 될 것도 소홀함 없이 들러 갑니다. 너무나 많이 닮은 내 어릴 적 모습. 그래서 안타까운 마음만 날마다 커져갑니다.

몸보다 마음먼저 커버린 아이에게 내가 해줄 수 있는 것이 무엇일까.

지금 이 자리서 내가 아이에게 남길 수 있는 것은 어떤 것일까. 내가 못 받은 것을 남김없이 주려 했건만 준비하기 전 내 아이는 벌써 저만큼 나와 거리가 멀어져만 가는 듯 해 가슴이 아파옵니다.

엄마의 권한으로 행복, 사랑, 기쁨을 한데 담아 전해주려 했건만 내 아이는 채워지지 않은 바구닐 들고 도망을 하려 합니다. 나머지는 자신이 담아 보겠노라고 떼를 쓰니 이를 어이할꼬! 세상엔 생각보다 심한 폭풍이 기다리는데. 준비 없이 나서는 아이가 그저 가엾다는 생각이 드니 나도 나이 들어가는가 봅니다.

애써 고갤 돌려 먼 하늘만 올려보는 아침, 손에 쥔 찻잔은 이미 식어 향기도 없는 커필 조금씩 나눠 입에 댑니다. 쓴맛 보다는 아린 향기에 그만, 눈물이 맺히니 나도 영락없는 엄마입니다.

내 아이는 문자로 얘기 하는걸 더 좋아합니다. 엄마는 얼굴을 마주하는 대화를 좋아하는데. 내 아이는 나와 마주치는 눈을 애써 피합니다. 나는 예쁜 눈을 바라보며 얘기하고 싶은데. 아이는 문자로 내게 숨기는 게 없이 털어놓으며 미안해합니다. 내 가슴은 펑펑 울고 싶지만 그러지 못하는 현실이 정말 서럽습니다. 내 아이의 마음은 어떤 색을 가졌을까, 다 알지 못하는 나는 바보입니다.

내 아인 끊임없이 사랑한다 말을 합니나. 우린 너무나 많이 닮은 두 사람입니다. 내 아인 날 언제나 먼저 생각한다지만 아이 마음자리에 사랑하는 사람이 자리하고 있다는 걸 내가 모른 줄 아나봅니다. 생각보다 훌쩍 커버린, 나이보다 어른스런 아이가 밉습니다.

나는, 이제 내 아이에게 건네 줄 것을 하나하나 메모를 합니다. 하나도 빼놓지 않도록 잘 살피고 골라야 할 때가 온 듯합니다. 나의 길을 다시 되 밟는 아이에게 딱! 한가지만은 주지 않으렵니다. 그건 이담에 아이에게 목소리로 눈을 마주하며 전할 것입니다.

제법 가을바람이 부는 아침. 묵직한 기분으로 또 다시 새날을 맞이하며 넌지시 다짐을 또 다시 합니다. 내 아이 편에서 생각해 보겠노라고. 아이 입장이라는 선에 서서 고민하겠노라고. 하지만 미안하다고는 안 하렵니다. 나는, 네 엄마니까!

온실 안 화초 같은 날들

사람과 사람 사이 믿음이 깨지면 다시 이어지긴 매우 어려운 일. 부서지지 않게 잘 가꾸어야 성숙한 어른이라 생각한다. 큰 것을 바람하는 것보단 작은 것부터 귀하고 소중히 여겨 마음에 간직한다면 훗날 어려운 일이 닥쳐와도 쉽게 일어 날 수 있으나. 큰 것만 바람 한다면 과연 삶의 튼튼한 버팀이 되는지 의문스럽다.

내가 안 그런다고 상대에게 바라는 것은 매우 위험한 일. 난, 요즘 참으로 많은 생각을 한다. 경험하고, 다스리고, 아파하고 치료하고 살아온 날들이 온실 안 화초 같기에 바로 서는데 많은 시간이 걸렸다. 행동과 입에서 나가는 것은 안 그런 척! 하지만 가슴은 매일 까맣게 타들어 간다.

사람 사는 게 다, 그런다지만. 오늘 낮 슬픈 눈물을 보았다, 육신이 모자라 휠체어에 몸을 맡겨 가을을 즐기는 아름다운 사람. 코스모스 한 송이에 가슴 설렌다며 감싸 쥐는 그의 미소에서 참다운 행복을 보았다. 내가 품은 것들은 모두 사치고 부질없는 것들. 허나 버릴 수도 없는 것들 잠시 현기증이 났다. 너무 부끄러워, 나 자신이 너무 초라해서, 그래! 세상 별건가. 맞다! 그 별거 아닌 것에 매여 가슴 졸이지 않았던가,

가을바람에 살포시 날려 보냈다. 아주 멀리멀리 가라고. 어찌 글처럼 살 수 있으랴. 어찌 맘 가는 대로 살아가랴. 세상은 인간을 가만두지 않은걸. 생각하기 나름. 지금에 만족하고 지닌 것에 만족해하며. 내 삶을

열심히 가꾸어 훗날 되돌아보아도 크게 후회 안 했으면 한다.

친구는 내게 그런다. 풍족한 삶이라도. 다! 버리고 자신을 위한 삶을 살아보라고. 어찌 살아야 날 위한 삶? 알다가도 모를 것이다. 산다는 것이 우린 얼마나 충실히 가꾸어가는지…….

내 안엔 네가 자리해

비가 많이 내렸다. 어제 오후부터 내린 비가 다행히 큰 가뭄은 면했다. 내가 할 수 없는 것. 사랑하는 마음을 버릴 수 없다는 것. 간절한 절규에 그만 무릎을 꿇고 말았나. 종일 머릿속이 혼란스럽구나.

사람의 기억이란 참으로 복잡한 것. 내 안에 그 누구도 들어 올 수 없다고 닫아버린 미련함. 슬픈 마음에 녹아난 가슴은 아직도 제자릴 돌아가지 못한다.

나를 이길 수 없어 바동대 보지만 결국 다시 제자리로 돌아오고 말 것을 그리 멀리멀리 돌아갔던 것인가. 짙게 내린 안개가 피 할 수 없는 운명이라며 넌지시 일러주고 도망을 한다. 너무 멀리 가지 말라고, 애써 피하려 들지 말라 한다.

세월아, 세월아, 더디 가거들랑 이 마음 깊이깊이 묻고 가려무나.

비틀거리는 내 임의 걸음걸이 너무 많이 울지 않도록, 너무 많이 외롭지 않도록, 살다 보면 넘어질 때도 있어 훗날 돌아보면 큰일도 아닌 것을 우린 목숨을 건 듯 허우적인다.

힘들어 주저앉을 시간이 없으니 난 다행이다 정신없게 보내고 있으니. 게다가 타는 가슴도 지녔으니 이를 어이 할꼬. 가을 첫 회원 전 준비에 마음은 복잡하지만 너를 품고 다시 일어 설 수 있다는 것만도 내겐 행운이지.

비온 뒤라서 춥다. 추워지면 안 되는데. 울먹이던 네 목소리가 종일 내내 귀에서 떠나질 않는구나. 난 해 줄게 없다, 바보 같이 하나만 아는 미련한 두 사람. 징말 바보다, 알고 있어? 내 안에 네가 자리해 언제나 나를 깨운다는 것을?

이 원 용

한국문인협회 회원, 한국문인협회 포천시지부장, 포천예총 수석부회장, 윌더니스문학 운영위원장, 한국스토리문인협회 경기지부장,
경기문학상, 경기문학공로상, 스토리문학상 공로상, 2013년 스토리문하상 수필부문 우수상 수상
시집 『날지 않는 나비』 『달빛문신』 『섬과 산의 소묘』
공저: 『마른 이파리 한 잎』 外 다수

인생의 후반기를 위한 연가 외 1편

이 원 용

정년을 2년쯤 남긴 정월 초순 어느 날. 나는 노후준비를 위한 생각에 잠기면서 내가 만약 정년퇴직 한다면 어떠한 방법으로 제2의 인생을 살아가야 할 것인가를 고민하였다. 이를 위하여 선배들의 노후를 눈여겨봐야 했고 생활비대책. 노후자금마련을 구상하면서 시골로 들어가서 농사일을 할까 생각했지만 오랫동안 손을 놓았던 일이라 다시 하고 싶

은 생각은 접어두고 그렇다면 어떠한 일거리로 소일하여야 하는가에 골몰하였다.

다른 퇴직자들은 일정한 공백기를 거쳐 공기업 간부로 가거나 아파트, 주차장 경비, 부동산개업 등 여러 방면으로 취업하는 것을 보고 35년 동안 봉급쟁이로 살아온 것도 억울한데 또다시 직업전선으로 가야 하는가 하며 고민하다가 퇴직연금으로 매월 일정액을 받기로 해 놓았으니 생활에는 큰 지장이 없을 것이라는 보장아래 아껴 쓰면서 사회에 봉사도 하면서 공헌 할 일이 무엇인가를 생각하고 여러 사회단체도 알아보면서 퇴임준비에 몰입하였다.

그러던 중 지역 문인협회에 가입하여 동참해 달라는 제의가 들어오기에 내가 초등학교 6학년 때 마음먹었던 일을 생각하고 문학활동을 구상하면서 가입에 응하여 몇 편의 시를 써보았다. 꼭 50년이 지난 후의 일이었다. 그렇게 긴 시간동안 잊었던 기억을 토해내면서 글을 쓰려하니 그동안 글의 양식이나 문법적인 요소가 많이 변하여 창작하기에 상당한 어려움이 생겨 최근에 나온 여러 시인들의 작품집과 김소월 시인 등의 시집을 다수 구입하여 비교하며 읽으니 이해에 상당한 도움이 되기에 창작의 열기를 살리는 계기가 되었다.

2005년 12월 30일 정년퇴임식이 시작되고 정년인증서를 받으니 “나는 이제 쓸모없는 늙은 몸이기에 35년간 몸담았던 조직에서 쫓겨나는가?”하는 생각에 눈물이 났다. 후배직원들은 줄을 서서 나를 배웅하면서 “선배님, 부디 건강하십시오. 자주 뵙겠습니다.”라고 인사를 하며 손을 잡았지만 나는 이제 무슨 언어로. 행동으로 제2의 길을 가야 하나? 하는 생각에 대답조차 제대로 못하고 행사장과 정든 사무실을 나왔다.

그 후 나는 열심히 시를 썼다. 문화센터에서 문학공부도 하고 평소 알고 지내던 사람들과 창작그룹도 만들고 관내 대진대학교와 협력하여

문예대학도 개강하여 시민들과 같이 열심히 문학공부를 하면서 근무하던 때보다 더 열심히 시를 썼다. 나의 목표는 시인으로서 멋있는 제2의 인생을 위함과 초등학교 6학년 때 먹은 마음을 50년 만에 이루기 위하여서였고 시인이라면 시집을 남겨야 한다는 신념 아래 창작활동을 하여 3년 만에 첫 번째 시집 『날지 않는 나비』를 출간하였다. 시청에서 제공하는 문화예술진흥기금을 보조 받아서 시행하니 1차적으로 성공한 것이었다.

첫 번째 시집 출간 후 나의 보람이 후반기 인생의 길잡이가 될 것이라는 각오 아래 시를 써 오던 중 우리나라 항일운동의 선구자이신 면암 최익현 선생 숭모사업회에서 동참하여 달라는 제의가 들어왔다. 선생은 조선말기 나라를 위하여 일생을 바치신 포천출신의 애국자이시다. 선생의 항일운동을 단절시키기 위하여 일본헌병은 선생을 대마도에 구금시킨 바 선생은 '내 어찌 적국의 음식을 먹고 생명을 연장시키겠느냐'며 아사순국하신 바 있는데, 조국을 위하여 열정으로 항일운동을 하시다가 순국하신 면암선생의 업적승계와 지금까지 충남 청양출신으로 알려졌던 선생의 출생지를 사실대로 알리기 위하여 1차적으로 학계와 시민을 상대로 계도하기 위하여 포천시와 협력하여 생가터비를 세우기로 하였다. 에에 필요한 예산은 포천시에서 지원받아서 시공하기로 하여 2년여에 걸친 작업 끝에 선생의 생가 터에 대형 생가터비를 건립하니 역사적 현실을 전환시키는 계기를 마련한 것이었다. 또한 청소년들에게 애국정신을 함양시켜 주기 위하여 면암선생의 일대기를 만화로 제작하여 배포하고 선생이 제주도.흑산도 등에 유배되어 가족.친지 등에게 보낸 한문편지를 한글로 번역하여 애국정신과 가정을 위한 고뇌를 정리한 간찰집을 발행하여 학계와 시민사회에 알리는 계기를 마련하였다.

동시에 두 번째 시집과 나의 인생후반기를 위하여 열정적으로 일하면서 시를 쓰다 보니 사회적으로 나의 이름도 거론되어 일상적인 공직사회에서 보다 인생의 폭이 넓어지게 되고 나름대로 좋은 시를 쓴다는 평이 확산되면서 미국. 캐나다. 중국 등지의 교포들과 문학교류도 하게 되고 캐나다 주립잡지에 나의 번역시가 게재되어 학계, 문화계 인사들과 접촉과 교류가 늘어나게 되었다.

따라서 그동안에 써놓은 시를 모아 2011.3.26 두 번째 시집 달빛문신』을 상재하였다 출판기념일은 내가 포천문인협회장으로 임기를 시작하는 날이기도 하였다 영광의 순간이라기 다 공직에서 맛볼 수 없는 인생의 후반기를 맞은 일 중에 가장 보람된 순간이었다.

이제 새로운 감각을 살리는 계기를 마련하여 2012,12월에는 세 번째 시집 『섬과 산의 소묘』를 출판하여 시민들로부터 찬사를 받았다. 그리고 면암 선생이 순국하셨을 때 전국의 유생과 학자 심지어 기생까지도 이를 애도하는 축문을 올렸던 바 한문으로 작성된 제만록祭輓錄 4권을 번역 출간하여 학계와 사회에 내 놓으니 사회의 관심은 대단하였다. 특히, 경찰공무원출신으로 퇴임 후의 생활이 그렇게 보람될 수 있느냐며 그 비결을 묻는 일이 많아짐으로서 더욱 행복해야 했다.

나의 함흥차사 이야기

나는 경기도 북쪽의, 포천의 작은 마을에서 태어났다.

300년 가문을 대대손손 이어온 선비의 집안에서 태어난 나는 1950년 걸음마를 배우던 중 전쟁을 체험하고 가난과 허기와 외로움으로 어린 시절을 보내면서 성장하였지만 늘 마음 한구석에는 6.25전쟁 때 스무 살 꽃다운 나이로 어느 이름 없는 전선에서 전사하신 아버지를 찾고 싶었다.

역사는 새로운 방향을 찾는다는 신념아래 서부전선을 헤매기도 하고 북괴군이 침략한 도로를 따라 혹시 아버지의 소식을 들을까 하며 헤매다가 역사의 교차로에 정지한 채로 서서 한참을 생각하다가 되돌아오기도 하면서 경기도에 대하여 많은 역사적 흐름을 알게 되었다.

우리나라에서 경기라는 말이 사용된 것은 고려 현종 때에 10도제를 폐기하고 지방행정 체제를 개편하면서 고려의 수도인 개성부를 혁신할 때 개성부에서 관할하던 적현赤縣과 기현畿縣을 개성 현영관과 장단 현영관의 관할로 옮기면서 그 지역을 경기라고 불렀다고 하며 개성부와 구별하여 하나의 지방행정구역의 역할을 하였다고 볼 수 있다. 그 후 1069년문종 23년 경기의 13개 군현을 50개 군현으로 확장하여 북으로는 황해도, 동으로 강원도 일부, 남으로는 화성지역까지 포함하게 되었다 한다.

우리나라에서 경기도가 하나의 지방행정구역으로 지정된 것은 조선의 4대 임금인 세종 조 이후라 한다. 고려 왕도의 중심인 개성의 주변지역이던 한양을 중심으로 조선 왕도의 주변인 경기로 확립하게 된 것이다.

그러면 경기라는 어원은 어디에서 왔을까.

어원적으로 살펴보면 경京은 왕도를 가리키는 글자이며 기畿는 천자天子에게 예속되어 있는 사방 1,000리의 땅을 가리키는 뜻이라 하여 경기도는 사실 우리나라 어느 곳보다 사계절이 뚜렷한 기후, 눈. 비가 적당히 내려서 농경에 적절한 땅이며 전국 어느 곳과도 연결되는 교통망 등으로 보아 최고의 땅이라 아니 할 수 없다는 것을 알게 되었다.

수도인 경성서울에서 출발하여 북쪽지역인 포천에는 태조 이성계 대왕과 세종대왕이 사냥을 자주 나왔다는 왕방산王訪山,세종대왕이 모셔진 여주의 영릉은 왕대리王垈里, 정조대왕이 수원으로 행차하신 길목의 의왕義王시 등 수많은 전설이 담겨져 있는 경기도이기에 살기 좋은 곳이 아닐 수 없다.

그러나 일본은 한국을 침략한 후 이러한 명당자리 지명의 왕王자를 일본소유라고 주장하기 위하여 왕王자에 일日자를 붙여 왕旺자로 표기케 하였다니 참으로 슬픈 역사의 한 줄기이기도 하다.

60년 전 어느 여름날 나는 아버지가 6,25전쟁에 참전하시어 서부전선의 어느 이름 없는 전선에서 전사하셨다는 전사통지서를 받고 외롭게 성장하면서 아버지의 흔적이라도 찾으려고 서부전선 한강변을 헤매다가 행주산성에 도착한다. 조선시대 임진왜란 3대첩의 하나인 행주대첩지이다 조선의 14대 임금이신 선조대왕26년 파죽지세로 몰려오는 3만여 왜군들을 불과 2천여 명의 민. 관. 군이 사투하여 물리친 승리의 현장이었다. 또한 쉴 새 없이 몰려오는 왜군들을 물리치면서 무기와 물자가 바닥나자 인근 마을의 부녀자들이 짧은 앞치마로 돌을 날라다 주어 전투를 도왔다는 전설이 행주치마가 되었다는 사실을 알게 되었다.

한강과 서울의 서북지역을 한눈에 담고 있는 행주산성은 천연의 요새이며 안보의 현장이었다. 유적 일부는 6,25전쟁으로 소실되고 박정희 대통령의 친필로 새겨진 행주대첩비와 권 율 장군 동상이 한강을 내려다보며 시린 역사의 흔적을 지키고 있어 숙연해지기도 하였다.

아버지의 소식, 아니 조그만 흔적이라도 찾으려고 경기북부 지역을 헤매던 나는 한번 나가면 소식도 없이 며칠을 헤매기 일쑤이니 집안에서는 한번 나가면 함흥차사라며 야단을 치시고 걱정을 하셨지만 나는 보고 싶은 아버지를 찾아 헤맬 뿐이었다. 조선 초기에 왕자의 난으로 인하여 국정이 어수선해지자 조선왕조의 태조 이성계는 왕좌에서 물러나 함흥으로 피신하여 잠재하던 중 경성부 태종대왕이 보낸 사신을 죽여 돌아가지 못하게 함으로써 '함흥차사'라는 말이 생겨났다는 것은 잘 알려진 이야기지만 그 길이 경기북부지역의 의정부를 지나 북쪽으로 가는 길이었다는 전설을 확인 할 수 있었으니 그 길은 전쟁이 끝나도 돌아오지 않으시는 아버지의 길이었다.

임 경 애

2011년 <경기문학> 수필부문 신인상 수상
2012년 계간 <스토리문학> 수필부문 등단
한국스토리문인협회 회원
문학공원 동인
포천문인협회 회원

교환 외 1편

임 경 애

금은방인 우리 가게에 하루는 어떤 부부가 손님으로 왔다.

부인은 안 사려고 하는데 남편은 부인에게 선물을 하고 싶어 했다. 몇 해 전에 선물을 하려고 들어갔었는데 아이들이 먼저라며 극구 사양하기에 다음에 사주겠노라고 했던 것이 삼년이나 흘렀단다. 마음에 드는 것을 고르느라 긴 시간이 흘러도 남편은 짜증의 기색도 없이 이것도 해봐 저것도 해봐하면서 신중하게 어울림의 소감을 이야기하며 부부가 서로 마음에 들어 하는 물건을 골랐다.

사양하던 부인 환하게 웃으며 남편의 사랑을 느끼는 듯한 행복한 모습이 보기가 좋다 삼 년 동안 별러오던 선물을 했다며 남편 역시도 흐뭇해한다. 그분들이 나간 뒤에 참으로 아름다운 부부라고 우리 부부는 그들 이야기를 했다.

이틀이 지나가고 있었다. 여인들 세 사람과 남자 한 사람의 일행이 들어왔다. “그제 사간 이것이요…….” 그들은 말꼬리를 흐리며 물건을 내밀었다. 그제 사간 물건이었다. 교환이 목적이긴 한데 여인 셋과 남자는 제각각 다른 물건을 추천하고 있다.

“아저씨와 같이 고르신 건데 그냥 하시지 그러세요?”

“아줌마들이 안 예쁘다고 해서요.”

세 명의 여자와 한 남자의 말에 이 여인은 세 개를 놓고 이것을 할까 저것을 할까 갈피를 잡지 못한다. 남편과 같이 고른 것을 여인들도 남자의 말도 이해가 되지 않는다. 자기의 기준에서 ‘이것을 하라’고 하니 그들은 남남이 아니던가? 내가 볼 때는 어제 남편과 고른 것이 더욱 잘 어울리는데…….

남편의 마음도 헤아리면서 내가 할 물건이니 나의 눈에 기준을 하라고 조언했다. 어제 남편하고의 시간은 물거품이 되었다 선물을 주고받음에 행복해하던 시간을 그녀는 아무렇지도 않은 듯 잊은 것인지…….

지나는 길이라면서 그들 부부가 가게로 들어왔다. 반가움에 차를 권하는데 부인은 어떤 것을 보면서 마음에 들어 했다. 웬일인지 며칠 전과는 다르게 남편은 거들떠도 안보면서 우리와 대화를 나눌 뿐이다. 그의 부인이 말을 한다. “여보 이것 어때 마음에 드는데……. 알아서 하구나보고 사달라고는 하지마…….” 분위기가 썰렁해지기에 “마음에 안 드시나 봐요?”하며 의향을 여쭈었더니 남편의 말인즉 “모처럼 서로가 마음에 드는 것 골랐는데 싫다고 바꿨으면서 오늘 사주면 내일은 그들의 말대로 또 바꿀 텐데 왜? 나에게 물어? 앞으론 당신에게 선물은 안 할 거야!"하는 것이다.

얼마나 서운했으면 며칠 전에 그리도 따뜻하고 자상하던 분이 저리도 '냉차게 대할까'를 생각하면서 안쓰러움의 시간만 흐를 뿐이었다. 그의 남편은 물건자체에도 화가 났지만 둘의 통했던 마음이 그 순간이 물거품이 된 것이 서운한 것 같다. 나보다 타인의 이목을 기준으로 삼는 부인 앞에서 자신의 입지를 어찌해야하는지 하는지 망설이는 것 같이 보인다.

가게를 하다 보니 선물을 사러오는 손님이 있고 선물을 고를 때는 신중함으로 택하고 포장을 부탁한다. '아무것이나 주세요'하며 사가는 사람은 본 일이 없다. 그런데 '마음에 들지 않는다'며 교환을 하려는 사람들을 자주 만나게 된다. 파는 입장에서는 상관없는 일이지만 신중히 택한 그 시간들을 '받는 사람들 입장에서도 생각해 볼 필요가 있지 않을까?' 최선을 다해 고른 물건이 마음에 들지 않아 교환을 한다면 '그렇게 하라'고 말은 하겠지만 자신의 안목에 주눅이 들 테고 다음에 선물을 할 계기가 되었을 땐 그것처럼 큰 고민도 없을 테니 말이다.

무조건 수용하라는 전제를 두고 하는 말은 아니다. 상대방의 마음을 한번쯤은 숙고 한 뒤에 결정을 해도 늦지는 않는다는 생각이다. 용기 내어 내민 선물을 상대방이 기쁘게 받아준다면 서로에게 행복은 보너스로 다가올 것이니 말이다.

결정권

투병으로 오랜 시간이 흐른 뒤 병원에서는 더 이상 해줄 것이 없다며 퇴원을 권한다. 사실상 선고를 받았고 가끔은 일반적인 호흡을 할 수 없는 상태가 되더니 점점 심해져 더 이상 집에서 모시는 것은 불가능하기에 요양원으로 모셨다. 그런데 첫날부터 집에 따라간다고 울고 계시던 분, 고인이 되어서야 뜻을 받아드리니 상주도 문상객도 서러움 가득한 장지이다.

몰아친 한파로 손이 곱았고 입이 얼어서 말을 하면 발음이 제대로 되지 않았다 땅이 얼었을까? 포클레인으로 땅을 파는 그곳으로 모두들 시선이 고정되었다. 양지쪽이라 얼지 않은 고운 흙이 나오니 돌아가신 뒤 첫 웃음을 짓는 상주들이다. 아침 일찍 목욕을 시키고 화장을 해드리고 삼베옷을 입힌 뒤 예쁜 꽃신을 신은 고인을 안치시키고 돌아가며 한 삽씩의 흙을 그 위로 뿌려댄다. 혹여 동물들에게 훼손당할까 석회가루를 뿌리고 또 흙을 뿌렸다. 추워서 벌겋고 눈물이 흘러 벌겋고 보내기 서러워 곡을 하다 보니 혈압이 올라 모두들 얼굴들은 벌건데 달공질을 하는 저들 북을 두드리기 시작했다. 북소리의 시작에 맞추어 상주들은 지폐를 꺼내어 북에 끼운다. 내가 북을 두드리면 '왼발 두 번 오른발 두 번 밟아주면서 돌아가는 겁니다.'하면서 가신이의 설움을 대변하는 목청이 수 대째 내려온 종가산소를 휘감고 있다. 잠시 쉬며 목을 축이더니 노잣돈이 달랑거린다는 능청으로 다시 상주들의 주머니를 털고 나서야 "달공달공 잘도 다져지네. 의허 의허라 달공하며" 저들의 몸은 뒤뚱거리고 기우뚱거리면서도 정해놓은 룰을 따라 빙글빙글 돌아가면서, 저렇게 발로 밟는 것도 모자라서 지팡이 같은 막대로 꾹꾹 흙을 쑤셔 넣는다. 마치 내 가슴을 쑤시는 듯 저려오는 가슴은 추위도 느껴지지 않았다.

두해 째를 맞으며 보금자리지역으로 선정이 되면서 산소를 이장해야 하는 일로 고민을 하게 되었다. 인터넷을 뒤지며 납골당 시세를 알아보니 천차만별이고 산소를 택하자니 그 또한 소위 명당이라는 곳은 부르는 것이 값이며 수목장 역시도 만만찮은 가격이지만 납골당도 산소도 수목장도 소소한 문제들이 잠재해있으니 곧 사라질 종산이 그립기까지 하다. 해마다 잔디를 사고 벌초를 하며 자연재해로 훼손이라도 되었을까 들여다보는 생활을 했기에 산소에 대해 많은 생각을 했지만 이렇다 할 답은 내리지 못했었다. 핵가족으로 타국에 머무는 사례도 다양하고 국내에 살더라도 시간적 물적으로 힘들게 사는 현대인이기에 뜻과는 다르게 미처 돌보지 못할 수도 있으니 이장을 하는 것은 후손들에게 불효의 길을 만들어주는 것이 아닐까 싶다. 땅도 작은 우리나라 실정에 산소가 너무 많음은 모두가 알고 있는 사실이다. 우리 부부도 죽으면 뿌리기로 결정을 해놓은 상태이기에 화장을 해서 뿌려드리기로 결정을 했지만 화장터 예약일이 다가오면서 식음을 전패하다시피 고개 숙인 남편을 보며 언니와 동생이 친정엄마를 이해시키고 작년에 친정엄마의 위독함으로 사놓은 산소이야기를 꺼냈다. 친정식구들은 흔쾌히 승낙을 했고 사돈께서 가실 곳이 없으신데 서둘러 모시라는 친정엄마의 말씀에 그곳에 시부모님을 합장하기로 결정을 했지만 나의 마음은 갈팡질팡하다 속 시원한 해답을 찾고 싶을 뿐이다. 좀 더 현실적인 결론을 위해 고민하지만 유언이란 토를 달고 따질 수 있는 것이 아니었다.

이승에서 동행할 수 없기에 그동안 밀려들었던 슬픔을 안고 묘를 파헤치는 불효로 다시 염을 하니 마치 죄인이라도 된 양 매듭으로 등분하여 묶인 시부모님 시신 앞에서 우여곡절을 속죄라도 하듯 마음이 조여오는 오늘, 그날처럼 시작된 달공질로 투둥하며 북소리 나를 대신하여 울음보를 터뜨렸다. 간혹 얼어있는 흙이 곱게 다져지기를 바라는 마음으로 술잔을 채우며 저들의 소리를 부추긴다.

좁은 땅의 현실과 돈과 유언 앞에서 고민을 할 때는 처분에 따른다던 시댁식구들이 모여 '부모님 이곳에 모시니 참으로 좋다'시며 고마워하시니 마음이 흡족하다. 저렇게 좋아 하시는데 화장을 해서 뿌려드렸다면 지금 내 앞에 계시지 못할 부모님, 아찔한 절벽 앞에 선 듯 정신이 든다. 말씀도 못하고 초조함으로 계셨을 부모님의 아린가슴을 생각해본다면 어색한 일이겠으나 고맙다고 이곳이 마음에 든다고 말씀 하시는 듯, 귓전에 낯익은 목소리 들리는 듯, 옛정이 떠오르며 문득 뵙고 싶다는 생각이 간절하다.

대소사를 감당하시며 결정을 내리실 때는 부러움도 때론 불만도 있었다. 떠나신 뒤에 물려받은 결정권에는 많은 고뇌가 따른다는 당연한 진리를 새삼 느끼며 이렇게 결정을 내리니 마음이 편한 것을 그 많은 시간을 망설임으로 채웠기에 유언을 들어드리기까지의 해명을 위한 고민을 내려놓으며 난 응석부리는 며느리 되어 봉분을 어루만진다. 부모님을 쓸어내린다. 이젠 편히 주무시라는 내 마음을 아시는 듯, 쓸어주시는 듯 잔잔히 바람이 일고 있었다.

반론도 필요 없던 그 시절처럼 어머니는 돌아가시면서도 결정권을 쥐고 계셨었다. 이렇듯 번민하지 말라고, 당신 자녀들을 맞이하는 설렘 속에도 나의 입지를 표명하시느라 진작 결론을 내려놓고 가시면서도 사랑하는 며느리 생각뿐이셨는지도 모른다. 어머니 깊은 뜻을 헤아리지 못했던 나는 세월 흘러 다시 뵈올 때 본의 아니게 물려받은 결정권을 돌려드리련다. 때론 불만을 내색하며 투정을 부릴 상대가 있다는 것이 얼마나 좋은지 이제 알았으니 갓 시집온 그 시절처럼 여쭙고 뾰루퉁하면서 그렇게 사시자고 말씀 드리련다.

박 하

대구출생 신명여고, 계명대학 보육학과 졸업
<한국크리스천문학>1998 등단, <수필과 비평> 1999 신인상, <현대수필> 2000 신인상. 국제펜클럽한국본부회원 2005 한국수필학회 회원2000. <지구문학> 소설 등단 2008, <농민문학> 작가상 우수상2009<지구문학> 시 등단 2011, 2007년부터~현재까지 목사장로신문 독서칼럼 연재
작품집: 『파랑새가 있는 동촌 금호강』 2000 문학관 『인생』 2002 문학관 『멘토의 기쁨』 2007문학관 『초록웃음』 2008 문학관 『퓨전밥상』 2010문학관

창으로 세상을 보며 외 2편

박 하

조용히 비가 내린다.

거실에는 엘가의 '사랑의 인사'가 바이올린 선율을 타고 감미롭게 흐른다. 앞 베란다의 화초들이 애정과 관심을 주어서 생기가 넘친다. 아침이 서서히 밝아온다. 희뿌연 안개가 걷히면서 현대적 감각으로 신축한 대구역과 롯데백화점이 친근하게 다가온다. 기차역이 가까워 어디론가 훌쩍 떠나고 싶을 때 가벼운 마음으로 떠날 수 있고 백화점도 가까워 즐겁게 아이쇼핑하며 유행의 흐름을 감지할 수 있다. 내가 거처하는 옆에는 생필품 싸게 살 수 있는 홈 플러스와 정서함양에 좋은 오페라하우

스가 있다. 얼마 전, 오페라하우스에서 베르디의 오페라 '춘희'에 나오는 '축배의 노래' '라트라비아타'를 감상했었는데 박력이 넘쳤다. 종합운동장도 가까워 야구경기에도 관심을 갖게 되었다. 번개시장은 바로 코앞이고 서문시장도 운동 삼아 걷기에 적당한 거리다. 사람냄새가 풍기고 생존경쟁의 생생한 생존현장의 시장을 돌아보면서 삶의 소중함을 깨닫는다. 서점도 가까워 신간서적을 접할 수 있다. 현재 거하는 아파트가 문화생활하기에 편리한 위치에 있어 다행이다.

주방의 작은 창으로 가서 커다란 세상을 본다. 아파트 뜰의 숲이 시원하다. S아파트와 우리 아파트의 경계선은 장미울타리이다. 그 옆 도로 사이에 대단지 C아파트가 있다. 아파트와 아파트 사이의 가로수는 벚꽃나무가 줄지어 서있다. 봄날에는 벚꽃이 환상의 꽃 터널을 이룬다. 나란히 어깨동무하며 이어진 상가들이 보인다. 약국, 김밥 집, 보리밥 뷔페, 헬스장, 제일보석, 피아노교실, 세탁소, 부동산, 24시 편의점……이다. 도로 가에는 벙어리아저씨의 조립식 구두수선병원과 떡볶이아줌마의 포장마차도 정겹다.

맞은편 아파트 1층 현관에서 예닐곱 살쯤 되어 보이는 여자아이가 분홍빛 우산을 펼치며 나오더니 도로 현관 안으로 들어간다. 깜박 잊었던 준비물이 생각나서일까. 아파트 사이의 T자 도로가 유치원 건물의 아스팔트싱글지붕에 가리어 필름이 잠시 끊겼다가 이어지는 가설극장 영화처럼 다시 이어진다.

차도로 총알택시가 급속히 날아가고 환경미화원을 태운 청소차도 지나간다.

신호등의 파란 불이 켜지자 여중학생 셋이 우산을 나란히 하며 건널목을 지난다. 파란, 빨간, 노란 우산을 보니 어릴 적 즐겨 부르던 동요가 입가에서 새어나온다. "이슬비 내리는 이른 아침에……. 이마를 마주하는 우산들 속에 찢어진 우산이 보이지 않는 건 물질의 풍요 덕분일까.

창으로 보는 세상은 그림 같다. 아파트 뜰이 초록물결을 이룬다. 불현듯 초록빛바닷물 같은 숲에 다이빙하고 싶다. 바람이 분다. 생기발랄한 나무들이 춤춘다. 마치 특별한 날, 가든파티의 무도회처럼 초록빛 드레스의 어여쁜 아씨들이 긴 머릿결웨이브를 굽이치며 왈츠를 춘다. 세상을 바라보는 재미에 푹 빠져있는데, 갑자기 주위가 컴컴해지며 장대비가 쏟아진다. 하늘 어딘가 구멍이 크게 뚫려버린 걸까. 빗줄기가 주방 안까지 예의 없이 침노하기에 창문을 닫는다. 태풍 '디앤무'가 북상한다더니 그 영향일까. 검은 트레이닝차림의 청년이 거리의 무법자처럼 폭우 속에서 옷이 흠뻑 젖은 채, 비 맞은 생쥐 꼴이 되어 황급히 도로를 무단횡단 가로질러간다. 점점 거세어지는 빗줄기 때문에 창 앞에서 한 발자국 물러선다. 비가 그쳐주어야지 동촌 친정에 갈 텐데…….

어제 저녁, 친정어머니가 전화로 생일날 외롭게 보내지 말고 콩국수 해줄 테니 놀러오라고 하셨다. 여든 셋 어머니가 쉰을 넘은 딸에게 명 길라고 국수를 해주겠다니 가슴이 짠! 했다.

항시 몸보다 마음이 먼저 달려가는 친정집! 딸아이가 연구소에서 퇴근해오면 승용차로 동촌에 태워달라고 부탁해야겠다.

베란다로 다시 가본다. 아파트 상가의 붉은 기와지붕에서 떨어지는 빗물이 뜰 앞 인도블록에 백만 송이의 꽃을 피운다. 비가 바닥을 세차게 때릴수록 맑은 유리화가 수없이 피어난다. 저 꽃들이 폭우에 피려고 얼마나 아플까. 더군다나 생명 있는 꽃들은 모두 아파하면서 피어나겠지. 인내하며 고통을 참고 피기에 향기가 나겠지.

거짓말처럼 비가 뚝 그친다. 어머니 계신 친정으로 갈 채비를 하면서 창밖을 보니, 햇빛은 나뭇잎을 새롭게 비추며 반짝인다.

사랑의 기쁨

1997년 7월, 장마철이었다.

그는 습관대로 금요일에 대구집에 왔다. 토요일 저녁에 델타마트에서 시장을 이것저것 보고, 딸아이 옷도 사고……. 승용차 대신에 기름 값이 싼 1톤 트럭을 타고 우리 세 식구는 시골집에 갔다. 그는 집안에 들어오지 않고 사슴우리로 곧바로 갔다. 사슴우리에 모기떼가 많다며 농약을 살포하는데, 갑자기 모기떼가 우르르 몰려들기에 고개를 돌리며 피하려다가 그만 땅바닥에 넘어졌다고 한다.

그가 정신을 잃고 있을 동안, 나는 아무 것도 모르고 여느 때처럼 주방에서 저녁반찬을 만들었고, 고등학교 1학년인 딸은 '사랑의 인사'를 틀어 놓고 제 방을 정리정돈하고 있었다.

한참 후에, 그는 머리를 짚으며 거실에 들어오더니 골이 아프다며 집 근처 시골병원에 간다기에 나도 따라나섰다. 의사는 대수롭지 않게 과로라고 하며 링거 병에 든 영양제주사를 꽂아주었다. 집에 와서 그는 두세 번 구토 증세를 보였다. 아둔한 나는 점심에 먹은 칼국수가 체한 줄 알았다.

다음날 아침, 주일이라서 교회에 갔다.

교회에서 그는 구토를 조금했다. 시숙은 구토는 뇌와 관계되니 얼른 병원에 가라고 권유했다. 우리는 주일을 성수하고 월요일 날 가겠다고 말씀드렸다. 월요일 오후에 아직도 병원에 가지 않았느냐는 시숙님의 다그치는 전화를 받고서야 대구 P 병원에 갔다. CT 촬영한 결과 뇌에 동맥과 정맥이 붙어 계란크기 만큼 부어있다며 서울의 큰 병원으로 가라고 했다. 청천벽력이었다.

그 다음날 서울 S 병원에 입원했다.

병명은 뇌혈관질환이었다. 의사는 수술하면 괜찮다고 했다. 그는 17일 동안 정상인처럼 생활했다. 식사 잘하고, 신문 보고, 전화 받고, 병문안온 사람들과 얘기 나누고, TV의 기독교 방송채널과 상영해주는 명화도 감상하고 산책도 했다. 환자로 입원해있다기보다 처형나의 언니의 말처럼 좋은 휴양지에 와서 쉬는 사람 같았다. 잘 적에는 꼭 아내의 배에 손을 얹으면서 고향에 온 것처럼 편안하다며 잠이 들었다. 의사가 환자의 상처를 금방 수술하지 않는 것은 계란 크기의 상처부분을 최대한 작게 해서 '간마나이프'로 수술하니 걱정하지 말라고 했다.

그때가 마침 여름휴가철이었다.

의사들이 휴가 가는 시기였다. 담당의가 그에게 지금 상태가 양호하니 일단 퇴원하셔서 한 보름 간 시골집에 가서 쉬시다가 병원에서 연락하면 다시 입원하라며 퇴원하기를 종용했다. 환자는 의사의 말을 듣는 게 당연하다. 완쾌해서 퇴원하고 싶었건만, 의사의 간곡한 부탁이라 퇴원하지 않을 수 없었다. 그러나 이 무슨 운명의 장난이란 밀인가. 퇴원한 그날 밤에 그는 여동생 집에서 먹은 음식을 폭포수처럼 토해내었다. 황급히 119에 실려 도로 S 병원으로 갔다. 휴가 간 의사가 연락을 받고 급히 뛰어왔다. 그는 수술실로 들어갔다. 본래 하려고 하던 수술도 아닌 뇌에 피 제거하는 수술을 하는데 무려 4시간 40분이나 소요했다.

나는 담당의를 붙들고 어떻게 이처럼 심각한 환자를 왜 퇴원시켰느냐고 울부짖으며 항의했다. 어이없게도 의사는 "뇌가 하는 일은 의사도 잘 모른다."고 했다. 기가 막혔다. 이틀 후, 중환자실에 있는 그를 면회

해도 좋다고 하는 허락이 떨어졌다. 가엾게도 그는 초췌한 모습으로 침대에 누워있었다. 입과 기도로 연결한 호수 때문에 말 한마디 하지 못하고 슬픈 눈빛으로 나를 바라보았다. 말하고 싶을 텐데……. 얼마나 답답할까. 그는 대신 자신의 마음을 눈빛으로 전하고 있었다. 이미 몸의 반쪽은 나무토막처럼 굳어있었다. 그저께까지만 해도 몸과 정신이 자유로웠고 나보고 토마토보다 귤이 맛있다고 사다 달라던 사람이…. 면회시간이 다 되었다는 간호사의 말에 그를 두고 돌아서려는데, 힘없는 손이 나뭇잎처럼 내 팔을 잡으며 흐느껴 울었다. 나도 왈칵 눈물이 솟구쳤지만, 그에게 힘이 되어주어야 할 보호자이기에, 애써 눈물을 삼키며 곧 낫는다고 위로해주었다. 담당의가 와서 남편에게 김정호 씨, 부인에게 하고 싶은 얘기 많겠지만 조금만 참으면 퇴원하실 테니 그때 마음껏 얘기하시라고 했다. 환자가 흥분하면 안 좋으니 마음을 평온하게 해주라고 부탁하기에, 나는 웃음 띤 표정을 지었다.

상처를 작아지게 해서 하려던 뇌혈관질환수술이 더 상황을 크게 만들어버렸다. 또 언제 환자의 상처부위가 터질지 모른다며 의사가 수술을 앞당긴다고 했다. 나는 중환자대기실 소파에서 몸을 새우처럼 구부리고 밤을 지새웠다.

마침내 수술하는 아침, 병원복도로 뛰어갔다. 일흔이 넘은 시숙님, 시누이님들도 그를 보려고 초조하게 기다리고 있었다. 수술이 잘 되기만을 기도하면서……. 마침 중환자실 문이 열리고 이동침대에 그가 실려 수술실로 가고 있었다. 나는 이동침대 가까이로 다가가 그의 눈과 마주치며 "여보, 주님께서 지켜주시니 수술이 잘 될 테니 안심하라며 그의 귀에 대고" "사랑해"라고 속삭였다. 그도 나한테 "사랑해"하는 말을 해주고 싶은지 내 손을 잡고서 세 번의 간격으로 강함을 표시해주었다. 그 순간, 무언으로 전해져오던 사랑의 기쁨을 어떻게 표현할까. 감동의 물결이었다. 평생 잊을 수 없는 영원히 지울 수 없는 사랑의 화인火印이 내 가슴에 박혔다. 내 눈은 젖었고, 그의 눈에도 눈물이 맺혔다. 그는 한 손을 힘없이 들어 보이고 중앙수술실로 들어갔다. 따스한 손길로 전해준 "사랑해" 라는 소중한 말을 남긴 채…….

오전 7시에 수술실에 들어갔는데 밤 10시 가까이 되어서 겨우 수술이 끝났다. 무려 15시간이 걸리는 대수술이었다.

이 슬픔을 어찌하랴!

뇌수술 후에 그는 잠에서 영영 깨어나지 않았다. 그의 영혼은 고통과 아픔이 없는 평화로운 곳으로 갔다.

내 가슴에 '사랑해' 라는 말을 남겨둔 채…… 꽃들이 만발한 하늘나라로.

나의 멘토

오늘따라 아버지가 보고 싶다.

삼십 여 년 전, 시골 과수원집에서 신접살림하고 있을 무렵이었다.

하루는 친정아버지가 오셨다. 연락도 없이 들른 아버지가 신문지에 싼 걸 내미셨다. 그 시절로서는 명절 아니고는 맛보지 못하던 귀한 쇠고기다. 아버지께서 부엌문을 열고는 어둡지 않으냐고 하시며 부엌을 살펴보았다. 부뚜막에 까만 무쇠가마솥이 놓여있고 부엌 바닥 한쪽에는 사과나무 전지한 쫄가리 땔감이 수북이 쌓여 있었다. 대학까지 나온 셋째 딸이 과수원 농사지으며 움막 같은 곳에서 고생하며 사는 게 딱한지 안쓰러운 표정을 지으셨다.

아마도 아버지께서 이렇게 여기실 것 같았다. 방이 손바닥 만하게 비좁고 작아서 "딸 내외가 밤이면 자귀나무합환수처럼 포개어 자겠구나" 라고…….

나는 아버지가 오셔서 마냥 좋았다. 밥을 새로 안치고 소고깃국을 끓였다. 땅에 묻어둔 항아리에서 맛있게 곰삭은 김치를 꺼내고 암탉이 금방 낳은 계란에다 파 쫑쫑 썰어 먹음직스럽게 중탕했다.

아버지와 점심상을 마주했다. 아버지는 방안이 답답한지 방문을 활짝 여셨다. 점심을 드신 후, 과수원을 한 바퀴 쭉 둘러보고는 "저 빈터에 집을 지으면 좋겠군" 혼잣말을 하셨다. 단칸방이어서 일까. 하룻밤도 주무시지 않고 가셔서 못내 섭섭했다.

싱그러운 초여름, 짐을 가득 실은 트럭이 마당 안으로 불쑥 들어왔다. 사과를 적과하다가 웬 차일까 싶어 달려가 보니 낯익은 트럭이었다. 아버지가 집 지을 자재를 트럭에 가득 싣고 오셨다. 칠성시장 중고자재 가게에서 사셨다고 하셨다. 스레트, 합판, 창문틀, 창문, 미닫이-문 등등이다. 나는 아버지 사랑을 온몸과 마음으로 느끼며 감사했다.

몇 해 전, 아버지는 하시던 운수사업이 부도가 나서 어려운 형편에 처하게 되었다. 그때 큰사위나의 형부가 장만해준 1톤 중고트럭으로 아버지는 연탄직매소마다 연탄을 배달하셨다. 얼굴이 숯 검둥이가 되어도 늘 웃으셨다. 경제적인 여유가 없을 텐데 시집간 딸까지 챙겨주시다니… 그 지극한 부성애에 가슴이 뭉클했다.

사위에게 "김서방, 돈 벌면 훗날 더 좋은 집 짓고 우선 방이라도 큼직하게 짓도록 하게."

사위는 송구스러워 어쩔 줄 몰라 하며 몸 둘 바를 몰라 했다.

이튿날, 아버지께서 대구에서 집 지을 목수와 인부를 탑리에 데리고 오셨다. 보름 만에 파란 슬레이트 지붕의 집 한 채가 지어졌다. 큼직한 방 하나와 입식 주방, 목욕탕이 전부지만 여느 대궐 부럽지 않았다. 손수 방을 도배할 적에 천장지가 떨어져 내 머리카락이 풀칠로 뒤범벅되어도 즐거웠다.

아버지가 창안한 목욕탕이 드럼통을 개조한 것인데 실용적이었다. 수도꼭지를 틀면 온수가 나왔다. 아버지 덕분에 땀 흘려 일한 후, 씻을 수 있으니 얼마나 좋단 말인가.

새집으로 이사한 날, 아버지는 열심히 살면 좋은 날이 올 거라고 하셨다. 아버지의 트럭이 집 앞 냇물을 하얗게 가르며 미루나무 즐비한 샛길로 보이지 않을 때까지 나는 냇가에 서 있었다. 눈물이 하염없이 흘러내렸다. 아버지는 나의 멘토이었다. 아버지의 깊은 뜻- "열심히 살면 좋은 날이 올 거라"는 말씀을 좌우명으로 삼으며 가슴에 담았다. 훗날 좋은 집을 지어 아버지께 보여드리겠다고 맘속으로 굳게 결심했다.

꿈은 포기하지 않으면 이루어진다. 언덕 위에 바라고 소망하던 붉은 벽돌 이층집을 지었다. 마치 동화책에 나오는 그림 같은 집을! 창마다 밝은 햇살이 희망처럼 비치었다. 뜰에는 각종 유실수와 꽃을 심고 우리 가족이 바라는 믿음, 소망, 사랑도 심었다. 사계절 늘 꽃들이 만발했다. 아버지의 소망을 이룬 그 행복한 날, 아버지는 하늘나라에 계셨다. 집을 지어주며 못난 딸에게 인생을 가르쳐 주었던 아버지! 어느새 나도 얼굴에 잔주름이 지고 손마디가 거칠어졌다. 환청일까. 아카시아꽃 향기 넘치는 이 계절에 "열심히 살면 좋은 날이 온다던" 아버지의 말씀이 바람결에 들려온다.

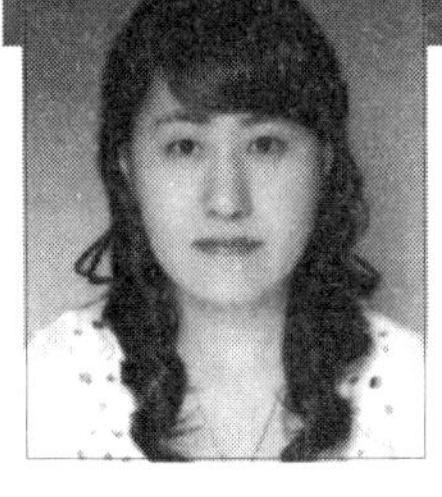

1969 제주 출생
1987년 MBC 다큐멘터리 <이야기 속>으로 제1회 소재공모에 은상을 받음
1987년 MBC <코미디세상만사>에 다수의 소재가 채택됨
2000년 제주대학교 평생교육원 수필창작과정 수료
2007년 문예사조 6월호 시부문 등단, 2008년 2월 스토리문학 수필부문 등단
제주 새별오름문학회 회원, 한국스토리문인협회 회원,문학공원 동인

그대를 그리워하던 날 외 2편

김 향 희

언제나 그러했듯이 밤은 내게로 서서히 다가서고 있다. 밤에 여신이 내 앞에 머물 수만 있다면……. 아직 다하지 못한 희망들 그 모든 미련의 것들의 까만 색체 속에 숨어버리듯 그렇게 죽어가기만 하는 걸까? 아직 이르지 못한 것들을 위한 밤 그 자체 일지도 모른다는 생각에 조금이나마 내겐 커다란 희망의 기도로 밤은 이렇게 시작된다. 밤이 오면 창문을 열어 제친다. 스산한 바람이 내게로 다가선다. 어디선가 오는 바

람은 모든 것들을 펄럭거리게 한다. 밤은 소리 없이 깊어가고……. 자리에 누워 백청색 형광등의 가느다란 신경이 타들어가는 소리를 듣는다.

언제나 머릿속은 하얗게 표백되어 있다. 더러 창을 열고 하늘을 보면 카랑카랑 하게 밝아있고. 거기 유리 세공품 같은 밤 별들이 바람에 눈주위를 씻고 있었다. 밤이면 광막한 인공댐 호수를 가로 질러온 바람들의 도시를 점령한다. 눈보라가 휘몰아치듯 쓰러지는 문짝들과 가로수의 울음소리가 들린다. 바람은 밤에 들어오면 벽 속에까지 가득 들어차 있다.

고요히 젖은 밤이다. 마치 천연색 무성영화 속에 앉아 있는 듯한 기분이 든다. 세상의 모든 시계들이 일제히 멎고 이제 세월은 절대로 흐르지 않을 것 같다. 시간의 정지. 내일은 오지 않을 것임! 얼마나 고마운 일인가, 헤어져 있는 사람들은 영원히 다시 만날 빨래 펄럭이는 달밤에 몽유병을 앓고 있다.

이처럼 밤을 타는 소리는 어딘가 모르게 애처로운 소녀의 마음처럼 간결하고 조바심에 떠는 그런 마음에 숨은 소녀의 한처럼 늘 흐느적거리다 잠이 드는 것 같다. 견딜 수 없다. 견딜 수 없다. 몸속 어딘가에 도사리고 있다가 열병처럼 재발하는 방랑벽이 도진다. 해마다 계절이 바뀌면 광기처럼 되살아나는 사람이여! 그리움이여! 아직도 당신을 잠들지 못하리라.

새벽 두 시자. 흐리게 지워진 그대의 모습……. 저쪽 어디선가 자욱히 들리는 그대 숨소리가 들린다. 긴 한숨소리다. 그대는 지금 어디서 무엇을 하고 있느냐. 그대의 새 노트에 접히던 바람은 오늘도 내 생생한 기억 속에 남아 있으되, 그대의 얼굴은 보이지 않고 오늘밤엔 후둑후둑 비가 내린다. 그대를 그리워하는 날은 유리창도 그대를 향해 커튼처럼 펄럭이는 것만 같다.

꿈의 항해

- 새마을금고 창립 35주년 기념행사 및 대축제에 부쳐

오색 무지갯빛 영롱한 가을 햇살이 온 누리에 며칠째 지속되고 있다. 몹시도 강한 기운의 가을바람이 옷깃을 스미게 하는 날이다. 쉬지 못한 게 화근이 되어 몸살 아닌 몸살로 이어지고 있다. 얼음장 같은 공기로 에워 싼 방 침대에서 온종일 바닥에 붙은 껌처럼 붙은 채 하루 종일 엑스레이를 찍는다. 이리 구르고 저리 구르고……. 혼자 엑스레이를 잘도 찍어댄다.

수면제라도 먹은 것일까? 깊은 잠에 빠져있다. 몸은 완전히 마비상태다. 간간이 들리는 자장가 같은 바람 소리뿐……. 잉잉거리는 바람소리만 나의 방문 틈 사이로 방문을 한다.

이때 전화 벨소리가 나지막하게 울린다. 힘겹게 전화기에다 작은 목소리로 '여보세요'라고 입을 열었다. 귀를 자극하는 앳된 목소리가 들린다. "창립35주년 기념 및 대축제 행사에 고객님의 상을 받게 되어서 전화를 드린다."는 것이다. '무슨 일이 있어도 꼭 참석해 달라'는 당부의 말 한 마디도 잊지 않는다.

온몸에 힘이 일제히 빠져나간 듯한 기분이다. 내 몸을 내가 너무 혹사시킨 벌이로구나! '일어나야지. 일어나야지'를 여러 번 반복을 하고 나서야 무거운 몸을 일으킬 수가 있었다.

얼떨결에 받은 전화라 귀를 의심한다.

"잘못 받은 전화임에 틀림이 없어. 내가 상 받을 일을 얼마나 했다고……. 나는 별로 한 게 없는데……." 자신을 되돌아본다. 다시 정신을

차리고 전화를 걸어 '잘못 전화한 거 아니냐?'며 되물었다. 분명히 맞게 전화를 했다고 한다.

행사 당일 아침은 가을의 고운 햇살이 방안 가득 들어와 인사를 한다. 반가운 까치 떼의 소리가 정겹게 들리는 이른 아침이다. 모닝커피 한 잔과 마주하고 약속된 시간보다는 일찍 집을 나섰다. 멀리 사는 동생이 먼저 와서 기다리고 있다. 새마을금고 직원들이 나와 반갑게 맞아준다. 가슴에다 큼지막한 꽃 한 송이를 달아주었다. 어버이날도 안 달던 꽃을 다니 어색하기 그지없다. 시상식에 앞서 만들어 놓은 지정석에는 조그마한 답례품이 담긴 노란 봉투 위에는 '김향희'라는 내 이름이 크게 쓰여 있고 아직 오지 않은 임원들 자리가 비어있다. 가을 하늘은 높고 군데군데 먹장구름이 흩어져 있다. 그 사이로 가녀린 햇살이 얼굴을 내밀고 있다.

모두가 낯선 사람들뿐이다. 아는 분이 있나 보려고 이리저리 두리번거리는데 같은 음악회 회원이신 도의회 의원님이 나를 먼저 알아보고는 반가움에 먼저 악수를 청한다. 어찌나 반가웠는지……. 시상식 내내 버팀목이 되어주었다. 가을 햇살을 온몸으로 느끼며 입가에 살짝 미소를 띠운다. 그간의 스트레스를 저 높은 창공으로 훌훌 날린다. 들뜬 내 마음이 깃발보다 더 높이 날아오르기를 바래본다. 도의원님이 시상식 자리에서의 당당한 내 모습을 보며 미소를 보낸다.

새마을금고 창립35주년 기념식 날에 '표창장'이란 큰 상을 받고 있다. "지금보다 더 열심히 살아가라는 신의 주신 격려야!"라고 생각하니 하루 종일 즐거움의 연속이다. 각종 게임과 노래자랑이며 예술단의 무대까지 화려하고 뜻 깊은 행사는 고객님들의 잔치 날인 셈이다.

오늘의 하이라이트는 모니모니해도 누구나 기다리던 경품권 추첨시간이다. 나는 상을 받았기에 큰 욕심이 없었는데, 내가 가진 경품권이 당첨되었다. 쌀 10Kg 당첨! 경품이 또 한 번 나를 놀라게 한다. 이보다 더 좋은 보너스가 있으랴.

이 행사에 도움을 주신 많은 분들에게 감사의 말을 전하고 싶다. 맛난 식사를 준비하느라 애쓰신 부녀회 팀들, 따끈한 차를 대접해주신 분, 행사가 끝날 때까지 남아서 애쓰신 직원 및 임원진들 수고에 감사드린다.

뉘엿뉘엿 걸음마 옮기는 햇살을 받으며 교정을 나선다. 노랗게 물들어가는 교정 정원의 은행나무를 뒤로하고 다시금 나를 돌아보는 계기가 되었다. 아끼고 아끼며, 한 푼 한 푼 저축하며 내 꿈의 항해는 계속될 것이다. 살아온 이 길이 헛되지 않고 지금처럼 꿋꿋하게 살아가겠다. 저 푸르른 소나무처럼 늘 변치 않기를 다짐해본다.

그해, 겨울

창가에 앉아 별을 바라보고 있다. 별을 스치는 적막감……. 임종을 기다리는 듯 멍하니 앉아 한 마디 말도 생각하지 못한다. 고요함은 고요 그 자체인양 미소 없이 수심에 가득 찬 얼굴이다. 유리알처럼 차가운, 맑은 물 같이 창백한 바람이 나를 휩싸고 돈다. 적막감 속에 가슴한 구석이 일렁인다. 낙엽처럼 죽음 앞에 촛불을 켜서 어둠의 빛으로 사라지고 싶다. 옷깃을 스치며 지나가는 실바람을 부여잡고 싶을 뿐이다.

영원히 살고 싶은 바람은 바람 자체로 그대로 두자. 소복이 쌓인 책장 너머의 뽀오얀 먼지처럼 옛 추억을 그대로 간직하자. 나는 시간의 노예가 되어 버린 듯 무서움에 떨고 있다. 침묵은 침묵의 꼬리를 물고 더욱 짙은 어둠 속으로 사라질 뿐이다.

이별의 그늘, 그 어느 곳에선가 구슬픈 곡조의 노래 소리가 들린다. 총총히 빛나는 별을 뒤로하고 새벽빛이 기다리듯 나의 고독은 정거장에 정착하기 위한 목적인 듯 더욱 빠르게 달린다. 어두운 색채에서 점 점 밝은 색의 빛으로 질주한다. 밤은 어둠 자체를 인정하고 그대로 두자. 별을 헤는 마음으로 이 밤을 노래하리. 창밖의 어둠이 모든 대지까지도 환한 꿈을 뿌리고 있다.

더욱 깊어지는 겨울밤이다. 모든 생명체가 잠들어 버린 이 시간, 겨울은 깊은 잠에 빠진다. 밤이 무르익어 갈수록 인생이란 커다란 굴레를 가슴속 깊이 새겨본다. 찬 서리에 빛을 걸고 서있는 앙상한 나뭇가지마다 새순이 돋아 오르는 소리 들린다.

잠시 머물고 가는 인생이다. 무에 그리 아웅다웅 살 것인가? 겨울밤의 깊이를 알 수 없듯, 인생의 깊이 또한 알 수 없는 것이다. 쉴 새 없이 창틀에 와 부딪고 돌아서는 바람처럼, 어머니의 젖가슴을 파고드는 어린아이처럼 이 밤이 새도록 고독과 씨름해본다. 문틀사이를 쉴 새 없이 넘나드는 세찬 바람은 밤새 징징거리는 소리를 내며 계속되는데…….

잠들지 못한 가난한 시인의 노랫소리도 긴 겨울밤을 하얗게 지새운다. 유난히도 추운 겨울밤이다. 함박눈이라도 펑펑 쏟아졌으면.

김 순 진

경기 포천 출생, 중앙대 예술대학원 수료, 고려대 평생교육원 시창작강사, 스토리문학 발행인, 도서출판 문학공원 대표, 한국스토리문인협회 명예회장, 한국문인협회 회원, 국제펜클럽한국본부 회원, 한국현대시인협회 회원, 한국시문학아카데미 회원, 은평문인협회 회원
시집 『광대이야기』, 『복어화석』 수필집 『리어카 한 대』, 『껌을 나눠주던 여인』 장편소설 『너, 별똥별 먹어봤니』 장편동화 『태양을 삼킨 고래』 시창작이론서 『좋은 시를 쓰려면』, 『효과적인 시창작법』 평론집 『자아5, 희망5의 적절한 등식』 편저 『애인』 외 다수

지금이 가장 행복한 때다 외 2편

김 순 진

매우 행복한 두 부부가 살았다. 그들은 서로 10년 이상의 나이차를 극복하고도 행복하였다. 남편은 초등학교 밖에 나오지 못하여 막노동을 하였으며 아내는 대졸이라는 학력 차이도 그들의 사랑에는 장애가 되지 못하였다. 더구나 그들에게는 결혼한 지 10년이 훨씬 넘어 아이가 없음에도 더없이 서로를 아끼며 사랑하였다. 주위 사람들은 모두들 그들이 잉꼬부부라며 칭찬이 자자하였다. 그들에게는 남편의 일과 아내의 일이

따로 없었다. 밥 짓는 일과 반찬을 만드는 일도 함께하고 빨래하는 일도 함께하며 시장 보는 일에도 늘 붙어 다녔다. 그렇게 사랑으로 서로를 감싸주며 사노라니 그들에게도 아이가 생겼다. 그들은 너무 기뻤다. 결혼한 지 13년이나 되어 아이가 생긴 것이다. 그 아이는 엄마의 뱃속에서 7개월 만에 조산아로 태어났다. 그들은 아이를 극진히 간호하여 건강한 아이로 만들었다. 이웃들은 진심으로 축하해 주었다. 그러나 그들의 불행은 아이가 생기면서부터 시작되었다. 그의 아내는 그가 담배를 피워도 아이를 핑계로 남편을 나무라고, 술을 마셔도 아이를 핑계로 구박하였다. 하물며 아이의 머리를 쓰다듬으려 하여도 어디 더러운 손으로 아이를 만지느냐며 구박하였다. 아이의 과잉보호에서 비롯된 파탄! 그들은 아이가 생기면서부터 금슬에 금이 가기 시작하더니 급기야 이혼하고 말았다.

술주정이 심한 남편을 둔 한 여인이 있었다. 그녀의 남편은 술을 마시고 들어오면 온갖 집기를 부수고도 모자라 손찌검까지 하였다. 그 남편은 너무 심한 과음으로 인하여 병이 들고 말았다. 그는 병석에 누워 지난 일들을 뉘우치며 후회하였다. 그리고 그의 아내에게 늘 잘못을 빌었다. "여보 내가 잘못했어요. 정말 미안하오." 그러나 너무도 어려운 시절을 보낸 그녀는 그가 빨리 죽었으면 하였다. 그녀의 바람처럼 그는 그리 오래 버티지 못하고 죽었다. 그러나 그녀에게 돌아온 것은 행복이 아니었다. 그녀에게 돌아온 것은 '신랑 잡아먹은 여자'라는 곱지 않은 시선과 함께 뭇 남정네들의 치근덕거림뿐이었다. 그녀에겐 과부라는 딱지가 씌워졌다. 그녀는 후회하였다. "송장 같은 신랑이 방에 누어만 있어도 좋겠어요!" 그녀의 신랑이 병들어 방에 누워 있을 때만 하여도 아무도 그녀를 과부라고 없이 여기거나 치근덕거리지 않았었는데…….

시장에서 행상을 하며 두 자식들을 대학까지 가르친 홀어미가 있었다. 그 어미는 사는 것이 너무 힘들어 빨리 세월이 지나갔으면 하였다. 그녀의 두 아들은 어미의 고생으로 대학을 마치고 결혼을 하였다. 그 어미는 이제 손자들이나 보면서 편한 세상을 살려 하였다. 그러나 그녀의 두 아들들은 각기 자신의 아내와 자식들을 챙기기에 급급할 뿐 어미는 뒷전이었으며 오히려 사업 자금 운운하며 어미를 몰아세웠다. 그 어미는 생각하였다. "힘들어도 행상하며 아이들을 가르칠 때가 좋았는데……."

어느 가난한 부부가 살았다. 그들은 서로를 위하면서 맞벌이를 하며 내 집 마련 꿈에 부풀어 있었다. 그러던 어느 날 그들은 우연히 산 복권 1등에 당첨되었다. 그들의 불행은 거기부터였다. 복권에 당첨되자 그의 아내는 직장을 그만두고 쇼핑하러 간다며 매일 밖으로 나돌아 다녔고, 남편은 직장에서도 그의 아내가 돈을 모두 써버릴까 의심하였다. 결국 부부싸움 끝에 남편은 자신의 아내를 칼로 찔러 죽이고 말았다. 그들이 복권에 당첨되지 않았더라면 지금도 서로를 위로하며 희망 속에 살았을 텐데…….

사람들은 자신의 생활을 남과 비교하여 힘들거나 불행하다고 생각한다. 그러나 그것은 스스로를 불행으로 몰아가는 아주 위험한 발상이다. 나라는 사람은 남과 비교하려고 존재하는 것이 아니다. 나 하나의 희생으로 내 가족과 내 주변이 발전할 때 나의 가치가 상승되는 것이다. 아마도 먹을거리와 입성이 변변치 못했던 어린 시절이 불행했었다고 생각하는 사람은 없을 것이다. 어린 시절은 추억 그 자체와 성장 과정일 뿐이지 불행과 행복의 논의 대상이 아니기 때문이다.

지금 내 주변을 돌이켜 보라. 나를 바라보는 아이들, 아내, 남편, 부보님, 형제, 이웃, 친구들……. 나 하나의 자리지킴으로 내 가족과 이웃이 기쁠 수 있다면 지금이 가장 행복한 때인 것이다.

수박 예찬

붉기야 논개의 정신이 이보다 더 붉으랴, 푸르기야 일송정 푸른 솔이 이보다 더 푸르랴! 찌는 듯한 여름을 생각하면 문득 떠오르는 것이 무엇일까? 푸른 바다에서의 해수욕일까? 소나무 푸른 숲속에서의 캠핑일까? 에어컨일까? 아이스크림일까?

지난 날, 중학교에 다녀온 까까머리 나에게 어머니는 등물을 해 주시고, 우물 속에 밧줄로 묶어 담가둔 수박을 달아올려 쪼개어 내게 한 덩어리 떼어 주시며 "니가 우리 집 기둥이여!" 하셨지. 그때 수박 맛은 에어컨을 씽씽 돌리며 앉아서 먹는 아이스크림 맛으로는 죽어도 못 당할 게다. 어머니는 인애하신 모습으로 사랑스런 아들이 수박을 먹는 모습을 지켜보시면서 입가에 미소를 키워가곤 하셨지.

옛날 임진왜란 때, 진주성 싸움에서 김시민 장군과 의병들이 왜놈들을 무찌르다 피가 땅에 배어서 지금도 수박속이 빨간 것일까? 조헌 장군과 700여명의 의병들이 피비린내 나는 전투로, 권율 장군이 아낙네들과 행주치마로 돌을 날라다 왜군을 무찔렀기 때문에, 6·25동란의 피비린내 나는 동족상잔의 비극이 있었기 때문에, 그때그때 밴 핏물이 수박에 배어들어 속이 빨간 것일까? 강감찬 장군이 귀주대첩에서, 을지문덕 장군이 살수대첩에서 이겼을 때, 아마도 그 강의 핏물은 온 삼천리강토를 물들이고도 남았으리라. 어쩌면 우리 민족은 조상들이 나라를 지키겠다는 숭고한 정신으로 피를 통하여 나라를 수호하였기에 붉은색을 좋아하는 것인지도 모를 일이다. 우리의 축구를 응원하는 공식 응원단의 '붉은악마'라는 명칭도, 그리고 붉은 유니폼을 좋아하는 국가 대표 축구 선수들도 어쩌면 수박에 배어있는 민족혼과 일맥상통하는지 모를 일이다.

달기는 왜 단것일까?

옛날 얘기 속에 나오는 호랑이가 '떡 하나만 주면 안 잡아먹지?'하다가 엄마를 잡아먹고, 철이와 순이마저 잡아먹으려 할 때, 미루나무 위로 올라 새 밧줄을 타고 하늘로 올라가 철이는 해가 되고 순이는 달이 되었는데, 호랑이는 썩은 밧줄을 타고 올라가다 사탕수수 밭에 떨어져 수수깡에 피가 묻어 빨갛게 되었고, 수수깡의 단맛이 수박에 배어 속이 빨갛고 달게 되었다나 뭐라나?

그러면, 수박 껍질은 왜 퍼렇고 검은 줄이 있을까?

옛날, 농부가 원래는 평지에 있는 논이나 밭에 수박을 심었는데, 어찌나 아이들이 서리를 많이 해 먹는지 당해낼 재간이 없어서, 그 농부는 궁리 끝에 수박을 소나무 숲이 있는 산과 산 사이에다 잘 보이지 않도록 심었더니 수박 껍질에 물이 들었는데, 그것이 무등산 수박이요, 고창 산수박의 원조라나 뭐라나?

여름철 과일은 뭐니뭐니해도 수박이 대장이다. 복숭아, 자두, 참외, 포도 등. 모두들 자신이 대장이라 하겠지만, 어떤 과일 가게고 수박이 진을 치고 앉아 대장 노릇을 하고 있는 까닭은 무엇일까? 덩치가 한 몫 하는 원인도 있으리라. 쪼잔한 자두, 복숭아, 살구 몇 알, 포도 몇 송이보다 수박 한 덩어리의 군림은 곽재우 장군이나 임경업 장군의 포효같다. 또한 수박 한 덩어리를 쪼개어 놓으면 최소한 네댓 명 이상의 입이 즐겁지 않은가? 그러나, 그것 때문만은 아니리라. 그것은 어쩌면 상징성이리라. 비치볼을 수박 무늬로 하고 비키니 수영복을 수박 무늬로 하는 것은, 봄을 생각할 때 개나리와 병아리를 생각하고, 가을을 생각할 때 단풍과 귀뚜라미를 생각하는 것과 같은 이치리라. 찌는 듯한 뙤약볕 아래서 고추 밭에 풀을 매고 들어온 농부에게 시원한 수박 한쪽을 건넨다면, 그것을 사랑이라 말하리. 조기 축구 회원들이 건강한 육체로 한 여름날 축구 시합을 하고난 뒤, 시원한 수박화채 한 그릇을 건넨다면, 그것은 정다움이라 말하리.

수박은 스스로 자부하며 말한다.

"사랑을 전하는 데는 내가 최고다."라고.

친척집을 찾아간다거나, 직장동료의 집, 서로 서먹한 관계에 있던 사람을 만나러 갈 때에도 수박 선물이 최고라고 말할 수 있다. 왜냐하면 수박은 먹는 음식이기에, 음식을 앞에 놓고 싸울 수도 없고, 더욱이 수박을 먹으려면 입을 크게 벌려야 하기 때문에 입이 너털웃음을 웃는 모양이 되기에 절대 싸울 수가 없을 것이라고.

수박은 초등학교 2학년생이 스케치북에 그려놓은 그림에서처럼 녹색과 검은 줄이 선명한 것은 아마도 김지하 시인의 '풀'처럼 늘 저항하고픈 사명 때문이리라. 선명하게 검은 줄은 민중으로 뿌리내린 풀잎에 맺힌, 어쩌면 가슴 저리도록 아픈 긴 밤을 지세우고 난 아침 이슬 때문이리라.

그렇다면 수박이 그 무더운 여름 위에 우뚝 서는 까닭은 무엇일까? 그것은 오대양 육대주를 포함한 물과 껍질과 같은 지구에서 해답을 찾을 수 있다. 지구는 둥글고, 둥근 것은 모난 것의 스승이요, 우주 만물의 근본이라 하지 않던가? 이르노니, 수박은 모든 기하학의 근본인 구이기에 우리는 그 모습에 굴복한다. 수박의 정신은 둥근 구로서 세계를 감싸 안기 때문이요, 무더운 여름을 이겨내기 때문이요, 가장 중요함은 내면에 한민족의 붉디붉은 민족혼과 피와 같은 사랑이 흐르고 있기 때문이다.

정월대보름

조금 있으면 정월대보름이다. 어릴 적 깡통을 돌리기 위해 귀한 깡통을 주워 몇 개월씩 보관했다가 정월대보름날 저녁에 불을 살려 돌리고 다녔던 기억은 40대 이상의 사람이라면 누구든 경험을 했을 것 같다. 깡통을 돌리러 가고 싶은데 우리는 초저녁부터 갈 수는 없었다. 보름달이 떠오르기 까지 기다려야 했다. 보름달이 동쪽 큰 산위에 떠오르면 미리 아버지께서 만들어놓으신 관솔불을 들고 기도를 올렸다. 관솔불은 싸릿가지를 쪼개 관솔을 끼우고 칡으로 촘촘히 동여맨다. 그리고 싸가지 대에는 아이들의 나이만큼 꽃을 새겨 넣었다. 어머니는 아이들의 머리 위에 나이만큼 불을 돌리고 "달님달님 절합니다. 우리 순진이 그저 부스럼 앓지 않게 해주시고, 공부 잘 하게 해주시고, 무럭무럭 자라게 해주시고, 무병무탈하게 해주십소사."라는 주문을 외우신다. 그 의식이 끝나면 우리는 불똥에 잘 타는 다우다잠바를 벗고 골덴잠바로 갈아입고 불깡통을 돌리러 논으로 나갔던 기억이 엊그제 같다.

정월대보름은 우리 민족에게 여러 가지 의미를 준다. 정월대보름에 오곡밥을 먹는 풍속은 신라시대부터 시작되었다고 한다. 소지왕이 정월대보름날 경주 남산기슭의 천천정天泉亭이라는 정자로 행차를 하는 중에 갑자기 까마귀가 날아와서 봉투 하나를 떨어뜨리고 날아갔다. 신하들이 주워서 봤더니 겉면에 '이걸 뜯어보면 두 명이 죽고, 안보면 한 명이 죽는다'고 쓰여 있었다. 이 글을 보고 한참 고민하고 있으려니 한 신하가 한 명은 왕을 일컫는 것이라고 주장을 해서 열어보았다. 안에는 '당장 궁중으로 돌아가서 내전 별방에 있는 금갑을 쏘시오' 라고 쓰여 있었다. 그래서 바로 궁으로 돌아가서 금갑에 대고 활을 쏘았더니 왕비와 한 신하가 나왔다. 심문을 했더니 둘이서 역모를 꾀하는 중이었다. 그래서 왕은 둘을 처형하고, 목숨을 살려준 까마귀에게 고맙다는 뜻으로 매년 1월 15일을 까마귀의 제삿날오기일:烏忌日로 정하고 귀한 재료를 넣은 검은 밥, 즉 약밥을 지어서 제물로 바쳤다고 전해진다.

정월대보름날에 오곡밥을 지어먹는다. 궁중에서는 잣, 대추, 밤 등 귀한 음식을 넣어 약식을 지어먹었으나 서민들은 구하기가 어려워 오곡밥으로 대신해서 지어먹었다. 이 풍속이 오늘날까지 전해져오고 있다. 예로부터 정월대보름에 만들어먹는 별식을 '상원절식'이라고도 하는데, 정월 14일 저녁에는 장수를 빌며 오곡밥이나 약식을 지어먹고 아침에는 귀밝이술 '이명주耳明酒'을 마시며, 새벽에 부럼을 까서 이를 튼튼하게 하고 종기를 예방한다는 풍습이 전해 내려오고 있는 것이다. 정월대보름날은 오곡밥과 함께 아홉 가지 나물에 아홉 번 밥을 먹고 나무 아홉 짐을 해야 한다는 날이다. 이는 아마도 겨우내 소홀했던 원기를 보충하고 앞으로 다가올 농사일에 신경이 쓰이지 않게 나무도 두둑이 쌓아놓아야 했던 것이 아닐까 추측해본다. 우리 민족에겐 9라는 숫자가 길조의 숫자였다. 대보름 전날의 세시풍습으로 '아홉 차례' 라는 것이 있었다고 한다. 이날 글방에 다니는 아이는 천자문을 아홉 차례 읽어야 하고, 새끼를 꼬면 아홉 발을 꽈야 하고, 나무를 하면 아홉 단을 해야 한다. 빨래를 하면 아홉 가지, 물을 길으면 아홉 동이, 오곡밥도 아홉 번을 먹었다. '9'라는 숫자는 길수吉數인 '3'이 세 번 곱해진 큰 길수이다.

그래서 '아홉9수'는 너무 지나치게 운수가 좋다보니 액운이 따를 수 있으므로 아홉수의 나이에는 혼인을 하지 말라거나 아홉수에 걸렸다는 속신이 있나 보다.

대보름놀이라 하여 마을마다 상품을 걸고 척사대회라는 윷놀이가 성행했고, 아이들은 제기차기를 했고, 집집마다 여인네들은 널뛰기기를 했지만 이 모든 정월대보름이 지나면 하지 않았다. 정월이 시작되면 날리기 시작했던 연날리기도 액막이라 하여 정월대보름날이면 날려 보냈다. 그러니까 정월대보름이 지나면 모든 놀이를 접고 겨우내 쌓였던 두엄을 내거나 땔나무를 보충하는 등 바로 열심히 일하는 모드로 들어갔던 것이다. 요즘처럼 음식물을 아끼지 않고, 놀자판인 세상에 일 할 때와 놀 때를 분명하게 구분하여 놀 때는 갖가지 세시풍속으로 이웃들과 어울려 즐겁게 놀며 오곡밥과 아홉 가지 나물로 원기를 보충하여 열심히 일하던 선조들의 지혜가 아쉽다.

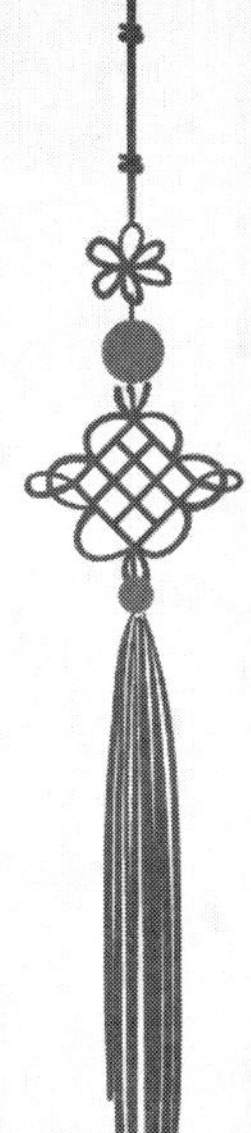

계간 스토리문학 1인 월 1만원
자동이체 후원 회원 모집

지난 2013년 7월 27일 저녁, 2013년 한국스토리문인협회 영월문학기행 저녁행사에서는 '스토리문학'의 원만한 발행을 위하여 〈'스토리 문학' 1인 월 1만원의 자동이체 후원 회원〉을 1차로 100명을 모집하자는 특별 발의가 있고 참여했던 작가들의 동의가 있었습니다.

이제 스토리문학은 10년차가 되어 명실상부한 좋은 문학지로 거듭나고 있는 시점에서 이번 〈스토리문학 1인 월 1만원의 자동이체 후원 회원〉 100명 모집은 대단히 의미 있는 일입니다. 여러분은 월 1만원이지만 100명만 모여도 분기별로 300만원의 발행비용이 마련될 수 있으며 이는 스토리문학 발전에 크게 기여할 것입니다.

이 후원회비는 결코 사비로 전용치 않을 것이며 정기적인 감사를 받아, 오직 〈스토리문학〉을 만드는 데만 사용하여 여러분의 성원대로 최고의 문학지로 발돋움시키겠습니다. 후원하시는 분께는 스토리문학을 보내드리겠습니다. 고맙습니다.

자동이체를 신청하실 계좌번호

기업은행 018-092645-01-013 스토리문학

(꼭 은행에 가셔서 신청을 하셔야 합니다.)

전화번호 : 02-2234-1666, 010-2234-4461, 팩 스 : 02-2236-1666

이메일 : 4615562@hanmail.net

국립중앙도서관 출판시도서목록(CIP)
목련화 필 때 / 지은이: 김순진 외. -- 서울 : 문학공원, 20
14
p. ; cm
ISBN 978-89-6577-091-6 03810 : ₩13000
한국 현대 수필[韓國現代隨筆]
814.7-KDC5
895.745-DDC21 CIP2014002295

한국스토리문인협회
자작나무수필 동인지2호

목련화 필 때

초판인쇄일 2014년 1월 22일
초판발행일 2014년 1월 29일

지은이 : 김순진 외
도서출판 문학공원
발행인 : 김순진
편집장 : 전하라
디자인 : 김초롱
등 록 : 2004년 3월 9일 제6-706호
주 소 : 우편번호 130-814서울 동대문구 난계로 26길 17호
삼우빌딩 C동 302호 스토리문학사
전 화 : 02-2234-1666
팩 스 : 02-2236-1666
홈페이지 : http://cafe.daum.net/yob51
이메일 : 4615562@hanmail.net

※ 잘못된 책은 교환해 드립니다.
※ 책값은 뒤표지에 있습니다.